老年人才开发研究

叶忠海　邱永明　马丽华　编著

河北大学出版社
· 保 定 ·

出 版 人：朱文富
责任编辑：刘梦茜
装帧设计：张彦琪
责任校对：陈浩苏
责任印制：常　凯

图书在版编目（CIP）数据

老年人才开发研究 / 叶忠海，邱永明，马丽华编著. -- 保定：河北大学出版社，2023.12
ISBN 978-7-5666-2285-3

Ⅰ. ①老… Ⅱ. ①叶… ②邱… ③马… Ⅲ. ①老年人-人才资源开发 Ⅳ. ① C961

中国国家版本馆 CIP 数据核字 (2023) 第 254450 号

出版发行：河北大学出版社
地址：河北省保定市七一东路 2666 号　邮编：071000
电话：0312-5073019　0312-5073029
邮箱：hbdxcbs818@163.com　网址：www.hbdxcbs.com
经　　销：全国新华书店
印　　刷：保定市正大印刷有限公司
幅面尺寸：170 mm × 240 mm
印　　张：23.25
字　　数：354 千字
版　　次：2023 年 12 月第 1 版
印　　次：2023 年 12 月第 1 次印刷
书　　号：ISBN 978-7-5666-2285-3
定　　价：66.00 元

如发现印装质量问题，影响阅读，请与本社联系。
电话：0312-5073023

前　言

人口老龄化已在世界快速发展，二十世纪末世界已进入老年型社会。我国人口老龄化速度超前现代化，据第七次全国人口普查公布的数据，截至2020年11月，我国60岁及以上的老年人口已突破2.64亿，老龄化水平已达18.7％，“未富先老”的特征愈加凸显，这显然给经济社会发展带来重大挑战。面对人口老龄化的压力，应如何科学而有效地减轻压力，甚至于变压力为动力？其中，一个带有战略性、主体性的路径和举措，就是大力开发老年人才资源，充分发挥老年人才作用。联合国第二次老龄问题世界大会通过的《政治宣言》指出，“老年人是资源”“老年人的潜力是未来发展的强有力的基础”。可见，老年人才开发和充分发挥其作用，随着人口老龄化发展显得越来越重要，因此，对老年人才学研究和老年人才开发显得日益迫切。然而，相对于人口老龄化快速发展，对老年人才学研究和老年人才开发显得滞后，不能满足我国老龄化社会及其老龄事业发展的迫切需要。

基于上述的我国国情和研究状况，以及本人对老年人才研究的情结，研究老年人才学和老年人才开发是笔者多年的心愿。自1979年始，本人从事人才学和人才资源开发研究已40余年，公开出版著作55部，其中人才学著作25部；发表论文200余篇，其中人才研究论文100余篇。在此基础上，分别出版了《叶忠海人才文选》(7卷)、《叶忠海学习与教育文选》(10卷)。2008年，被中共中央人才工作协调小组聘为编制《国家中长期人才发展规划纲要》的专家顾问。在此同时，近10年来，本人又对老年教育学做了专门研究，先后出版了《老年人才学通论》(主编主笔，2014)、《中国当代老年教育发展研究》(主编主笔，2019)、《老年教育研究与探索》(专著，2022)，任总主编出版了

《老年教育理论丛书》(主编，6 卷，2014)。2014 至 2016 年期间，我接受教育部的聘请，作为起草组、战略发展组首席专家参与《全国老年教育发展规划》起草工作。综上所述，我为老年人才学和老年人才开发研究打下了良好的基础。

本人牵头承担的“老年人才学和老年人才开发研究”项目，系华东师范大学人文精品培育项目，得到学校资助。《老年人才开发研究》是该项目研究的阶段成果。该成果由课题组成员集体创作，由本人统稿定稿。全书由 11 篇专题论文、1 篇政策建议、5 篇调查报告、3 篇专家咨询摘录等构成，35 万余字。老年人才开发研究是一项开拓性研究，需要跨学科不断地探索和完善，基于本课题组成员工作岗位和智能结构的局限性，本研究成果定存在不够成熟、不够全面等不妥之处，恳切希望得到专家学者、老年工作者和广大老年朋友批评指正，待今后进一步修正、丰富和完善。

在调查研究过程中，得到中共上海市委组织部老干部局、上海科学院人事处、上海社科院人事处、华东师范大学老教授协会和老龄办、宝钢老年大学、广州市老干部大学、湖北省老干部大学、昆明市老年大学的大力支持。本书的出版，得到河北大学出版社鼎力支持，得到责任编辑刘梦茜老师的无私帮助。在此，一并致以崇高的敬礼，并表示诚挚的谢意！

目　　录

一、专题论文

构建老年人才学框架的若干基本问题*

叶忠海

以老年人为本，是加强新时代老龄工作的根本，也是实施积极应对人口老龄化国家战略的根本动力。其中，作为老年人群中素质较高的老年人才尤为如此。《国家积极应对人口老龄化中长期规划》提出，“把技术创新作为积极应对人口老龄化的第一动力和战略支撑”，而人才是科学技术的载体和创造者，应在国家战略实施过程中发挥第一动力和战略支撑作用，这对于具有丰富的智慧、知识和经验，且不可被取代的老年人才来说也不例外。可见，研究老年人才学，开发老年人才资源，促进老年人才终身发展，发挥老年人才主体能动作用，已成为积极应对人口老龄化国家战略实施中一个十分迫切需要解决的重要课题。本文仅就老年人才学的产生、框架的构建理念和基本成分，以及与相邻学科关系分别作一概要的阐述。

一、老年人才学产生的必然性和现实基础

（一）老年人才学产生的客观必然性

1. 积极应对人口老龄化的迫切需要

人口老龄化快速发展，二十世纪末世界已进入老年型社会。我国人口老龄化速度超前于现代化。根据我国第七次人口普查公布的数据，截至2020年底，我国60岁及以上老年人口已突破2.64亿，老龄化水平已达18.7%，“未备先老”“未富先老”的特征日益凸显，这显然给经济社会发展带来重大挑战。面

* 该文曾发表在《终身教育·老年教育研究》2022年第6期。

对人口老龄化的压力，应如何科学而有效地减轻压力，甚至于变压力为动力？其中，一个战略性、主体性的路径和举措，就是大力开发老年人才巨大的潜能，充分发挥老年人才主体能动作用。可见，对老年人才及其开发作系统而全面研究显得刻不容缓。老年人才学应运而生，是积极应对人口老龄化的历史必然。

2. 老年科学与人才科学发展的内在逻辑

就老年科学而言，随着人口老龄化快速发展，为积极应对人口老龄化，以老龄化现象作为自身研究对象的老年科学，越来越被世界各国所普遍重视，成为国际社会关注的当采学科得到迅速发展。以老年学为主干的老年学科体系正在形成，一批老年学边缘学科，如老年人口学、老年医学、老年哲学、老年社会学、老年法学、老年心理学等分支学科得到了不同程度的发展。

就人才科学而言，近40年来，以其独有的学科特质满足社会主义现代化建设的需要，也得到了迅速发展，已成为国家认可的二级学科，人才学科群已得以形成。其中，诞生了众多的专门人才学科，如战略人才学、科技人才学、教育人才学、管理人才学、军事人才学、女性人才学、青年人才学等分支学科。

然而，老年学与人才学交叉研究，相比之下，滞后于上述的老年交叉学科和专门人才学科研究。很显然，不能适应老年科学、人才科学的整体发展需要。可见，从现代科学发展的内在逻辑表明，无论从老年科学整体发展来讲，还是从人才科学整体发展而言，均催生着老年人才学的诞生。

3. 老年人才学研究对象的特殊矛盾性

科学史表明，一门科学的产生，不仅取决于外界有无客观需要和学科有无发展要求，还取决于其内部有无特殊的研究对象，即研究对象的特殊矛盾性。换句话说，每一门学科都是以其独特的研究领域而获得公认并不断发展的。老年学与人才学交叉形成的老年人才学，有其独特的研究对象——老年人才现象的特殊矛盾性。老年学是研究整体老年人现象，人才学则是研究整体人才现象。两者均不可能专门涉及研究老年人才现象。可见，老年人才学的诞生是由其研究对象矛盾的特殊性所规定，也是老年人才开发实践活动深入发展的必然结果。

（二）老年人才学产生的现实基础

1. 老年人力资源开发实践是建立老年人才学的实践基础

在我国，党和国家高度重视老龄工作，重视老年人力资源开发，制定和实施《中华人民共和国老年人权益保障法》，相关条例就老年人力资源开发问题做了明确规定。党的组织部门专设老干部机构，专司老干部工作，主办老干部教育和培训，形成了一套具有中国特色的老干部教育培训制度体系。自 1983 年我国建立了第一所老年大学以来，老年教育办学系统逐步形成。进入二十一世纪后，《国家中长期教育改革和发展规划纲要（2010—2020）》又明确提出"发展老年教育"，我国老年教育又迎来了新高潮。2016 年 10 月，国务院办公厅颁布的《老年教育发展规划（2016—2020 年）》又把"老年人力资源开发"作为基本任务加以实施后，全国掀起了老年人力资源开发的高潮，涌现了一批先进的经验和典型的案例。

理论来源于实践。几十年来我国丰富多样的老年人力资源开发的实践经验，为老年人才学构建提供了扎实的实践基础。

2. 人才学研究成果的积累是建立老年人才学的学科基础

四十多年来，经我国人才学界的不懈努力，人才学已发展成为一门具有中国特色、民族气派，以社会科学为主涉及自然科学、人体科学的跨学科的综合学科，已形成自身的学术体系、学科体系和话语体系。就学科体系而言，形成了人才史学分系统、人才学理论分系统、人才学交叉学科分系统、专门人才学分系统，以及外国人才研究分系统等。据不完全统计，中国学者撰写出版的人才学著作有 2500 多部。其中，人才学基础理论代表性著作有《人才学通论》（王通讯）、《人才学基本原理》（叶忠海等）、《新编人才学通论》（叶忠海等）、《微观人才学概论》（郑其绪等）、《宏观人才学概论》（赵永乐等）等。人才学这一系列开创性研究成果，为老年人才学建立奠定了较为坚实的学科基础。

3. 老年学研究成果为老年人才学产生提供了科学依据和可借鉴材料

早在 1938 年，法国出版了世界首部老年人的调查报告。次年，考德雷（E. V. Cowdry）出版了《老年问题》一书。第二次世界大战后，美国社会科学研究协会出版了《老年学》（双月刊）。二十世纪四十年代，美国还出版了大型著作《社会老年学手册》，堪称老年学的百科全书。进入七十年代后，《教育老年学》杂志于 1976 年在美国创刊。在此同时，英国社会学家彼得·拉斯里特（Peter Laslete）出版了《生命新图——第三年龄的出现》一书，提出了第三年龄框架理论，促进了老年学和老年教育的研究。九十年代后，国际老年教育协会还编辑出版《教育与老龄化》理论刊物。

在我国，1986 年、1988 年分别成立全国老年学会、全国老年大学协会，推进了老年学和老年教育研究。就老年学而言，代表性著作有《老年学与老龄问题》（熊必俊、郑亚丽）、《社会老年学》（邬论萍）、《老年学理论与实践》（梅陈玉婵、齐铱）、《老年学概论》（邬论萍、姜向群）等。工具书有《新编老年学词典》（李旭初、刘兴策）。就老年教育学而言，自 1985 年开始至 2020 年 6 月，中国学者公开出版的老年教育相关著作 169 部。其中，系老年教育学基本理论代表性著作有《老年教育学》（董之鹰）、《老年教育学通论》（叶忠海）、《老年教育学》（杨德广）、《老年教育学》（陆剑杰）等。

综上可见，国内外一系列老年学及其分支学科研究成果的积累，为老年人才学的建立提供了可借鉴的材料和可依照的论据。

二、老年人才学框架的基本理念

（一）坚持“以人才为本”理念为指导构建老年人才学框架

人才学是研究人才现象的特殊矛盾性，人本性是人才学的学科特性，作为人才学分支学科——老年人才学也不例外，因而构建老年人才学应以人才为本，老年人才学整个研究过程应体现以人才为本。具体体现为下列基本观点：

1. 充分体现“人才是目的”的思想

这是构建老年人才学的出发点和落足点。要十分明确研究老年人才学的最终价值取向在于有利于老年人才的潜能得以充分开发，创造才能得以充分发挥，社会价值得以充分实现，促进老年人才终身而自由的全面发展。

2. 充分体现“人才是主体”的思想

构建老年人才学应充分体现老年人才主体性，将老年人才主体性渗透于老年人才学各部分各问题研究。无论对老年人才价值论、发展论的研究，还是对老年人才开发论、保护论的研究均应突出主体性思想。其中，特别需强调的是，老年人才开发研究不仅要把老年人才作为开发客体，更要把老年人才作为开发主体。一方面，要充分肯定老年人才在人才开发活动中的主体地位，发挥老年人才主体能动作用，由老年人才作为评价人才开发活动有效性的最基本主体；另一方面，应自始至终以老年人才的主体性需要作为人才开发活动的基本依据，将人才需要与社会需要辩证统一起来。

3. 充分体现“人才是过程”的思想

老年期是人生运行的最后阶段，是人的生命老化的过程。这就要求构建老年人才学应对老年人才发展变化全过程加以研究。不仅要研究低龄期、中龄期老年人才，而且要研究高龄期老年人才；不仅要研究老年人才的持续发展期，而且要研究老年人才的停滞下降期。

（二）坚持以老年人身心发展规律和人才规律为内在根据构建老年人才学框架

辩证唯物法表明，任何事物的产生和发展都有其规律性。不论其发展的具体进程如何，最终都不可能摆脱客观规律。作为特殊事物——老年人才的发展变化也不例外。这就要求构建老年人才学应遵循规律，以规律为内在根据。

1. 以老年人身心发展规律为内在依据

发展心理学研究表明，人的发展受人的身心发展规律制约。很显然，老年人才的发展变化受老年身心发展规律所制约。这就要求构建老年人才学应以老年人的社会属性、发展任务、身心发展特点为科学依据。

2. 以人才规律为内在依据

人才学研究表明，人才科学开发要遵循人才规律，老年人才科学开发也不例外。它就要求构建老年人才学应以人才规律，包括人才结构规律、人才成长和发展规律为科学依据。就依据人才成长和发展规律而言，既要依据个体人才成长和发展规律，还要依据群体人才成长和发展规律，以及社会总体人才运动发展规律。

（三）坚持以积极老龄观为指引构建老年人才学框架

积极老龄观，是指积极、正确和全面认识、对待老年人群和人口老龄化的系列观点的总和。其由世界卫生组织提出，经联合国老龄问题大会确认并加以传播。积极老龄观，由“健康”“参与”“保障”三个支柱构成。其中，“健康”是前提和基础，“参与”是重点和核心，“保障”是照料和保证，三者是个有机统一的整体。同时，积极老龄观强调老年人群蕴藏着巨大的发展潜能和价值，老年人的潜力是社会未来发展的强有力基础。可见，积极老龄观，从新的高度诠释了老年人的社会角色、价值和生命的意义。它正是老年人才发展运行的内涵，在老年人才身上得到集中体现。可以说，老年人才的发展过程，就是老年人才的积极老龄化过程。创建老年人才学，其宗旨之一在于促进老年人才积极老龄化。据此，构建老年人才学应以积极老龄观为指导理念。

（四）坚持以系统理念为引领构建老年人才学框架

宇宙中的任何一个客观事物都是以系统形式存在着、发展着。系统无处不在，无处不有。人才是个系统，人才开发是一个社会系统工程。老年人才是人才系统的分系统，老年人才开发则是人才开发的社会系统工程中的分工程。这就要求构建老年人才学应以系统论理为指导，将系统理念贯穿于老年人才学研究全过程，无论是老年人才的要素和结构的分析，老年人才发展变化的论述，还是老年人才开发服务体系的构建，均应体现系统理念及其整体相关性。

三、老年人才学框架的基本成分

经研究，老年人才学框架由五个部分构成，即导论、基础论、发展论、开发和保护论、辈出论。

（一）老年人才学的导论

导论部分包括老年人才学的序论、理论基础、源流和比较。具体来讲，老年人才学的序论基本内容有老年学与人才学概述；老年人才学的产生；老年人才学的研究对象和内容，学科性质和特点，研究原则、范式和方法。老年人才学的理论基础，从哲学、社会学、人才学、老年学、心理学等多学科视角加以阐明。老年人才学的源流和比较，既从中国历史上老年人才思想和开发实践中开掘老年人才学的源流，又从考察国外人力资源理论及开发实践中进行中外比较。

（二）老年人才学的基础论

基础论即老年人才学的基础研究部分，是研究老年人才的基本问题，主要有老年人才的概念、特征、素质、类型和层次、结构等研究；老年人才社会作用和价值的研究；老年人才发展指数研究等。

（三）老年人才学的发展论

发展论即老年人才学的发展研究部分，是研究探讨老年人才发展变化的基本理论，主要有人才成长和发展的基本原理；老年人才发展变化的身心基础，包括生埋基础、心理基础；老年人才发展的路径和模式；老年人才发展的内在优势和外部支撑要素等。

（四）老年人才学的开发和保护论

开发和保护论即老年人才学的开发和保护研究部分，是在老年人才发展基本理论基础上研究探索老年人才开发和保护的基本问题。主要包括老年人才开发的概论、自主开发、社会开发，以及老年人才保护等问题。老年人才社会开发又包括老年人才的教育培训、社会参与；老年人才保护又包括自我保护、家庭保护、政府保护和社会保护等。

（五）老年人才学的辈出论

辈出论即老年人才学的社会辈出研究部分，是研究探索开创新时代老年人才辈出的新局面，从积极老龄化政策法规的完善、科学技术的发展、继续教育的发达、友好城市的建设，以及社会保障水平的提高等多视角推进老年人才的社会辈出。

四、老年人才学与相邻学科的关系

老年人才学是一门独立的学科。从它的研究对象和内容来看，与哲学、人学、社会学、老年学、人才学、心理学、教育学等学科有着密切联系。在这里，仅就老年人才学与哲学、老年学、人才学、心理学、教育学、社会学之间的关系分别作一概要的阐明。

（一）老年人才学与哲学关系

哲学，是人们对整个自然、社会和人类思维的根本观点的体系。马克思主义哲学为老年人才学研究提供了正确的世界观和科学的方法论。其关于人的本质、人的主体性、人的作用和价值、人的解放、人的全面发展以及人的认识规律等一系列基本问题的论述，为老年人才的本质、价值、发展和开发等研究奠定了理论基础。特别是马克思主义哲学突出人的“实践观点”，为探讨老年人才发展变化规律指明了方向和思路。可见，马克思主义哲学是老年人才学研究的指导思想和理论基础。当然，通过老年人才学研究和实践，可以在某个具体领域充实和丰富马克思主义哲学。

（二）老年人才学与老年学的关系

老年学，从总体上研究老年人运动现象，揭示老年人运动一般规律；老年人才学则专门深入研究老年人群中的比较先进部分——老年人才的运动现象，揭示老年人才运动的特殊规律。两者是整体与部分、一般与特殊的关系，老年人才学是老年学的分支学科。老年学基础理论，包括老年生理学、老年心理学、老年社会学等学科基础理论，是老年人才学研究的理论基础，而老年人才学研究成果又可丰富充实老年学的理论体系和基本内容。

（三）老年人才学与人才学的关系

人才学，从总体上研究人才运动现象，揭示人才运动的一般规律；老年人才学则专门深入研究老年人才运动现象，揭示老年人才运动的特殊规律。两者也是整体与部分、一般与特殊的关系，老年人才学是人才学的分支学科，系人才学下位的专门人才学。人才学关于人才概念、人才结构、人才价值、人才成长和发展基本原理、人才成长和发展规律等一系列人才学基础理论，是老年人才学研究的理论基础，而老年人才学研究成果又可丰富充实人才学学科体系。

（四）老年人才学与心理学关系

心理学，研究心理现象的一般规律。研究老年人才现象离不开研究老年人才心理。因此，心理学特别是其分支学科——老年心理学、发展心理学为老年人才学研究提供了人才内在心理活动规律的基本理论和知识。与此同时，通过对老年人才学的研究，反过来又能发展和完善心理学的理论体系和基本内容。两者交叉综合研究，可产生老年人才心理学。

（五）老年人才学与教育学关系

教育学，研究教育现象及其规律。研究老年人才发展、老年人才开发离不开老年人才的继续教育培训。因此，教育学特别是其分支学科——成人教育学、老年教育学为老年人才学研究提供了教育的基本理论以及教学的基本原则和方式。当然，通过对老年人才学的研究，既丰富、完善教育学的理论体系，又充实、更新教育学的内容。两者交叉综合研究，可产生老年人才教育学。

（六）老年人才学与社会学关系

社会学，研究社会现象及其运动规律。人才是社会的人才，是在一定的社会环境条件下成长和发展的，研究人才成长和发展规律，必须研究人才所处的社会环境、条件，找出影响人才成长和发展的社会因素，从而总结出一般规律。这对老年人才发展变化研究也不例外。基于老年人才本身是构成社会的重要因素，因而研究社会现象及其规律，也离不开对其中老年人才现象的研究。因此，老年人才学与社会学应紧密结合研究，互为提供学科的专业理论和知识，在此基础上产生老年人才社会学。

主要依据和参考文献：

［1］中共中央，国务院. 国家积极应对人口老龄化中长期规划［R/OL］.（2019-11-21）［2023-09-12］. https://www.gov.cn/xinwen/2019-11/21/content_5454347.htm.

［2］中共中央，国务院. 关于新时代加强老龄工作指导意见［R/OL］.（2021-11-18）［2023-09-12］. https://www.gov.cn/gongbao/content/2021/content_5659511.htm.

［3］国务院办公厅. 国务院办公厅关于印发老年教育发展规划（2016—2020年）的通知［R/OL］.（2016-10-19）［2023-09-12］. https://www.gov.cn/zhengce/content/2016-10/19/content_5121344.htm.

［4］叶忠海. 新编人才学通论［M］. 北京：党建读物出版社，2013.

［5］叶忠海. 人才学与人才资源开发研究［M］. 北京：党建读物出版社，2015.

［6］叶忠海. 老年教育学通论［M］. 上海：同济大学出版社，2014.

［7］叶忠海. 终身教育学通论［M］. 上海：学林出版社，2020.

老年人才价值的特点及启示

庄　文*

第七次人口普查数据显示，截至2020年，60岁及以上人口达到2.64亿，占全国总人口的18.70%，65岁及以上人口达到13.50%，我国已经接近中度老龄化社会。60—69岁的低龄老年人占60岁及以上人口的55.83%，总人数达1.47亿。老年人才，特别是低龄高端老年人才在社会发展中具有不可替代的社会价值，60岁及以上人口中，拥有高中及以上文化程度的有3669万人，比重为13.90%，中国正从"人口红利"时代走向"人才红利"时代。充分认识老年人才价值及特点，对有效发挥老年人才作用，应对人口老龄化问题有着深远的意义。

一、老年人才价值的含义

在哲学领域，价值是客体能够满足主体需要的效益关系，反映了客体对主体的有用性，是客体对主体需要的满足，即"需要—满足"的关系。叶忠海在《新编人才学通论》中提到"人才价值，即人才及其属性能够满足国家、社会、集体、个人等主体的发展需要而产生的评价。在这个价值关系中，客体是人才及其特点。"① 人才价值包括人才的社会价值和自我价值。本文的研究对象主要为人才的社会价值。根据人才价值的定义，老年人才价值可以认为是老年人才及属性能够满足国家、社会、集体、个人等发展需要而产生的效益关系，即老年人才及其属性对整个社会需要的满足。其中老年人才及其属性是客体，国

---

* 作者系上海开放大学讲师、硕士。

① 叶忠海：《新编人才学通论》，北京：党建读物出版社，2013。

家、社会、集体和个人是价值的主体。老年人才及其属性对国家、社会、集体和个人产生的有用性即老年人才的价值体现。这个概念包括三层含义：

第一，老年人才价值是客观存在的。根据生命周期理论，老年期是睿智时代。对老年人才价值的认识，要从生命历程的视角来看待，老年只是生命历程中的一个阶段，如今的老年人才见证了经济增长和社会崛起，并为其做出贡献，他们的价值已经凝结在历史发展中，具有历史性特点。同时，老年人才所积累的知识、经验、技能和物质条件等，一直伴随着他们进入老年期，持续发挥作用，创造新的价值，体现出终身性特点。由此说明，老年人才价值是毋庸置疑也是不可否认的。

第二，老年人才价值是在关系互动中实现的。老年人才价值的实现不仅是老年人才自身价值实现的需求，更是与社会需求相契合的过程，是在老年人才特点与社会需求的相互关系中才能实现的。也就是说老年人才特点是老年人才价值存在的客观基础，老年人才特点与社会需求的互动关系是老年人才价值实现的必要条件，只有当满足社会需要时，才能产生和实现价值，没有这种互动关系就无从谈老年人才价值，更无从谈老年人才价值的实现。

第三，老年人才价值是需要发展提高的。老年人才价值是历史价值和现实价值的结合，是历史凝结和现实创造的综合体现。老年人才在过去做出过重大历史贡献，使其历史价值得以实现，这是毋庸置疑的。价值是在“需要—满足”的关系中实现的，而随着社会的飞速发展和科技的进步，社会需求也会发生较大的变化，因而老年人才必须不断地更新自身观念、知识、技能，才能与不断变化的社会需求相适应，继续发挥作用，创造新价值。

二、老年人才价值的内容

尽管随着年龄的增长，老年群体会逐渐面临着肌肉流失、力量减弱、恢复能力变差和新陈代谢变慢等一系列问题，但是老年并不必然代表衰老、保守、无所作为、时刻需要照料和帮助。老年人才作为人才的重要组成部分，是以创造性劳动推动社会发展和进步的优质老年人力资源，蕴藏着巨大的经济价值、政治价值、科技传承价值和文化传承价值等。

（一）经济价值

老年人才的经济价值是指老年人才及属性对经济产生的内在的、系统性的深刻影响，包括直接经济价值和间接经济价值。直接经济价值，即老年人才以自身知识经验、技能，退休后直接参与社会经济活动所创造的价值。老年人才具有“资历深、阅历广、经验足”的优势，他们在各自领域掌握高精尖的技术、知识和经验，无须投入大量培训即可加入到社会经济活动中去。特别是一些老科学家、老医生、老教师，以往的成就、荣誉、威望和地位、社会认同率较高，功成名就而身退之后，身体健康状况良好，继续工作的意愿较强，他们仍在继续从事各项社会经济活动，继续创造价值，继续为现代化建设贡献智慧与力量。间接经济价值是指老年人才并未直接参与社会经济活动，但其通过人才培养等方式，间接产生经济效益。

（二）政治价值

政治价值是指老年人才及属性满足政治改革和发展需求的效用。现今老年人才大多经历过新中国成立前后艰苦岁月的锤炼。一批耄耋之年的老年人才，生在旧社会，深受三座大山压迫，有的参加了革命斗争，他们热爱新中国，热爱中国共产党；六七十岁的老年人才，生在新中国，在五星红旗下成长，从小接受党的教育，顽强、勇敢、集体主义、责任感和自我牺牲精神贯穿于他们青少年时期的生活中；“文化大革命”开始后，他们经受了意想不到的社会动荡与人生变化，使得他们善于审时度势，敏锐且富有社会责任感。当今的老年人才，尤其是老干部，对中国共产党有深厚的感情，政治立场坚定、政治头脑清醒、政治素质过硬、政治洞察力敏锐，对党的事业无比忠诚，是党执政兴国中不可忽视的重要政治资源，是后辈学习的楷模。李四光、钱学森、钱三强、邓稼先等一大批老一辈科学家都是新中国成立后成长起来的爱国科学家的典范。很多老党员讲党史、党课，向后人讲述革命人的故事，用亲身经历和感悟，让青年一代了解革命历史，深切体会现在美好生活来之不易，坚定一心跟党走的决心。

（三）科技传承价值

科技传承价值是老年人才在科技发展和创新中发挥的作用。科技的发展都是前后相继的，科技的创新和发展需要建立在对前人优秀成果的借鉴、继承和吸收的基础上。一般来说，科技人才成长过程较长，在青年期处于知识吸收期，中年期老年期转入知识释放期，把积累的知识技术开始应用于社会生产和生活领域。人口寿命的延长和老年人口的增多，使得人口知识释放期有相应的延长和扩大。同时，老年科技人才在科技继承和创新中发挥重要的“传、帮、带”作用，将长期积累的知识、经验和技能传承给后代，使科技成果和技术得以继承、发扬和超越。

据2018年数据显示，在我国科技人才中，老科技人才占比近20%，他们长期奋斗在各工作岗位上，利用自己的专业技术和实践经验服务社会发展。像钱学森、黄昆等老一批科学家，他们进入老年后，依然有新的研究成果不断问世。96岁的吴孟超仍然坚持每周3台手术。90岁高龄的袁隆平带领团队在青海柴达木盆地的盐碱地里成功试种出了高寒耐盐碱水稻。在我国高校、研究机构中，一大批老专家、老教授在孜孜不倦地从事教学、研究工作，他们不但著书立说，培养博士生、硕士生，还承担许多科研项目和课题。他们一方面在不断探索、研究的过程中继续创新，提出的很多理论、学说依然走在科学技术的前列，另一方面利用自己多年的知识积累为科技教育事业培养新人。

（四）文化传承价值

文化传承价值指老年人才在优良传统和文化传递中产生的影响和作用。老年人才的文化价值主要体现在三个方面，一是道德表率的作用，老年人一生经历的考验和磨难，使得他们在道德规范、伦理道德和亲情关系上都更加趋于成熟，尤其是老干部群体，是一个有着良好道德品质、传承优良传统、散发人格魅力的高素质群体，是群众认为值得信赖的人，最具有话语权，富有感召力，对青年人才有示范作用；二是人生启迪作用，每一个老人都是一部百科全书，他们丰富多彩的人生和经验能够带给我们很多启迪，尤其是老年人才经历过那些贫苦的时期，不平坦的人生，能够给年轻一代以警示作用；三是文化传递的作用，老年人才通过对自己的人生进行回味和自我评价，寻找成就感和满足感，把它记录下来，这是一笔宝贵的文化财富。中国红色文化传承人洪荣昌先生，多年来珍藏了许多红色货币和红色文献，退休后潜心对红色文化进行宣传和研究，著书立说，为后人研究红色历史做出了不朽贡献，是中国红藏界研究和推广红色文化的领军人物。91 岁老党员莫增标，1952 年入党，喜欢读书看报，了解国内外实时动态，做读书笔记 50 多年来，已经保存了近百本读书笔记，从毛泽东思想到习近平新时代中国特色社会主义思想，从国家发展到个人成长，他都记录下来，为社区提供了很好的学习材料。

三、老年人才价值的特点

俗话说，“姜还是老的辣”，老年人才的独特优势是显而易见的。老年人才资源，既有作为老年人力资源相较于中青年人力资源的优势和特点，又有区别与一般老年人力资源的特性，尤其是那些刚刚退休且身体健康的专家学者、高级管理人员等，这一群体是一个中青年群体可以从中汲取智慧和力量的宝库，在构建和谐社会中具有独特优势和特点。

（一）老年人才价值的不可替代性

老年人才积累的经验技能、社会资源、社会声望及社会资本优势是中青年群体难以替代的，在社会发展中产生不可估量的影响力。

第一，资历深、阅历广的经验优势。与青年人才相比，老年人才往往“过的桥比走的路多”“吃的盐比吃的米多”。他们在各自领域掌握丰富的工作经验，有较高的学术造诣、独特的技术专长，尤其是一些顶端人才，都是各自专业领域的精英。这些都是青年人才短时间内难以积累和企及的。另外，老年人才的综合分析与判断能力强，能够正确把握大局与整体，高瞻远瞩，这种战略上的经验优势是青年人才望尘莫及的。

第二，广泛的社会资源优势。老年人才积淀了丰富的社会资源，形成了广泛的人脉关系，这是青年人难以拥有的。丰富的社会资源使老年人才做事比青年人更能在社会上获得物质支持和精神支持。老年人才可以利用自己丰富的社会资源从事社会工作，发挥潜热，特别是从旁协助青年人工作，更能取得良好效果。

第三，被人尊敬的社会声望优势。老年人才是人生最成熟的阶段。老年人才，尤其是老干部，资历深、声望高、道德品质良好、人格魅力强，承载着优良文化传统，深受人们尊敬、尊重。因而，他们最具有话语权，富有感召力，对青年人才有示范作用，能激励青年人才热爱本职工作，并能增强社会凝聚力。

（二）老年人才价值的历史凝结性

老年人才社会价值，既包含现实价值，又更多的包含历史价值。何况，老年人才所体现的现实价值，也是建立在历史性智能和智慧凝结基础之上的。老年人才丰富的经验、阅历不是在老年期凭空出现的，而是在前半生的学习、工作中不断磨炼积累的。从人力资本理论的角度来看，人力资本的形成并非完全与生俱来①。人力资本投资主要集中于青少年时期，并且根据人力资本的“用进废退”性，人力资本在“生产—消耗”过程中，早期储存在人身上的智力投资，在不断的实践磨炼中，既有身体损耗，又有随着不断地重复使用和磨炼产生增值效应。相当多的老年人才在过去处于各战线的关键岗位，受到专业知识教育和良好的马克思主义教育，经过社会变革等各种锤炼和长期的工作磨炼，凝聚在老年人才身上的知识和经验在量的积累、面的拓宽、度的加深上都越来越丰富。凝结在老年人才身上的丰富的经验、阅历成为其创造价值的重要资本。这是一般的规律，也是老年人才特有的优势。

（三）老年人才价值的使用低成本性

老年仅是人生进入生理意义上的晚年，对于很多老年人才而言，特别是现今大多数老年人才的身体状况良好，仍能满足工作需要，这段时间往往是他们最成熟、最有经验、最可能出成果的“金秋时期”。从这一角度看，老年人才有条件为满足社会经济发展的需要继续做贡献。因此，老年人才是一种可较快转变直接进入劳动的现实人才资源，不需要经过长期的培训即可开发利用起来，因此，相对其他人才资源开发，老年人才价值开发具有运营成本低收益高的明显优势。

（四）老年人才价值的开发时效性

生命周期的每一个阶段，每个人都会对未来做出一定的预判和计划，以便

---

① 姜玉鹏：《理论与实践—人力资本理论的系统性研究》，济南：山东人民出版社，2009，第95页。

为未来做好必要的心理准备。正如埃里克森在《整合与完满：埃里克森论老年》中提到，尽管个体的生命可能随时会终止，但在童年期、青年期和中年期，个体对自己的未来一般都会有长达几十年的展望；老年期则不同，可期许的未来到底有多长，是件很难确定的事。[①] 因此，人到老年，通常会把时间看作是一项宝贵的资源，尽可能去珍惜，特别是一些成就突出、贡献较大的老年人才，更加渴望在有生之年能把自己专业领域内未完之事做得更加完善，为社会发展贡献力量。因而，注重老年人才开发的时效性，加快低龄老年人才开发具有重要意义。

（五）老年人才价值的开发自主性

进入老年时期，老年人才逐渐脱离原来的社会角色，其所扮演的角色越来越多地表现出非强制性，是与个人意愿和个人身心状态紧密相连的。在职人员在劳动时间、劳动内容上都很大程度受到单位安排的制约，而老年人才在进入退休年龄后，其作用的发挥具有较大自主性特点，表现为是否继续工作的自主性、支配时间和空间的自主性、选择社会活动的自主性，等等。因此，只要有施展才能的机会和舞台，老年人才在选择是否参与及参与的程度和类型上有很大自主性。

四、研究老年人才价值及特点的启示

随着老龄化社会的日益加深，劳动力人口比例下降，各行业人才短缺问题明显，充分发挥老年人才作用，对缓解老龄问题具有重要意义。通过对老年人才价值及其特点的研究，对进一步开发老年人才资源，提升开发效能具有重要启示。

（一）转变传统老年观，树立老年人才二次开发观

随着老龄化社会的到来，社会较多的关注老年人的机体衰老，普遍对老年人的价值产生一定的认识偏差，出现了一些消极老龄观，如老年人负担论、无用论等。而积极转变观念，客观认识老年人才价值，是深入研究老年人才价值

---

① 埃里克·埃里克森，等：《整合与完满：埃里克森论老年》，北京：中国人民大学出版社，2021，第41页。

问题的基本出发点。

1. 树立与时俱进的老年观

在中国古代，由于生产力和医疗技术的落后，人的平均寿命普遍不高。曹操的《龟虽寿》中言“老骥伏枥，志在千里”，那年曹操仅53岁，自称“老骥”，为什么呢？因为中国古代人平均寿命为35—40岁（包括婴儿夭折），53岁已属老年。因此有“人到七十古来稀”之言。然而，在当代，由于生活水平和教育水平的提高，人均寿命也大幅度提高。2022年，我国人口人均预期寿命78.2岁，上海地区人均预期寿命达到84.1岁。人均预期寿命的延长，说明人类整体的身体素质和健康状况在改善，人口年龄结构趋于年老型。虽然当前的退休政策规定了法定退休年龄，具有普适性，但是劳动能力和工作意愿不会随着退休年龄的达到而突然消失，很多离退休老年人仍然具有较强的工作能力，并且渴望继续从事工作，老年人才失去劳动能力是一个逐步的过程。因此，“七十古稀之年”的老年观已过时，不符合当今实际，是阻碍老年人才开发的旧观念。不可把已过时的“俗语”作为永远的真理。我们要鼓励全社会积极看待老龄群体，摒弃年龄偏见，充分认清老龄群体的丰富知识和经验是宝贵的社会财富，以及老龄群体对社会发展的重要贡献。

2. 树立老有所为的老年观

传统的老年观，将老年视为脱离社会的角色，要尽可能的退出重要工作岗位，为后辈提供发展的机会，生活的重心从工作单位回归到家庭，将生命的意义局限在生存维度，忽视了老年人才对社会存续和发展的作用，以及老年人才所拥有的社会平等的权利。而角色转换理论赋予新的老年观念，老年群体虽然从原有工作岗位退出，并不意味着无用、边缘、负担，而是转而承担其他领域、组织和岗位的角色，依然可以继续发挥作用。这也拓宽了生命的意义，使其从单一的生存维度，转到关注健康、社交、尊重等多维度。积极老龄化强调“健康、参与、保障”，倡导的是老有所为的老年观，其中“参与”是指参与经济社会各种活动，进行人才的二次开发，转变了传统的对老年人的消极观念。古今中外，为社会发展和科技进步发挥巨大作用的老年人才不计其数，或老当益壮，或大器晚成，对社会的贡献不可磨灭。我们应当树立老有所为的老年观，充分认识到老年人才是不可忽视的宝贵人力资源和社会资产，他们在创造社会财富、维护社会秩序和推动社会进步中起到不可忽视的作用。

（二）积极探索适老岗位，释放老年人才潜能

继续发挥老年人才作用，应立足老年人才优势特点，重点发挥老年人才优势和特长，以不挤占青壮年就业为原则，制定符合老年人身心特点的老年人就业指导目录，探索适合老年人才的工作岗位，开辟老年人才就业新领域。

第一，建立老龄科技人才库，组建老专家科普报告团、科技研学团、科技创新智囊团和科技志愿者队伍，发挥老年科技工作者的"传帮带"作用。

第二，充分发挥老干部的作用，让老干部充分参与到社区治理中来。利用老干部的专业优势和经验优势，组建各类退休老干部社团，开展社区法律援助、心理援助，讲述红色故事，等等。主要通过社区志愿者组织，参加公益事业服务，在社区治理、社区建设中发挥安定社会的作用。

第三，充分挖掘有一技之长的老专家、老教授，通过组织团队、提供科研项目等方式，使其在参与决策咨询、区域经济规划、重大工程论证、科技难题攻关及科技研发中充分发挥引领作用。

第四，利用代际学习优势，引导老年人开展家庭科学教育，充分发挥老年人才在青少年思想品德教育中的作用。

第五，鼓励技能型、创新型的老年人才开展自主创业，加大对老年人才创业的法律和政策支持，拓宽"老有所为"渠道。

（三）价值开发与价值保护相结合

老年人才价值具有历史凝结性特点，过去做出了重大贡献。全体社会成员在享受老一辈人劳动成果的同时，保障老年人才劳动的成果及权益是全社会义不容辞的责任。然而本课题在老年人才继续发挥作用的调查中发现，年龄一刀切、同工不同酬、体制机制不通畅、缺乏相应的法律保障等现象成为阻碍老年人才继续发挥作用的突出因素。因此，在发挥老年人才为国家和社会继续做贡献的过程中，必须对老年人才的保护进行研究，特别是对他们的劳动成果与权益的保护等问题做出规定，营造一个良好的社会舆论环境，对老年人才的"老有所为"给予更多的关心、支持、尊重和保护，还应给予适当的优惠政策，为

老年人才继续发挥作用解除后顾之忧，增添工作活力。

1. 探索和实施弹性退休政策

随着经济条件和生活水平的提高，人的寿命越来越长，60—70 岁时依然健康水平良好，尤其是一些经验丰富、拥有技术专长的专业技术人员和科研人才，前半生积累了大量的知识、经验，还处于发挥作用的“黄金时期”，并且具有较强的工作意愿，但是强制性退休与老年人才的多元化需求相冲突，使得老年人才的价值无处发挥。调查中发现，老年人才，尤其是老干部系统的老年人才，退休后再就业受体制机制限制较大。一是高层次人才推迟退休或延聘、续聘政策，当前没有统一明确的规定，只是由单位“一把手”人为“随意”决定，有些明明是紧缺人才，由于与某领导意见不合，一到退休年龄，就一天不留；二是对于行政干部甚至出现“五八一刀切”的现象，没到 60 岁让他们从重要岗位上“提前退休”或转到其他“闲职”岗位，使得干部个人空有一番抱负无处施展，也挫伤了干部的积极性，造成人才的极大浪费；三是再就业过程中的层层审批和审查使得一大部分老年人才望而却步。

人才的成熟程度与经验积累有关，任何一个以年龄为界限的强制退休政策都是不合理的。我们更应该充分考虑多元化需求，在统一实施的基础上，增加弹性因素，对国家紧缺人才、领军人才、学术带头人、老专家、老干部等要明确规定延迟退休的制度，制定延迟退休的文件和管理措施，把部分低龄老年人转变为现实的劳动力，延长高层次老年人才继续发挥作用的时间，增加人力资源供给，充分体现改革的灵活性和包容性。

2. 建立和完善老年人才立法保障

当前，国家和社会对老年人才保护的制度弹性不足，缺少应有的法理上的规范性保护。现行对老年人再就业的法律依据是民法，而非劳动法，导致老年人才再就业过程中难以享受与其他劳动者同样的工伤保险、职业病防治、最低工资保障、工资福利等权利。这一方面限制了用人单位对老年人才的雇佣，使老年人才被排除在劳动市场之外；另一方面即使再就业，老年人才也难以享受到与其他劳动者同样的待遇和保护。有效发挥老年人才价值，应该有针对性地修改《中华人民共和国劳动法》或制定老年人就业方面的律法，应该按照特殊对待原则，将老年人才队伍建设经费纳入财政预算，探索建立符合老年人才特点的薪酬制度，明确老年人才就业工伤保险、社保缴纳等相关规定，以满足用人单位需求，保障老年劳动者合法权益。

3. 建立老年人才作用发挥的激励机制

老年人才激励机制的缺失是老年人才价格与价值脱节、老年人才与经济社会游离的重要原因。调查中发现，退休的老干部再就业时不能获得与其工作价值相等报酬的现象，严重打击了老干部再就业的积极性。重大科研项目申报存在的年龄规定，使得很多有基础、有能力、有意愿的老年人才失去主持科研项目的机会，更多的只能作为参与者和顾问等参与项目。国家应着力建立适合老年人才继续发挥作用的激励机制，形成尊重老年人才价值的导向，使老年人才的经济收入与其创造的社会价值和技术劳务价值相匹配，使老年人才价值得到充分尊重和实现，个人潜能得以施展。

（四）制定老年人才开发规划，加快低龄老年人才开发

人才开发是个系统工程。就人才开发对象而言，人才开发系统包括青少年培养教育、在职人才开发、退休后的老年人才开发。尤其是在老龄化不断加剧的今天，老年人才越来越成为人才队伍的重要组成部分，发挥老年人才作用成为势在必行的任务。显然，过去对老年人才价值的认识是笼而统之的，我国的人才发展规划忽视老年人才的开发，这是不完善的，至少是有欠缺的。因此，今后制定人才开发发展规划，必须将老年人才规划纳入到国家的整体人才规划中，而且还应制定专门的老年人才开发规划，对我国老年人才资源进行预测，掌握一定时期内老年人才的数量、质量、结构等，并在此基础上，根据社会需求及发展变化估算社会未来需要的老年人才数量和能力组合。而根据老年人才生命的不确定性，老年人才使用具有时效性，要抓紧时机进行老年人才开发，尤其是应重点加快低龄老年人才开发。与中龄和高龄老年人才相比，低龄老年人才的身体健康状况总体更好，文化水平更高，而且刚刚从工作岗位上退下来，与社会和工作岗位尚未脱节，对他们的开发和使用相对来说具有成本低、效益高的优势，应重点为其提供更多参与社会发展的机会。

（五）坚持自愿和力所能及原则，增强老年人才社会参与活力

自愿和力所能及原则是指老年人才是否继续发挥作用、发挥作用的内容和时间等，应与老年人才本人的意愿和自身实际条件相结合，不强迫是组织老年人才继续发挥作用的一条重要原则。对老年人才能否继续发挥作用，应具体问题具体分析，应当创造条件，引导老年人才积极参与社会活动，不能让他们去做他们不愿意做的事情，也不能让他们做超出身体条件和能力水平的事，在工作的强度和持续时间上要有所节制，不能超越一定的限度，要让他们劳逸结合、劳中有逸，从而增强发挥作用的积极性、能动性、创造性。

参考文献：

［1］叶忠海. 新编人才学通论［M］. 北京：党建读物出版社，2013.

［2］叶忠海. 老年人力资源开发的若干基本问题［J］. 职教论坛，2020（05）：110-113.

［3］埃里克·埃里克森，等. 整合与完满：埃里克森论老年［M］. 北京：中国人民大学出版社，2021.

［4］钱婧，屈逸，王斌. 百岁时代下的老年群体：特征、需求与赋能［M］. 北京：经济科学出版社，2021.

［5］邬沧萍，姜向群. 老年学概论［M］. 北京：中国人民大学出版社，2015.

［6］黄崇利. 赢在人的发展：人力资本增殖路径、动力、制度的研究［M］. 北京：中国经济出版社，2009.

［7］姜玉鹏. 理论与实践　人力资本理论的系统性研究［M］. 济南：山东人民出版社，2009.

老年人才发展模式研究

庄 文*

《国家中长期人才发展规划纲要（2010—2020年）》中指出，“人才是指具有一定的专业知识或专门技能，进行创造性劳动并对社会做出贡献的人，是人力资源中能力和素质较高的劳动者。人才是我国经济社会发展的第一资源。”人才发展是指已经成为人才后的进一步发展，即由低层次人才向高层次人才不断转化的过程。这个过程实质是人才创造力及创造成果水平不断提升的过程。① 根据这一观点，笔者认为，老年人才发展则是指各级各类人才进入老年之后，在与社会的良性互动中，其创造力及创造成果进一步提升和发挥的过程。研究老年人才的成长和发展的特点，有助于提高老年人才开发效能，挖掘老年人才资源红利，对老年人才价值体现及社会发展具有双重意义。

一、老年人才可发展的理论依据

老年人才是否能继续发展，这是一个重大的理论问题。传统老龄观认为，“七十阳道极，耳目不聪明，跂踦之属，是以退老去避贤者”②。多数人认为老年人才已趋日薄西山，不可能再发展了。自古以来的孝道文化也形成了老年人退休后就应该在家养老的观念，老年人才发展问题一直处于被忽略的状态。但是，现代多种科学理论告诉我们，老年人才仍可以不断发展和完善自己，提升自身价值。

---

* 作者系上海开放大学讲师、硕士。

① 叶忠海：《新编人才学通论》，北京：党建读物出版社，2013，第193页。

② 《白虎通义》上《致仕》，上海古籍出版社，1992，第32页。

（一）哲学的事物发展理论

发展，在哲学意义上是指事物不断前进的过程，是事物由小到大、由简到繁、由低级到高级、由旧物质到新物质的运动变化过程。发展的根源在于事物的内部矛盾。老年人才从职场退休后身心都面临着重新适应社会环境的矛盾，如老有所为与身心衰老的矛盾、安度晚年与意外刺激的矛盾、退出职场前后的心理落差等，都需要老年人才不断适应变化了的各种环境，这也成为刺激老年人才再发展的动力和源泉。老年人才的发展是客观存在的，是一种持续性的变化，也是一种适应性的变化，是在适应社会发展的需要中出现的。

（二）毕生发展理论

随着老龄化问题越来越突出，人的毕生发展越来越受到心理学家的关注，毕生发展观逐渐成为发展心理学研究的重要内容。该理论认为，个体的发展是持续一生的过程，在人生的每个阶段都会出现发展中的行为变化。发展不仅存在于儿童和青少年阶段，中年、老年阶段也在发展。早在“七十古来稀”的古代，孔子就将人生发展经验总结为“吾十有五而志于学，三十而立，四十而不惑，五十而知天命，六十而耳顺，七十而从心所欲，不逾矩”。这也印证了人的毕生发展的观点，说明老年人才发展的典范自古有之。总书记在中共中央政治局第三十二次集体学习时强调：“老年是人的生命的重要阶段，是仍然可以有作为、有进步、有快乐的重要人生阶段。”这也揭示了老年阶段和老年人才发展的重要性。

（三）马斯洛的需要层次理论

根据马斯洛需要层次理论，人与生俱来有生理、安全、社交、尊重和自我实现这五种需要，当低级需要得到满足，自然会有更高层次的需求。老年人才发展同样符合马斯洛的需要层次理论。随着生活条件的改善，老年人才健康程度不断提高，成为典型的有钱有闲有健康的群体，他们的物质需求、安全需求都基本得到满足，但“自我实现”的精神需求是永远的追求，如果有合适外在条件和发展机会，老年人才还会有较大的发展和提升。1991 年通过的《联合国老年人原则》中提出的独立、参与、照顾、自我充实和尊严五大原则，实际也是承认了老年人需求的层次和多样性。

（四）角色转换理论

社会角色就是个体在社会关系体系中处于特定的社会地位，并符合社会要求的一套个人行为模式。在社会化的过程中，个体所扮演的角色也会不断地发生转化和更替，其行为方式也会随之发生相应改变，这就是角色转换。老年人才的离退休不是社会角色的终结，而是社会角色转换的过程。如果老年人才发展权利得到充分尊重，老年人才完全可以自由选择社会参与的方式，以新的角色再次参与社会的发展，谋求自身的发展，并促进社会的发展和进步。

（五）人才持续发展阶段理论

老年人才是人才学研究的重要对象。叶忠海教授提出人才成长三阶段理论，其在《新编人才学通论》一书中提到，“持续创造发展期指在已经成才基础上继续发展的时期，即从初步创造成果被社会承认后，人才创造力继续发展、持续进行创造的时期”①。已经成才的个体坚持终身学习，仍有持续创造、上升的阶段，创造成果水平和人才层次会不断提升。根据这一理论，老年人才作为成才主体，只要身体状况允许，个人主观愿意，在相当一段时期内，仍是可以通过不断学习，进行高层次的创造实践，在不断为社会做出新的贡献中实现人才价值的最大化。人才学中的人才持续发展理论为老年人才发展提供了可能性和必要性，是老年人才可发展的重要理论依据。

二、老年人才发展的若干模式

模式是主体行为的方式，是事物标准的样式。老年人才发展模式是指老年人才为了实现自身发展目标而选择的方式、方法。不同特点的老年人才，有着不同的发展模式。纵观中国历史和当代老年人才发展的案例，笔者发现，老年人才主要有以下发展模式。

（一）承袭专业持续发展模式

承袭专业持续发展模式是指具有专业技术的老年人才，退休后继续从事自己的专业研究或技术工作，使自己的专业向深度和广度发展。这是专业技术老

---

① 叶忠海：《新编人才学通论》，北京：党建读物出版社，2013，第 198—199 页。

年人才发展的一种重要模式。科学研究无止境，是一个不断探索、不断发现的过程，因此，许多专业技术人才不会因退休而放弃对科学的探索。

中国光纤之父赵梓森院士，75 岁仍兼任武汉邮电科学研究院副院长、总工程师及高级技术顾问。在追光之路上，他从乌黑到皓首，没有停止过。杂交水稻之父袁隆平院士，将“让所有人远离饥饿”作为其毕生追求，为了这个目标，他展开了长达半个多世纪的追逐。1997 年，67 岁的袁隆平及其团队开始了“中国超级杂交水稻”的研究，2013 年第四期超级稻百亩示范片稻平均亩产创造了世界纪录。已经 90 岁高龄的袁隆平，每天起床第一件事是到水稻田边打卡。他说：“我会鼓起勇气继续干下去，从‘90 后’一直搞到‘百零后’。”中国肝胆外科之父吴孟超院士，90 岁高龄依然坚守在门诊手术室和病人的病床前……他一辈子就干了一件事，那就是与肝癌做斗争。三位院士都属于专业承袭发展模式。他们都是科技领域的专家或领军人才，将毕生精力奉献给科学事业。即使到退休年龄，甚至已逾古稀之年，仍然坚持在自己长期从事的专业领域进行研究，接受重大攻关研究项目，继续在本专业领域进一步突破。许多高校的教授退休后也依然坚持在原专业上向深度和广度发展。如华东师范大学叶忠海教授退休后在人才学基本理论研究上不断深化和拓展。早在二十世纪八十年代他在职时，就与杨永清等编写了《人才学概论》，后又主编《人才学基本理论》。退休后，在前面研究基础上，他又主编了《新编人才学通论》，再次修订《人才学基本理论》，进一步完善了人才学基本理论体系。在专门人才学研究方面，叶忠海教授先后编写出版了《女性人才学》《人才地理学》《人才教育学》《教育人才学》等著作，退休后他又拓展人才学研究领域，进行了“老年人才学”课题研究。

老专家、老干部、老教授，尤其是国家紧缺人才、领军人才、学术带头人是党和国家的宝贵财富。若其退而不休，选择承袭专业持续发展模式，可以更好地产出高质量科研成果，使自己专业知识和专业技能更上一层楼，同时可以提高相关专业领域的国际影响力。

（二）利用优势服务社会发展模式

利用优势服务社会发展模式是指老年人才退休之后，利用自己的传统优势特长或重新发展新的特长，在服务社会中老有所为，不断奉献余热，提升自身价值，从而实现自我发展的一种老年人才发展模式。老年人才具有丰富的经验优势、广泛的社会资源优势、不怒而威的社会声望优势、有钱有闲的资本优势，这些优势是中青年不可比拟的。老年人才利用这些优势为社会服务，可以为社会做出更大的贡献，从而使自己的价值得到进一步提升和发挥。

利用优势服务社会发展模式，早在中国古代就已产生。在中国古代，为实现“立德、立功、立言”的人生奋斗理想，许多士大夫退休后仍然积极反哺社会，有的参与地方治理、建言献策；有的积极投身地方教育，或受聘教官讲学，或开办私塾、书院为学子提供学习的场所，或四处游学，宣传自己的政治观点和学术观点；有的投身慈善事业，捐资赈济穷人，设置义田、义冢，逢灾荒之年，还会施粥施药。范仲淹致仕后，用平时的积蓄购买千亩义田；还有不少致仕官员利用自己较高的社会声望和雄厚的经济实力，参与家乡的公共工程建设，如帮助家乡修路造桥、开河筑堤、兴修水利、兴建基础设施。白居易致仕后，兼济之志并未泯灭，74 岁那年，他还倾注自己的财力，开通了八节险滩。

这一发展模式在当今社会依然存在，许许多多的老年人才在退休后利用自己的专业优势和特长为社会精神文明建设和经济建设再做出贡献，而且已成为老年人才发展的重要模式。有的党政干部退休后，利用丰富的群众工作经验，参与社区各种志愿者活动，不但帮助了社区，为社会做出贡献，而且也使自己在工作中获得了自尊，实现了个人价值；有的高校老教授利用专业优势或经验，积极承担其他社会工作，如参加关工委工作，对青少年学生社会主义核心价值观教育；到社区文化中心参与到社区治理中，担任社区调解员，调解各类矛盾纠纷；有的老专家退休后积极参与科普宣讲，弘扬科学家精神，普及科学知识。华东师范大学教师方敬从岗位上退休后，回到家乡连云港赣榆的一个小渔村。20 多年来，他拿出 200 多万积蓄，设立“景清奖学金”，帮扶 260 余名寒门学子步入高等院校。上海邮电职工大学、上海邮电党校原党总支书记杨志英副教授，退休前曾荣获上海党校系统先进个人。退休后，被选任为徐家汇街道乐山四五村居委会物业委员主任。疫情防控期间，她充分利用自身的组织能力和宣传优势，组织了30多人的志愿者队伍，宣传疫情防控政策措施，引导群众积极科学应对疫情，主动防疫；上门进行心理疏导，帮助居民缓解焦虑情绪，增强心理免疫力，受到社区居民一致好评，被社区支部评为优秀党员。

利用优势服务社会发展模式是老年人才参与社会非常普遍的一种模式。根据本课题组对上海地区老年人才开发的调查数据显示，从事社会公益工作人数的占比达到退休后从事社会工作人数的45.69%，成为老年人才退休后参与社会工作选择最多的类型。凡人才多有专长，许多老年人才退休后，虽不再在原岗位上工作，但他们利用自己的优势专长继续服务社会，这也是对生命历程的拓展。

（三）完善自我全面发展模式

完善自我全面发展模式是指老年人才退休之后，一方面继续拓展和深化自身专业研究的深度和广度，创造更多研究成果；另一方面利用自己的优势特长，服务社会，奉献余热，在服务社会中实现自我，全面发展自己。这是老年人才发展的重要模式。

上海师范大学原校长杨德广教授，退休后一直退而不休，一方面坚持专业研究，出版多部高等教育理论、教育管理论著；另一方面，他牢记共产党员使命，不忘初心，坚持从事慈善公益事业，70岁确立了他的第四个梦想——慈善梦，坚持从事慈善公益事业，资助和帮扶贫困生和优秀生、成立“阳光慈善专项基金”等，78岁时获得民政部第十届“中华慈善奖”慈善楷模。2020年，80岁的杨德广受聘市教育系统关工委成立“杨德广工作室”，进一步弘扬和发挥老专家、老教师崇高师德风范和人格魅力在关心下一代工作中的作用。2023年，83岁的杨德广受聘嘉定高级中学“世承讲坛”特邀专家。生命不息，奉献不止，年逾八旬，杨教授却依然精神矍铄，每天坚持教学、研究、做慈善、写作……

（四）著书立说人文传承发展模式

著书立说人文传承发展模式是老年人才发展的重要模式之一，主要是老年人才利用自己的闲暇时间，将自己一生的经历和积累的经验、文化传统、专业知识等通过撰写传记、家谱、回忆录、学术成果集、党史学习资料等方式记录和保存下来，以备后代传阅、发展。

老年人才作为社会中不可或缺的重要群体，在经历了漫长的人生历程后，他们的成长环境和经历，使得老年人才获得了生活、工作、学习和社交等多方面的经验，形成了独特的文化，成为文化的承载者。同时，他们还是文化传承的重要力量。随着物质生活水平的不断提高，在老龄化社会背景下，老年人才欲望的表达和精神的需求日益强烈，在对自己的人生进行回味和自我评价中，能够寻找成就感和满足感。于是喜爱“想当年”“话当年”的老年人才著书立说，将自己的人生经历及所取得的成就和荣誉变成有质感的文字，为后代留下可供继承和发扬的史实资料。中国红色文化传承人洪荣昌先生，多年来珍藏了许多红色货币和红色文献，退休后潜心对红色文化进行研究和宣传，著书立说，为后人研究红色历史做出了不朽贡献，是中国红藏界研究和推广红色文化的领军人物。91 岁的老党员莫增标，1952 年入党，多年来，已经保存了近百本读书笔记，从毛泽东思想到习近平新时代中国特色社会主义思想，从国家发展到个人成长的记录，为社区提供了重要的学习材料。

老年人才退休后著书立说，或是寻求精神滋润，充实生活的需要，或是刻意为子孙留下传阅和收藏的资料，也是对自己一种新的社会定位。在著书立说过程中，他们的成果成为与他人思想交流的工具，使其重新获取社会的理解和尊重，获得他人的信赖和高度评价，实现自我价值。

（五）自主创业发展模式

自主创业发展模式是指退休的高知识、高技能、高收入的专业技术人员、企业家等，有充分的技能和资本，在身体健康状态允许的条件下，进行自主创业，进一步发展自己，使其自身能量发挥出来的一种模式。

老年人才创业现象在国内外非常普遍。据日本中小企业厅发布的《中小企业白皮书》显示，从 1979 年到 2012 年，老年人创业者占比越来越高，2012 年时 60 岁以上的创业者达到 32.40%。肯德基创始人哈兰德戴维·桑德斯，62 岁时授权了第一个特许经营的肯德基餐厅，如今肯德基在 118 个国家和地区拥有超过 18 800 家餐厅。在中国民营企业中，年龄与事业同时达到高峰的大佬，不乏其人。老年人才创业的成功典范褚时健，74 岁时承包山林种橙，花了10年时间让“褚橙”红遍大江南北，已被奉为传奇故事。“康王之父”周家礽，60岁退休后在破庙里创业，做出爆品“康王”，被迫出售给拜耳后，83岁东山再起，联合包括周家礽在内的5位平均年龄超过80岁的药学家成立研发团队，被媒体称作“400岁的研发天团，立志做出中国药妆精品”。台湾省的半导体教父也是台积电的创始人张忠谋，56岁才走上创业之路，却依旧带领公司成了全球最大的芯片代工厂，86岁时，他创办的公司市值已经达到亿万。

老骥伏枥，志在千里。众多老年人才即使已到耄耋之年，仍然在创业，或是在创业的路上。《“十三五”国家老龄事业发展和养老体系建设规划》也提出支持老年人才自主创业。支持老年人才自主创业并不是把所有老年人都推向创业市场，而是为有条件的适合创业的老年人才群体提供合适的发展机会，让老年人才在合适的政策环境和条件保障下，将自身价值优势和特长充分发挥。

（六）自娱育人发展模式

自娱育人发展模式是指老年人才退休后，努力掌握一门手艺或者追寻一项兴趣爱好，以这种手艺或者兴趣爱好作为自己退休后生活的中心来引发激情，从而达到“修身养性，陶冶情操，延年益寿，完善自己，影响他人”的目的，这是一种较为认真的休闲发展模式。

在职时，受单位和组织约束，很多老年人才会暂时放弃自己的某种兴趣爱好，在退休获得充分自由之后，自主选择某个兴趣爱好发展成为多数老年人才发展的一种模式。这种模式下的老年人才常常对自己的生活特别满意，做让自己满意的事情以及拥有让自己满意的人际关系也是对其自身状态的发展。据课题组对上海地区老年人才开发调查数据显示，当问及“退休后您参与社会的主要动力”时，“兴趣爱好”占总调查人数的60.79%，成为老年人才参与社会的第一动力因素。如有的老年人才退休后，背起相机，环游世界，行摄天下；有的则在退休后选择诗画、音乐、舞蹈等，陶冶情操，亦可以学成教育他人，办画展、做宣传等，为社会做贡献；有的老年人才退休后爱好旅游，在游山玩水中，进一步领略中华文化五千年历史的博大精深。华国锋退休后，喜欢练习书法，经过日复一日的积累，有了扎实的书法水平，造诣颇高，其作品获得了业内的认可。毛主席纪念堂匾额上的那六个大字，正是他亲笔所题。他曾有一幅作品拍出150万的高价，可见他的书法水平有多高超。而安亭镇方泰社区的“板凳爷爷”林楚材，退休前是一名教育工作者，退休后重新学习木工手艺，几十年来将上万块废弃木材做成上千张小板凳，送到有需要的邻居、同事、朋友手中，今年88岁高龄，却葆有一颗热忱的心。做凳子已经成为他的生活乐趣，有人需要他就送，直到做不动为止。

总之，老年人才的发展模式多种多样，老年人才应根据自己的专长、兴趣爱好等实际情况，选择适合自己的发展模式，充分发挥自己的潜力和特长，为社会发展做出贡献，充分实现个人价值。

三、促进老年人才发展的若干思考

根据前期研究，可以发现老年人才的发展模式和路径选择多种多样，老年人才该如何选择发展模式和路经，作为组织和社会又如何提供老年人才发展的保障有效促进其发展，都尚有进一步探讨的空间。根据人才学理论，笔者有以下思考。

（一）做好晚年生涯规划，促进老年人才自主发展

随着人均寿命的提高，老年期成为一生中时间最长的阶段，退休后至少还有二三十年时间可以继续发展。退休不是单一的事件，而是一个持续的过程。作为人生的重要转折期，重新进行自我设计和做好老年生涯规划是十分重要和必要的。日本一般是45岁时开始做晚年生涯规划；美国是50岁时做晚年生涯规划。老年人才应树立“老年人才也是需要成长和发展的”老年人才发展观，在退休前提前进行自我设计，做好晚年生涯规划。在进行自我设计时，务必要把握晚年生涯规划的必要性和可行性，遵循“择世所需”“择己所爱”“择己所长”[①] 三大原则，既要考虑社会需要和自身兴趣，又要充分正视自己的特长与短处，做到扬长避短，利用优势专长，服务社会。老年人才发展路径具有多选择、多样性、多元化和多渠道的特点，但是发展模式和路径选择并不是固定

① 叶忠海：《新编人才学通论》，北京：党建读物出版社，2013，第357—359页。

的。老年人才退休后选择自学、团队学习还是老年大学学习，抑或通过参与学术研讨交流或者项目研究来发展自己，都需要根据自己的实际情况选择，因人而异。需要强调的是，作为一个群体的老年人才，其健康状况不尽一致，差异性很大，且存在生命的不确定性。因此，在做老年人才发展规划时，必须因人而异，量体裁衣，做好预测不确定性的健康风险评估，不宜做长期发展规划，以做中、短期发展规划为宜。

（二）“以用为本”，实行弹性退休政策

国家有关政策、制度、文化等环境支持是老年人才发展的基本条件和保障。不合理的规定将直接阻碍老年人才作用的进一步发挥。当上海地区老年人才开发调查中问及“您认为目前阻碍老年人发挥作用的问题和不合理规定有哪些”时，退休年龄“一刀切”是反映最为突出的问题。根据我国现行退休政策，男性 60 岁退休，女性 50—55 岁退休，这种以生理年龄“一刀切”的退休政策尚未认识到高端老年人才在退休后发挥作用的持续性和重要性，退休制度缺乏弹性，造成老年人才资源的极大浪费。虽然《国务院关于高级专家离休退休若干问题的暂行规定》中规定：对一般专家离退休年龄还是按照国家标准执行；对其中少数高级专家，确因工作需要，征得本人同意，经相关部门批准，其离退休年龄可适当延长。但是所谓“确因工作需要”可适当延长的规定，在实际操作中不少是出于人力成本考虑或由领导的情感好恶决定，制约了老年人才的再发展。根据人才学基本理论中“以用为本”的理念，应“充分发挥各类人才的作用”，并“积极为各类人才干事创业和实现价值提供机会和条件”①。大师、战略科学家、一流科技领军人才和创新团队、卓越工程师、大国工匠、高技能人才等高端老年人才的发展，应以用为本，实行弹性退休政策，首先应重点考虑这类高端人才的延聘和返聘，明确延聘、返聘有关规定，对高端老年人才的退休年龄和工作时间给予自由选择权，使他们的专业能承袭发展。

（三）健全老年就业市场，拓宽老年人才发展渠道

人才开发是个系统工程，必须将老年人才规划纳入到国家的整体人才规划

① 叶忠海：《新编人才学通论》，北京：党建读物出版社，2013，第 399 页。

中，加强系统的顶层设计和统筹协调。应为老年人才发展搭建平台，拓宽老年人才发展渠道，使老年人才不只是停留在“自转”模式上，还能在“公转”模式上发挥作用。应建立老年人才市场和老年人才创业园，拓宽再就业渠道；编制老年人才再就业指导性岗位目录，发展适老岗位；建立老年人才信息库和信息网络，实现老年人才资源的共享；搭建老年人才服务社会的平台，组建成立志愿者队伍、宣讲团、科普报告团、研学团等；鼓励各类人力资源市场、人才中介服务机构、专家服务机构等，把老年人才纳入服务范围，举办专门的项目交流活动，积极主动为他们发挥作用做好服务。

（四）创新老年教育，提供适切的教育和培训机会

老年人才的发展涉及老年人才的能力发展问题。老年学习逐渐呈现出多元化、多层次的需求特征。目前，老年教育提供的学习内容、学习方式、学习渠道与老年人才旺盛的学习需求之间还存在一定距离，老年教育课程往往主要围绕“老有所乐”主题开展，以休闲娱乐型教育方式为主，对于一些高层次老年人才或科研型老年人才的适需性不强，缺乏“老有所为”的技能和就业导向的培训课程，更缺乏专业性的前沿课程开发。高等院校、职业院校、社区学校和行业组织对老年教育的参与或支持力度不足，导致老年人才无法充分享受到高质量的教育资源。目前教育培训机制也制约着老年人才发展，老年人才往往在专业培训、研修方面被剥夺应有的机会。技能培训补贴对象只局限于中青年，不包括退休老人，这些情况在一定程度上都限制了老年人才的发展。

国家已明确将老年教育纳入终身教育体系，为老年人才提供适切的教育和培训机会。老年人才不仅有“求知求乐”的需求，还有“服务社会，展示自我”的强烈愿望。在老年教育内容上，要以老年人才需求为基础，坚持康乐教育与专业智能教育相结合的原则，应强化再就业的职业技能培训和专业发展培训；老年教育应该从低层次娱乐转向高层次赋能，发挥高等院校学科优势，对老年人才开放，为老年人才发展开设专业前沿课程，有效满足老年人才多样化、个性化、高层次化的学习需求。

参考文献：

[1] 罗伯特·费尔德曼. 发展心理学：人的毕生发展 [M]. 4 版。北京：

世界图书出版公司北京公司，2007.

［2］向洪. 人才学辞典［M］. 成都：成都科技大学出版社，1987.

［3］叶忠海. 新编人才学通论［M］. 北京：党建读物出版社，2013.

［4］温暖，姚先国. 浙江人才发展蓝皮书：2018［M］. 杭州：浙江大学出版社，2018.

［5］许淑莲，申继亮. 成人发展心理学［M］. 北京：人民教育出版社，2006.

［6］黛安娜·帕帕拉，萨莉·奥尔茨，露丝·费尔德曼. 发展心理学：从成年早期到老年期下册［M］. 李西营，冀巧玲，等，译. 10版。北京：人民邮电出版社，2013.

［7］晓文. 最美读书社［J］. 上海老干部工作. 2023（2）：30-31.

中国古代老年人才开发思想

邱永明*

在中国古代，“人才”一词最早出现在《诗经·小雅·菁菁者莪》中：“君子能长育人才，则天下喜乐之矣。”① 此后东汉王充《论衡·累害》：“人才高下，不能钧同。”② 晋葛洪《抱朴子·外篇·广譬》：“人才无定珍，器用无常道。”③《北史·崔亮传》：“立中正不考人才行业，空辨氏姓高下。”④ 指有才学的人。王安石《上仁宗皇帝言事书》：“则方今之急，在于人才而已。”⑤ 在古籍中的圣人、君子、贤人、贤良、英雄、豪杰、人杰、俊杰、硕儒、鸿儒、髦硕等称谓，都泛指人才。其中圣人是指品德最高、智慧最高超的人才，硕儒、鸿儒多指有学问、品德高尚的知识型人才。而老年人才又指耆硕、耆德、耆旧、耆宿、老宿、耆英、耆贤、耆老、耆儒、俊耆、硕老、乡宦，乡绅、士绅等，多指年高德贤、望重博学之人才，其中耆老，“人数是很少的，并且没有明确的年龄界线，但一般说来，至少 60 岁以上的人才够格称为耆老。并且，绝不是所有老人都能得到‘耆老’这一荣誉称号，只有那些威望、能力、财富都很显著并且在地方事务中起领袖作用的人才是耆老”⑥。乡宦主要是指致仕、养病、养老、省亲、罢官、废官等原因较长时间居住在乡里的官员人才，故致

---

* 作者系华东师范大学副教授、中国人才研究会人才学专业委员会副理事长。

① 陈子展：《诗经直解（下册）》卷十七《小雅》，上海：复旦大学出版社，1983，第 576 页。

② 王充：《论衡》卷一《累害篇》，上海：上海人民出版社，1974，第 5 页。

③ 葛洪：《抱朴子》卷三十九《广譬》，上海：上海古籍出版社，1990，第 289 页。

④ 李延寿：《北史》卷四十四《崔亮传》，北京：中华书局，1974，第 1633 页。

⑤ 王安石著，宁波点校：《王安石全集（上）》卷三十九《书疏·上仁宗皇帝言事书》，长春：吉林人民出版社，1996，第 400 页。

⑥ 张仲礼：《中国绅士》，上海：上海社会科学院出版社，1991，第 14 页。

仕官员归乡则成为乡宦，成为当地老年人才的代表。乡绅“非将来即应出仕，则已仕而致政归里者也”①。乡绅中的一部分人是致仕的老年人才。士绅，既为“士”又为“绅”，费孝通对其定义为致仕家居的官员。②

在中国古代农业社会里，老年人才的主体是进入退休年龄的文武官员。这是古代人才资源的重要组成部分。历代统治者非常重视对这部分资源的开发和利用，而且产生了较丰富的老年人才开发思想，其中许多思想观点对当代老年人才开发有着重要的启迪作用。

一、老年人才的价值

老年官员人才有着丰富的从政经验，富有感召力，人情练达，是国家的宝贵资源，“国倚老成，乡称耆耋”③。其重要性，清初礼部侍郎钱谦益认为乡绅在地方上是不可多得的人才，他比喻说：“乡之有老成人，如树之有硕果，如松之有茯苓。树之蕃而松之茂，必征于此。”④ 钱谦益这个比喻形象而贴切地描摹了乡宦对乡党社会的重要性。清代文人石成金的《官绅约》是一篇专论致仕官员成为乡绅后行善的特殊价值和作用的文章，说乡绅是大根器人才，都是明道理、有见识的人，毕竟比平常人有力量，平日有德望，是一方表率模范，致仕回乡后，应利用自己的优势造福地方，认为乡绅“行善事，也有一件事胜平常人百千件的”⑤，意思是乡绅做一件好事，其影响作用要胜过平常人的百千件。

（一）道德表率的作用

古代士大夫从小接受传统道德教育，注意修身养性，洁身自好，身上凝聚着传统儒家思想。他们致仕回家为乡宦，往往成为一邑之望、一乡之表率，对

---

① 陈宏谋：《学仕遗规》卷四《石成金官绅约》，武汉：武汉大学出版社，2019，第389页。

② 吴晗、费孝通：《皇权与绅权》，上海：上海书店，1949，第156页。

③ 邓原岳：《西楼集》卷十六《祭刘封君文》，《四库全书存目丛书》集部第174册，济南：齐鲁书社，2001，第139页。

④ 钱谦益：《牧斋初学集（下）》卷六十六《墓表一・中宪大夫广西按察使司副使张府君墓表》，上海：上海古籍出版社，1985，第1535页。

⑤ 陈宏谋：《学仕遗规》卷四《石成金官绅约》，武汉：武汉大学出版社，2019，第397页。

地方道德教化具有特殊作用，对于这种特殊作用，明代大学士于慎行比喻说："士之举动犹风也，飘风大和，冷风小和，风之所过，万窍怒号，风之所止，一尘不动，且再鼓则衰，三鼓则竭，气亦有所尽也。"① 在统治者看来，致仕官员因年老体衰虽血气不足以任职事，而道德则可以为师，具有不可低估的倡率作用。因此对老年人才要"任其德，不任其力"。明正德时期，刑部主事黄巩曾上书强调"延故老，访忠良，可以涵养气质，熏陶德性"，从而达到"圣学维新，圣政自举"②。明万历时期，礼部尚书、东阁大学士李廷机在《燕居录》中说："或言风俗须得良有司，余日不如乡宦，乡宦者，乡人所属耳目也，乡宦以澹约朴素持身训家，子弟童仆皆澹约朴素，则华侈者自将愧缩而无所容"③。作为在乡大臣李廷机认为，乡宦教化风俗具有特殊的作用。乡宦的教化方式并非采取强制教化手段，而取模范之义；小民对于教化的接受方式并非被动，而是主动模仿；风俗的优化起主导作用的是乡宦而非官方。清乾隆时期，大学士陈宏谋在《学仕遗规·官绅约》中的按语云："已仕而致政归里者也。居士民之首……而境内士民。因其名列搢绅，凡居家居乡行止，率效法焉。"④ "乡绅原是一方表率模范，风俗的美恶，人心的厚薄，大半从乡绅身上做出来的。若有好乡绅表正得一方，化得那一方的风俗都是好的、人心都是厚的。"⑤ 总之，乡绅是一方的表率模范。因此，石成金认为乡绅行善，岂不是一件事胜平常人百千件的。明嘉靖时期，翰林院孔目何良俊在论及老年人才对社会风气的影响时举例说："吾松江与苏州连壤，其人才亦不大相远，但苏州士风，大率前辈喜汲引后进，而后辈亦皆推重先达。有一善，则褒崇赞述无不备至。故其文献足征，吾松则绝无此风。"由此提出："凡郡县有一善政及一切禁令，士夫皆当率先遵行，以为百姓之望。"⑥ 总之，古代思想家认为，老年

---

① 于慎行著，吕景琳点校：《寓圃杂记　穀山笔麈》卷十六《杂说》，北京：中华书局，1984，第 184 页。

② 张廷玉：《明史》卷一百八十九《黄巩传》，北京：中华书局，1974，第 5016 页。

③ 李廷机：《李文节先生燕居录》全一卷，明代刻本，第 27 页。

④ 陈宏谋：《学仕遗规》卷四《石成金官绅约》，武汉：武汉大学出版社，2019，第 389 页。

⑤ 陈宏谋：《学仕遗规》卷四《石成金官绅约》，武汉：武汉大学出版社，2019，第 400 页。

⑥ 何良俊：《四有斋丛说》卷十六《史十二》，北京：中华书局，1959，第 134、143 页。

人才的智慧和经验、长者风范、高尚品质，对于教化风俗具有特殊的作用。

（二）资政顾问的作用

老年人才虽年老体衰，但他们大多精于国事、谙于政典，有器识，有洞察力、判断力、分析能力等，若备为顾问，可以起到资政的作用。韩愈在《论孔戣致仕状》说："自古以来及圣朝故事，年虽八九十，但视听心虑，苟未昏错，尚可顾问委以事者，虽求退罢，无不殷勤留止，优以禄秩。"他认为："七十求退，人臣之常礼，若有德及气力尚壮，则君优而留之，不必年过七十，尽许致事也。"①

北宋君臣都认识到老年人才具有特殊价值。如宋仁宗天圣六年（1028）四月，监察御史鞠咏在一封上书中言道："太子少保致仕晁迥，虽老而有器识，宜蒙访对其必有补。"② 英宗治平元年（1064）九月，龙图阁直学士兼侍读李柬之自陈有疾求致仕，英宗对他说："卿耆儒通识，期于咨访，以辅不逮，岂止经术而已。"③

明太祖朱元璋明确提出了老年人才可备顾问的观点。明洪武十七年（1384），礼部侍郎郑居贞认为："人至六十，精力衰耗，则不能胜事，请六十以上者不遣。"然而朱元璋引证历史说："正为比来有司不体朕意，士有耆年，便置不问，岂知老成古人所重，文王用吕尚而兴，穆公不听蹇叔而败，伏生虽老，犹足传经，岂可概以耄而弃之也？若年六十以上七十以下者，当置翰林院，以备顾问。"他认为"古之老者，虽不任以政，至于咨询谋谟，则老者阅历多而见闻广，达于人情，周于物理，有可资者"④，仍可任用。朱元璋不仅在理论上认识不弃老的重要性，而且身体力行，征用民间有名"耆儒"。例如，兵克处州之时，征用"耆儒"宋濂、刘基、章溢、叶琛至建康，建造"礼贤

① 韩愈：《昌黎先生集》卷四十《论孔戣致仕状》，余冠英等主编：《唐宋八大家全集》，北京：国际文化出版公司，1998，第360页。

② 李焘：《续资治通鉴长编》卷一百六"天圣六年四月庚寅"条，上海：上海古籍出版社，1986，第949页。

③ 李焘：《续资治通鉴长编》卷二百二"治平元年九月戊子"条，上海：上海古籍出版社，1986，第1874页。

④ 余继登：《典故纪闻》卷四，北京：中华书局，1981，第75页。

馆”安置之。又《明史·选举志三》载，当时“耆儒鲍恂、余诠、全思诚、张长年辈年九十余，征至京，即命为文华殿大学士”。[①] 此文称“年九十余”，也许为夸大之词，但其年高岁长应是事实。

（三）佐国家社稷的作用

北宋文学家刘敞认为，老年人才对国家具有辅助国家社稷的特殊价值，他在《致仕义》中谈及古人的致仕时说：“臣虽行之，君曰：‘是犹足以佐国家社稷也，留之不可失也。’”[②] 臣子虽然请求离去，君主不会当即允许，而会致以挽留之意，以示尊重人才。

在地方自治中，年高德昭、有学识、有威望、有财力的乡宦具有独特的优势，作为地方官员要顺利完成各项公共服务，也要依靠乡宦的支持和帮助，乡宦的这种辅佐作用可以弥补政府官员的不足。石成金在《官绅约》中说，地方官员对于治理地方的作用非常重要，但是，如果得到乡绅的帮助、支持则事半功倍。“常有府州县得了好官，要行好事，再得乡宦帮助，更觉顺而且易。”[③] 社会危机时，地方官吏履行职责的能力削弱，有待解决的问题增多，这时乡绅的作用更大。太平天国时，巡抚胡林翼曾说：“自寇乱以来，地方公事，官不能离绅士而有为。”[④] 乡宦在调解地方纠纷、化解争端中更具有特殊作用。由于他们知古通今、知书达理，受到农村百姓尊敬信赖，有较高的威望；他们也熟悉乡情，并且乐于调停周旋，往往易为当事人双方接受。

二、朝廷老年人才开发策略

从人才开发的主体视角，许多政治家、思想家提出：要充分认识老年人才的优势，为政先于尚老；使用老年人才，关键是用其智而不是用其力；用人时，组织的人才年龄结构，应老少参用。

---

① 张廷玉：《明史》卷七十一《选举三》，北京：中华书局，1974，第1712页。

② 刘敞：《公是集》卷三十七《致仕义》，纪昀总纂：《文渊阁四库全书》第1095册，台北：台湾商务印书馆，1986，第719页。

③ 陈宏谋：《学仕遗规》卷四《乡绅约》，武汉：武汉大学出版社，2019，第397页。

④ 胡林翼：《胡文公全集》第4册《麻城县禀陈各局绅》，上海：世界书局，1936，第1757页。

（一）古之为政，先于尚老

中国具有尊老的传统，认为尊重老年人才是为政之首，治国之本。刘向在《说苑·贵德》中引晏子言："乐贤而哀不肖，守国之本也。今君爱老而恩无不逮，治国之本也。"[①] 北魏正光四年（523）七月，孝明帝诏曰："达尊斯在，齿预一焉，崇敬黄耇，先代通训。"[②] 因此，他主张对于元老不一定严格实行七十致仕政策，德高望重者可留用。唐开元二年（714）九月，唐玄宗曾诏曰："古之为政，先于尚老。"[③] 唐玄宗把对老人的尊敬提高到影响整个社会风俗教化的高度，他在《定致仕官俸诏》中说："养老乞言，人惟求旧。尊儒尚齿，风化攸先。"[④] 并令有司专定凡官员致仕送至宅。

北宋崇老的文化氛围浓郁，为彰显朝廷优待贤良之意，树立尊崇老年人才的社会风气，规定每逢朝会，允许曾任同中书门下平章事的一品致仕官列入中书门下班。宋太祖乾德元年（963）诏："群官列位，在有通规，旧德来朝，所宜加礼，且表优贤之意，抑敦尚齿之风，自今一品致仕官曾带平章事者，每遇朝会，宜缀中书门下班。"[⑤] 在政治上，自太宗起，取士便偏爱年长者。宋神宗熙宁二年（1069），判国子监范纯仁参劾王安石的一条罪状就是"鄙老成为因循之人"[⑥]。

朱元璋把倡导尊老敬老的道德风尚，与国家的治乱兴衰连结在一起，他在谈到人以齿为尚、养老之礼不废时说："是以人兴于孝弟，风俗淳厚，治道隆平。"[⑦] 朱元璋在洪武十二年（1379）八月令："内外官致仕居乡……若筵宴，

① 刘向：《说苑》卷五《贵德》，上海：上海古籍出版社，1990，第 38 页。

② 魏收：《魏书》卷九《肃宗纪》，北京：中华书局，1974，第 234 页。

③ 唐玄宗：《赐高年几杖诏》，董诰等主编：《全唐文》卷二十六，上海，上海古籍出版社，1990，第 127 页。

④ 唐玄宗：《定致仕官俸诏》，董浩等主编：《全唐文》卷二十七，上海：上海古籍出版社，1990，第 132 页。

⑤ 《宋大诏令集》卷一百六十《一品致仕官曾带平章事者缀中书门下班诏》，北京：中华书局，1962，第 604 页。

⑥ 毕沅：《续资治通鉴》卷六十七"熙宁二年七月丙午"条，1957，北京：中华书局，第 1653 页。

⑦ 徐学聚：《国朝典汇（上）》卷四十四《吏部十一·优老》，北京：书目文献出版社，1996，第 887 页。

则设别席，不许坐于无官者之下。”① 明熹宗曰：“自古久安长治之世，必有老成典刑之人，骨鲠著于先朝，寿耇遗于累世。”② 他还启用了已经70岁的邹元标为左都御史。丘濬《大学衍义补》中说：“盖帝王之世以孝弟为治。老者近于父，长者近于兄，故设为视学养老之礼，所以教天下之人孝弟也。上之人以孝弟帅先天下之人，使之皆归于亲亲、长长之化，无一人而不亲其亲而孝，不长其长而弟，礼教日明，风俗日厚，天下岂有不治平者哉。”③ 明正德时期，刑部主事黄巩曾上书强调“延故老，访忠良，可以涵养气质，熏陶德性”，从而达到“圣学维新，圣政自举”④。明代万历年间内阁首辅王家屏说：“国家不可一日无老臣，尤不可一日无重臣，故耆旧尊于典刑。”⑤

（二）使用老年人才，重在尚智

古代思想家认为，使用老年人才，不是用其体力，而是用其智慧。老年人才有得天独厚的优势，他们阅历丰富，深谙世故。“其高年，历事也多，听记也广，其善恶，易难之事，无不周知”⑥。刘禹锡认为，人才老了虽然“身瘦带频减，发稀冠自偏。废书缘惜眼，多炙为随年”，但是“经事还谙事，阅人如阅川”⑦。宋英宗治平元年（1064）九月，龙图阁直学士兼侍读李柬之陈乞致仕，英宗对他说：“卿耆儒通识，期于咨访，以辅不逮，岂止经术而已。”不许其致仕。⑧ 清康熙二十二年（1683），海寇潜据台湾为害福建，康熙决定用已61岁的福建水师提督施琅统帅水师，除寇并镇守台湾。施琅奏称：“臣年力

---

① 张廷玉：《明史》卷五十六《礼十・庶人相见礼》，北京：中华书局，1974，第1428页。

② 钱谦益：《牧斋初学集（下）》卷九十二《都察院左都御史邹元标授资政大夫》，上海：上海古籍出版社，1985，第903页。

③ 丘濬：《大学衍义补》卷七十九《躬孝弟以敦化》，上海：上海书店出版社，2012，第585页。

④ 张廷玉：《明史》卷一百八十九《黄巩传》，北京：中华书局，1974，第5016页。

⑤ 王家屏：《王文端公尺牍》卷一《慰方采山予告》，《四库全书存目丛书》集部149册，济南：齐鲁书社，2001，第590页。

⑥ 杨一凡点校：《皇明制书》第一册《御制大诰续编・耆宿第八》，北京：社会科学文献出版社，2013，第104页。

⑦ 刘禹锡：《酬乐天咏老见示》，高志忠：《刘禹锡诗词译释》，哈尔滨：黑龙江人民出版社，1982，第250页。

⑧ 李焘：《续资治通鉴长编》卷二百二“治平元年九月戊子”条，上海：上海古籍出版社，1986，1874页。

已衰，惧胜勿封疆之重。”康熙对施琅说：“将尚智不尚力，朕用尔亦智耳，岂在手足之力哉?”① 康熙三十五年（1696），施琅卒于任上。

（三）老少参用，优势互补

宋代学者袁采认为老年人才的优势是“老人之言更事多”，而“后生虽天资聪明，而见识终有不及”②。老年人才作为过来人，经验丰富，办事稳妥，有谋略、有威望的长处，可为年轻人才提供很多宝贵的人生经验。因此朱元璋提出，在使用人才时要老少参用。他发现，官吏过了50岁之后，虽精力跟不上了，但政务精通，业务熟练，而青年才俊，年富力强，但政务不熟，阅历浅薄，所以在中央和地方的各个部门，老少官吏，搭配使用，相辅相成。“与年老者参用之。十年以后，老者休致，而少者已熟于事，如此则人才不乏，而官使得人”③。意思就是，年轻的官吏业务也锻炼出来时，那些老年官吏也到60岁退休了，不用担心出现人才断层的现象，从而保证人才源源不断地为国家服务。老少结合，既便于以老带少，充分发挥老年人的长处，又可激励少者奋进，减少决策和执行政策中的失误。

此外，通过敬老政策，招致人才。荀子说：“老老而壮者归焉。”④ 意思是尊重老年人才，那么壮年人也就来归附了，有才能的人也会聚集过来。

三、老年人才自我开发观

在中国古代，许多政治家、思想家在论及老年人才开发时，强调人到老年仍应保持进取精神，特别作为复合型的退休的士大夫人才，更应不改初衷，关心国家大事，坚持终身学习，犹同总角之年。

（一）老当益壮的进取精神

古代许多政治家、思想家主张老当益壮，老有所为，积极进取，切莫因为日渐衰老而恐惧，而应保持乐观心态。这思想观点反映在许多诗词中，例如，

① 赵尔巽：《清史稿》卷二百六十《施琅传》，北京：中华书局，1976，第9868页。
② 袁采：《袁氏世范》卷二《老成之言更事多》，北京：中华书局，1985，第29页。
③ 张廷玉：《明史》卷七十三《选举志三》，北京：中华书局，1985，第1711页。
④ 荀子：《荀子修子》，上海：上海人民出版社，1974，第15页。

曹操在《龟虽寿》诗中云："老骥伏枥，志在千里；烈士暮年，壮心不已。"[①]意思是年老的千里马躺在马棚里，它的雄心壮志仍然是能够驰骋千里。曹操认为，有远大抱负的人士到了晚年，奋发思进的雄心不会止息，表达了曹操大志不退的雄心壮志。唐刘禹锡在《酬乐天咏老见示》中针对白居易的年老消极、悲观的情绪，宽慰和鼓励说："莫道桑榆晚，为霞尚满天。"[②] 意思是不要说日落之时天色已晚，虽然是流照在桑榆之上的余晖，依旧能够幻化成霞，绮丽满天。这个比喻，写出了刘禹锡对老年人的生活寄托了一种瑰丽的期望，也彰显着老骥伏枥、志在千里的老年气概和奋进不息的精神。唐代诗人王勃在《滕王阁诗序》中更明确主张，老年人才应"老当益壮，宁移白首之心；穷且益坚，不坠青云之志。"[③] 意思是年岁虽老而心犹壮，即使白了头发也不改变初衷，遭遇穷困而意志更加坚定，在任何情况下，也不放弃其抱负。这种老当益壮积极进取的人生态度，鼓励着一代一代老年人才自强不息，积极向上。

（二）心系天下的家国情怀

明代有一种现象，致仕官员居家，不入公门，不涉足公府之事，反而能获得好的名声。张居正却对这种不愿涉足地方事务的做法做出过批评，他认为："今之隐退者，皆以通书政府为嫌，仆窃所不取……况大臣虽在畎亩，犹怀廊庙之虑，所为居政府者，非其僚友，则其素相知也。其人贤耶，固当告之，以四方幽隐以赞其庙堂之虑。不贤耶，亦当匡救其阙而教督其所不戴。俾无致疾于国与民。"[④] 他认为，官员即使隐退，也要心系天下，关心百姓。地方官员如果贤明，则称赞之；不贤，就匡扶教导。

（三）老有所学的读书理念

古人认为人才到了老年正是读书时，犹如"台上玩月"。清代张潮在《幽

---

① 刘跃进等：《三曹诗集》，太原：三晋出版社，2008，第 32 页。

② 刘禹锡：《酬乐天咏老见示》，高志忠：《刘禹锡诗词译释》，哈尔滨：黑龙江人民出版社，1982，第 250 页。

③ 王勃：《王子安集注》卷八《秋日登洪府滕王阁饯别序》，上海：上海古籍出版社，1995，第 233 页。

④ 张萱：《西园闻见录（1）》卷二十一《投闲》，北京：全国图书馆文献缩微复制中心，1996，第 539 页。

梦影》中有一绝妙的比喻："少年读书，如隙中窥月；中年读书，如庭中望月；老年读书，如台上玩月。皆以阅历之浅深，为所得之深浅耳。"① 这三个不同的读书阶段，揭示了人生阅历对于读书收获的影响和作用的规律，是一个不断升华与提升的过程。少年读书，如缝隙中窥月亮只能见到局部，不能了解全貌。中年读书，如在庭院中举头望月，比窥月有所进步。到了老年读书，如在月台上赏月，比喻读书已能从容取舍，自在随心，得其要旨。这个比喻告诉我们，由于老年阅历丰富，此时读书，对书中的内容容易全面理解，因此老年人才应坚持终身学习。清顺治内阁学士李惺庵在《读书杂述》中系统阐述了老年读书的特殊价值：一是可补玩岁时荒废。五六十然后学，似晚矣，"然即今努力，犹愈于终身愦愦。以勤补拙，以晨兴晏眠，补少时之玩愒，自兹以往，有进无退，其庶几乎？"二是更有趣味。"人多以晚年方读书为悔，而不知晚年阅历既深，读书更有意味。有进无退，坐言起行，不止补少时之玩愒也"。三是更理解深刻。虽然老年读书，不复记忆，"然寓目悦心，胸有所得"。所不能记忆者，只是词句。"其于义理，当益亲切。若止兴会勃勃，犹是浮慕之学"。四是多多益善。"学者博极群书，岂不甚好"②。北齐文学家颜之推在《颜氏家训》中比喻说："幼而学者，如日出之光，老而学者，如秉烛夜行，犹贤乎瞑目而无见者也。"③ 意思是，老了再学习，好比是点着蜡烛走夜路，但这还是比眼睛什么也看不见要好得多。

---

① 张潮：《幽梦影》第三十四，合肥：黄山书社，2014，第34—35页。

② 陈宏谋：《学仕遗规》卷四《李惺庵读书杂述》，武汉：武汉出版社，2019年，第324页。

③ 王利器集解，颜之推撰：《颜氏家训集解》卷三《勉学》，上海：上海古籍出版社，1980，第166页。

中国古代老年人才开发制度研究

邱永明*

由于中国古代老年人才的主体是进入致仕年龄的官员，他们一般都具有丰富学识、统治经验、人生智慧，以及较大的名望、道德和政治影响力，是现存的宝贵的人才资源，因此，历代统治者都非常重视对其开发和利用。

在中国古代，作为人才资源的开发者而言，朝廷是老年人才资源开发的重要主体，其在开发和利用老年人才资源中，具有重要且他人不可替代的作用。朝廷对老年人才的开发行为，主要是通过制定一系列的制度、政策，以实现老年人才资源存量效能发挥的最大化，“使咸尽所用，无遗也”①。

一、弹性的致仕政策，留用既有人才

实行变通的致仕政策，留用一些尚可发挥较大作用的老年人才，这是古代老年人才开发的重要措施，也是利用老年人力资源的最直接的方式。历代虽有七十致仕的明文规定，但是，为了充分利用既有的人才，不搞“一刀切”，实行弹性退休制度，如情况特殊、官员精力未衰、有才学、有重大功绩、有名望俊德、重臣受器重或有专业技能，可延迟致仕，有的甚至终身不允致仕，以让他们继续为国家效力。

（一）精力未衰者

许多朝代规定，官员到了 70 岁，若精力和身体条件许可，可延迟退休。

---

* 作者系华东师范大学副教授、中国人才研究会人才学专业委员会副理事长。

① 张萱：《西园闻见录（中）》卷四十四《礼部三・选举》，全国图书馆文献缩微复制中心，1996，第 936 页。

唐初虽规定，“诸职事官七十听致仕”①，但由于唐朝刚建立不久，国家急需各方面人才，因此又规定“若齿力未衰亦听厘务”②。“听”即听其自便，不作硬性规定。唐武宗会昌元年（841），检校尚书左仆射王起年已82岁，但精力不衰，于是拜吏部尚书，知礼部贡举。宋景德元年（1004）三月，“诏三班使臣七十以上视听未衰者与厘务”。宋仁宗庆历二年（1042），权御史中丞贾昌朝提出：“虽七十而未衰及别有功状，朝廷固留任使者，勿拘此令。”③ 元朝虽明确规定：“诸职官年及七十，精力衰耗，例应致仕。”④ 但又规定：“虽年七十以上，精力未衰、材识可取者录用之。”⑤ 明永乐十四年（1416），吏部、翰林院选耆儒侍太孙，杨士奇及蹇义首荐仪智言，“智起家学官，明理守正，虽耄，精神未衰”，可以起到引导皇太孙的作用。这个建议得到了成祖的首肯，“智虽老，能直言，可用也”⑥。仪智直至80岁才致仕。明英宗时，礼部左侍郎陈琏逾七十乞赐致仕，“以琏精力未衰，仍令复职”⑦。乾隆皇帝也认为，人之可用否，未可以年齿论，唯当看其人之可用与否去取，不当以七十为限。

（二）有才干、有功绩者

西汉张汤的儿子张安世，少年时靠父亲的地位任为郎官，因为熟悉图书而供职尚书，精心尽职，侍奉武帝三十余年，忠信谨慎，勤劳政事。昭帝时受到霍光的器重，辅政宿卫。“昭帝崩，未葬，大将军光白太后，徙安世为车骑将军，与共征立昌邑王。王行淫乱，光复与安世谋废王，尊立宣帝”⑧。所以他不仅有才干，而且对宣帝还有策立之功，受到宣帝的褒奖和重视。汉宣帝元康四年（前62）春，“安世病，上疏归侯，乞骸骨”。然而，天子报曰：“将军年

---

① 杜佑：《通典》卷三十三《职官十五·致仕官》，长沙：岳麓出版社，1995，第492页。

② 王溥：《唐会要》卷六十七《致仕官》，北京：中华书局，1955，第1173页。

③ 脱脱：《宋史》卷一百七十《职官十》，北京：中华书局，1985，第4088—4089页。

④ 宋濂：《元史》卷八十四《选举四》，北京：中华书局，1976，第2113页。

⑤ 陈高华点校：《元典章》十一《吏部》，北京：中华书局，2011，第415页。

⑥ 张廷玉：《明史》卷一百五十二《仪智传》，北京：中华书局，1974，第4189页。

⑦ “台北中研院”历史语言研究所校勘：《明英宗实录》卷三十五“正统二年十月庚申”条，台北：“国立北平”图书馆，1962，第675页。

⑧ 班固：《汉书》卷五十九《张安世传》，北京：中华书局，1962，第2647页。

老被病，朕甚闵之。……愿将军强餐食，近医药，专精神，以辅天年。”① 没有让张安世致仕，他最后卒于任上。弘文馆学士虞世南，唐太宗曾称其有德行、忠直、博学、文辞、书翰五绝，誉为当代名臣。他年逾古稀后，屡次上表求退，不许。唐代宗朝名将郭子仪对国家有匡扶之功，其请致仕时，代宗特下诏：“朕终始倚赖，未可去位。”② 不许。元朝太宗时，蒙古汉军兵马都元帅史天祥，总十二万户，镇河中，冬，徇西夏，破贺兰山，归北京，授右副北京等七路兵马都元帅，“乞致仕，不允。辛卯，太宗用兵河南，强之从行，转潮河上给饷诸军”③。

（三）有名望俊德老成持重者

有名望的高级官员，处于要害部门，朝廷政局的稳定需要他们辅佐，或者留他们以备顾问，或者要借助他们的声望与才干维持统治，这些人对朝政有举足轻重的作用，所以不会轻易让他们致仕，朝廷会尽力留住他们。

汉代范升，九岁通《论语》《孝经》，及长习《梁丘易》《老子》，教授后生，非常有才学和名声。他在王莽的大司空王邑属下任议曹史时，“称病乞身，邑不听，令乘传使上党”④。东汉张湛“矜严好礼，动止有则，居处幽室，必自修整，虽遇妻子，若严君焉。及在乡党，详言正色，三辅以为仪表”。他名声远扬，大家都以他为表率。东汉建武初年，担任左冯翊，“在郡修典礼，设条教，政化大行”。汉光武帝极其看重他的声望和才干，因此“（光武）七年，以病乞身，拜光禄大夫，代王丹为太子太傅”⑤，辅佐皇太子刘强。可见汉光武帝因张湛的名声和才干对其很是器重，因而不让他退归家乡。

西晋太保王祥是有德望的老臣。他以年老疲耄累乞致仕，西晋武帝司马炎不许，诏曰：“太保元老高行，朕所毗倚以隆政道者也。”⑥ 北魏规定七十致仕，但又规定“然以德尚壮，许其絷维……其有高名俊德、老成髦士、灼然显

---

① 班固：《汉书》卷五十九《张安世传》，北京：中华书局，1962，第 2653 页。
② 宋祁：《新唐书》卷一百三十七《郭子仪传》，北京：中华书局，1975，第 4608 页。
③ 宋濂：《元史》卷一百四十七《史天祥传》，北京：中华书局，1976，第 3488 页。
④ 范晔：《后汉书》卷三十六《范升传》，北京：中华书局，1965，第 1227 页。
⑤ 范晔：《后汉书》卷二十七《张湛传》，北京：中华书局，1965，第 928—929 页。
⑥ 房玄龄：《晋书》卷三十三《王祥传》，北京：中华书局，1974，第 988 页。

达、为时所知者，不拘斯例”[①]。

唐文宗朝名臣裴度，曾为将相二十余年，能奋发奏召决策机要，德高望重，皇帝对之倚为“我家柱石”。文宗即位后，中书侍郎韦处厚即建议皇帝：“裴度勋高望重，为人尽心切直，宜久任，可壮国威。”[②] 帝皆听纳。他 70 岁上疏请老，文宗非但不允，反而以其年未衰，任命他为司徒，兼侍中；75 岁去世前还授中书令。文宗遣中使赐度诗曰：“注想待元老，识君恨不早。我家柱石衰，忧来学丘祷。”[③] “元老”，指裴度五朝元老；“柱石”，誉裴度是顶梁的柱子和垫柱的础石。

宋仁宗明确规定：“曾任两府乞致仕者，自今以后上章乃听除之。”[④] 可见朝廷对高官的致仕，不是申请一次就可以准许，而要申请多次。宋仁宗拒绝了宰臣富弼的五次请退、枢密院副使程勘的四次乞退。欧阳修位居执政八年后，接连上五表、五扎，请求致仕，宋神宗均未允许。神宗熙宁三年（1070），改知蔡州，又连上三表、三札，次年，终于获得批准。宋英宗治平元年（1064）九月，龙图阁直学士兼侍读李柬之陈乞致仕，英宗对他说：“卿耆儒通识，期于咨访，以辅不逮，岂止经术而已。”[⑤] 不许致仕。

明孝宗时期，南京户部尚书王轼以老疾请求致仕，孝宗曰：“卿职司邦计，勤谨老成，有疾宜善加调理，以副委任，不允致仕。”[⑥] 同年三月，南京兵部尚书秦民悦也以年老有疾乞致仕，得旨“卿老成练达，精力未衰”[⑦]，不允休致。明武宗正德年间，理学家章懋因疾病身，先后五疏乞休归田，皇帝都不批准，旨复章懋学行老成，名实相称，允宜师表。明正德十六年（1521），章懋

---

① 魏收：《魏书》卷九《肃宗孝明帝本纪》，北京：中华书局，1974，第 234 页。

② 刘昫：《旧唐书》卷一百五十九《韦处厚传》，北京：中华书局，1975，第 4186 页。

③ 刘昫：《旧唐书》卷一百五十九《裴度传》，北京：中华书局，1975，第 4433 页。

④ 李焘：《续资治通鉴长编》卷一百四十一“庆历三年六月辛酉”条，上海，上海古籍出版社，1986，第 1295 页。

⑤ 李焘：《续资治通鉴长编》卷二百二“治平元年九月戊子”条，上海：上海古籍出版社，1986，第 1874 页。

⑥ “台北中研院”历史语言研究所校勘：《明孝宗实录》卷二百八“孝宗十七年二月丁巳”，台北：“国立北平”图书馆，1962，第 3873 页。

⑦ “台北中研院”历史语言研究所校勘：《明孝宗实录》卷二百九“孝宗十七年三月乙亥”，台北：“国立北平”图书馆，1962，第 3886 页。

年已86岁，再辞不允，升南京礼部尚书。

清顺治、康熙时的两江总督兼兵部尚书于成龙，考核中曾三次被举为“卓异”，历任知县、知州、道台、知府、按察使、布政使、巡抚、总督，加兵部尚书、大学士等职，在其任上，除盗匪、整吏治、平叛乱、救灾民、戒奢靡，深受百姓爱戴，被称为“于青天”，这样的廉吏，在被弹劾年老体衰之时，成龙引咎乞严谴，诏留任，最后卒于两江总督任上，终年68岁。

（四）专业科技工艺人才

由于科技工艺人才的学识、能力、经验是逐年积累的，他们年事越高，实践经验越丰富，因此往往不得致仕。这有利于人才资源的充分利用，缓解专业人才短缺问题。例如，太史、医、卜、匠官年龄愈老愈拥有丰富的实践经验，对其慰留而不令其致仕，对科技工艺的“传帮带”有积极作用，有利于培养新一代人才；集贤院和翰林兼国史院的官员，年事虽高仍可以广博的知识以备顾问。

元朝非常重视科技工艺人才，明确规定翰林、集贤院侍从老臣，以及太史院司天官、医官、阴阳占卜官等这类技术性官员不许致仕。元大德七年(1303)，“诏内外官年及七十，并听致仕，独守敬不许其请，自是翰林、太史司天官不致仕，定著为令”①。郭守敬是元代天文历法、水利工程及数学方面的专家，官至太史令，编制《授时历》，著有《推步》《立成》《历议拟稿》等14种天文历法著作。他任职到86岁，去世前仍在太史院任职。元英宗至治元年（1321）十月，英宗“敕翰林、集贤官年七十者毋致仕”②。至治三年(1323) 又规定：“太医、阴阳、匠官不教丁忧休致仕者。”③ 著名的水利专家任仁发，曾主持疏浚吴松江、大盈江、乌泥泾、大都通惠河等工程，元泰定二年（1325)，已年过七十，但泰定帝因他“是深知水利传用的人”，所以“休教致仕”，特授其为都水庸田使司副使。任仁发不负泰定帝所望，“凡创石闸六，

---

① 宋濂：《元史》卷一百六十四《郭守敬传》，北京：中华书局，1976，第3852页。
② 宋濂：《元史》卷二十七《英宗纪》，北京：中华书局，1976，第614页。
③ 黄时鉴辑点：《元代法律资料辑存》，杭州：浙江古籍出版社，1988，第203页。

筑塍围八千浚沟汊千有奇”，“治河为天下最”。①

清代明确规定集贤院和翰林院的素有名望的老臣不得致仕，钦天监监官不得改迁他官，子孙世业，非特旨不得升调、致仕。教职人员，若年过七十仍精力健旺，可延迟五年致仕。对于馆阁修书修史的学养高深的官员，更不予致仕。如康熙朝任工部尚书兼翰林院掌院学士的徐元梦，雍正年间，署大学士充《明史》总裁，乾隆即位后已年逾八旬，因年老屡次请休致皆不准，乾隆并特地下诏：“徐元梦年虽逾八旬，未甚衰惫，可照旧供职，量力行走，不必引退休。”② 仍命其中在内廷领诸馆事，充《世宗实录》副总裁，结果以 84 岁高龄老死于馆阁。像徐元梦一样卒于任上的，还有如嘉庆朝纪晓岚、光绪朝李鸿藻等。对于府、州、县学管理生员的教职人员，若年过七十仍然精力旺盛，可以顺延五年以后致仕：“年逾七十之教职官内有精力尚健、堪以留任者，亦止准展限五年，概行令其休致。”③

此外，国难当头，正处急用人才之际，有才干的重臣往往不按规定致仕，如清末内外矛盾交错且危机加剧，被称为“晚清中兴四杰”的曾国藩、左宗棠、李鸿章、张之洞均以 62 岁、73 岁、79 岁、72 岁高龄卒于任上。

弹性的致仕年龄制度和政策，对官员来说，可以满足继续为国家效忠的心意，对国家来说，年老官员丰富的经验、阅历及声望有利于政权的稳定和发展。

二、实行已退复仕制，重新起用人才

已退复仕，就是官员已经退休，朝廷重新起用，继续为国家服务。这也可以称为致仕官的复出、复起、回复、再仕等。在宋朝称其为“落致仕”。落致仕是对致仕官员重新复出行为的一种特定称谓，即官员致仕后重新复出，又担任一定官职。如“己巳，蔡京落致仕，三日一至都堂议事”④。致仕复出通常

① 任仁发：《水利集》卷一《四库全书存目丛书》第 221 册，济南：齐鲁书社，1996，第 784 页。

② 赵尔巽：《清史稿》卷二百八十九《徐元梦传》，北京：中华书局，1977，第 10249—10250 页。

③ 文孚纂修：《钦定六部处分则例》，台北：文海出版社，1969，第 5 页。

④ 脱脱：《宋史》卷二十一《徽宗纪》，北京：中华书局，1985，第 389 页。

有以下特殊人才或原因。

（一）才识过人、精力充沛者

一些致仕官员，才识过人，精力充沛，体力精强，朝廷为使他们继续发挥作用，也会重新启用。宋代将军赵振致仕后，“自陈筋力未衰，屡经战阵”，仁宗皇祐元年（1049），朝廷下诏：“授右屯卫大将军，落致仕，解州防御使，京西钤辖。”① 复起为左神武大将军，直到死。中大夫、右文殿修撰致仕陈知质“风力强敏，齿发未衰”，宋徽宗宣和四年（1122），经宇文虚中的举荐，“落致仕，知隆德府”②。高宗绍兴三十二年（1162），宋高宗下诏：“应命官引年致仕之人，令监司、郡守于所部搜访节行才识、精力未衰者，具名以闻，当议量材任用。”③ 对才识过人、精力未衰致仕官的重新启用开始制度化。宋孝宗重申宋高宗朝的规定：“应命官引年致仕，其间有才识过人而体力精强者，令监司、郡守于所部搜访，具名以闻，当议量材任用。”④

（二）品行高尚、名望甚重者

朝廷为了借助他们的影响移风易俗、推行教化，对一些品行高尚、名望甚重的致仕官，也会使他们再度任职。北宋嘉祐五年（1060）五月，“光禄寺丞致仕梁造为太常寺太祝、知单父县。京东安抚使言其节行闻于乡里，故特起之”⑤。元丰年间，朝散大夫段缝“致仕居闲十数年，安贫守道，为江东缙绅之望”，为激励士大夫的气节，右司谏王觌上言：“欲乞朝廷除缝东南一便郡或宫观差遣，以示旌别，以成先帝嘉赏直言、爱惜百姓之本意，而使为人臣者知忠君爱民之人初或不偶，而终亦有报也”。哲宗元祐二年（1087）二月，朝廷下诏：“落致仕，差管勾宫观。”⑥ 宋元祐元年（1086），陈烈以宣德郎致仕，

---

① 徐松：《宋会要辑稿·礼》9之9，北京：中华书局，1957，第533页。

② 徐松：《宋会要辑稿·职官》77之63，北京：中华书局，1957，第4164页。

③ 徐松：《宋会要辑稿·职官》77之71，北京：中华书局，1957，第4168页。

④ 徐松：《宋会要辑稿·职官》77之68，北京：中华书局，1957，第4167页。

⑤ 李焘：《续资治通鉴长编》卷一百九十一“嘉祐五年五月甲辰”条，上海：上海古籍出版社，1986，第1766页。

⑥ 李焘：《续资治通鉴长编》卷三百九十五“元祐二年四月辛卯”条，上海：上海古籍出版社，1986，第3737—3738页。

致仕后“惟孝友于兄弟，是亦为政，尔以笃行见纪于东南”[1]。次年落致仕，为福州州学教授。

（三）政绩卓著、功劳显赫者

一些致仕官以前政绩卓著，功劳显赫，在朝廷内外享有盛誉，朝廷为了借助他们在政治或军事上的影响，也会重新启用。例如，秦始皇二十一年（前226），秦王嬴政召集群臣，商议灭楚大计，王翦认为“非六十万人不可”，李信则认为“不过二十万人”便可打败楚国，秦王政大喜，认为王翦老不堪用。王翦不用，称病辞朝，归老于频阳，于是李信和蒙恬率兵二十万，南下伐楚，楚将项燕以四十万楚军应对二十万秦军，李信轻敌兵败。秦王政自驰奔如频阳，请王翦复出，代李信出荆，大破荆军。宋初名将王德用素有谋略，善治军旅，名闻四夷。宋仁宗皇祐三年（1051），王德用以太子太师致仕。第二年，宋仁宗又以王德用为河阳三城节度使，同中书门下平章事，判郑州。宋神宗元丰六年（1083），文彦博以太师致仕。文彦博三朝元老，功在天下。宋哲宗即位后，在司马光的建议下，朝廷便重新起用年逾八十的文彦博为太师、平章军国重事。

（四）因有过失致事者

有些官员因犯过失而致仕，但由于有才能或经赦宥而复出。西汉成帝时期杜延年的儿子杜钦，少好经书，以才能闻名京师。为人博学有谋略，深受大将军王凤的器重。汉成帝建始二年（前31），因为“皇太后女弟司马君力与钦兄子私通，事上闻，钦惭惧，乞骸骨去”，于是致仕归家，“后有日蚀地震之变，诏举贤良方正能直言士，合阳侯梁放举钦”[2]，为议郎。杜钦因为有才能受到举荐和自己的精妙应对而重新入朝为官。唐李隆基发动“唐隆政变”，诛杀韦皇后及其亲信党羽，拥立李旦为皇帝，史称唐睿宗。宰相李峤被贬为怀州刺史，不久以年老致仕。唐玄宗先天元年（712），唐睿宗退为太上皇，李隆基被立为皇太子，七月即位，史称唐玄宗。他在宫中发现了李峤当初的奏表，将其

① 苏辙：《苏辙集·栾城集》卷二十八《陈烈落致仕福州教授》，余冠英等编：《唐宋八大家》，北京：国际文化出版公司，1998，第4917页。

② 班固：《汉书》卷六十《杜周传》，北京：中华书局，1962，第2671页。

宣示于朝臣。中书令张说认为“桀犬吠尧，各为其主”，不应追究李峤的罪责。唐玄宗遂让李峤随其子虔州刺史李畅到虔州赴任，后病死于任上，终年70岁。名臣张说，早年与太子李隆基关系密切，因卷入党争，遭到勒令致仕惩罚，但一年后即复拜尚书省左丞相。

宋仁宗时期，礼部侍郎孙沔因“淫纵无检”，被劾致仕。宋英宗即位后，因缺乏有才干的大臣镇守西部边关，时任参知政事的欧阳修便荐举孙沔，说他熟悉边事，有治军才能，今虽七十，但心力不衰，于是朝廷重新起用他为资政宫殿学士、知河中府，改知庆州。宋神宗对因有过错致事者的复仕有明文规定。神宗熙宁三年（1070）诏曰：“致仕及三年以上，元非因过犯，年未及七十，不曾经叙封及陈乞亲戚恩泽，却愿仕官，并许进状叙述，并有人荐举者，各依原资序授官。”①

清乾隆时期，文渊阁大学士兼吏部尚书史贻直因为次子史奕昂担任甘肃布政使写信给巡抚鄂昌请托一事，引咎辞职回乡，两年后乾隆召还，仍授大学士。因年迈，途中疾病发作，乾隆即遣御医就视。至京，命领工部，加太子太傅，复归原位。

还有本来无过错，但因劾被诬的，后来被朝廷重新启用。如明天顺二年（1458），户部尚书年富“因事多诬，乃致事，不数月，起为南京兵部右侍郎”②。

（五）因政治斗争被迫致仕者

古代官场中充斥着错综复杂的权力斗争，朋党倾轧，奸臣用事。一些官员因政治斗争原因被迫自陈致仕，等到新皇帝即位或执政者更换，或改朝换代，国家急需人才，又重新被召用回朝为官。汉代历时四百多年，两汉末年的政治都不够清明，所以这种情况也比较多。西汉陆贾追随高祖定天下，因言善辩常出使诸侯。孝惠时，吕太后用事，欲封诸吕为王。陆贾自度不能争之，便称病

---

① 李焘：《续资治通鉴长编》卷二百十八“熙宁三年十二月辛巳”条，上海：上海古籍出版社，1986，第2034页。

② “台北中研院”历史语言研究所校勘：《明宪宗实录》卷四“天顺八年夏四月癸未朔”条，台北：“国立北平”图书馆，1962，第110页。

辞官。及诛灭吕氏，“孝文即位，欲使人之南越，丞相平乃言贾为太中大夫，往使尉佗，去黄屋称制令比诸侯，皆如意指”①。这样一个元老重臣，又对朝廷有功，致仕是一时之策。

宋神宗以后，各党派的政治斗争比较严重，由于政见的不和会导致斗争中的弱势一方不得不下野。熙宁变法时，有很多反对派纷纷自陈致仕，而在元祐更化之时，有多人得以复出。翰林学士范镇就是一个典型的例子，他反对王安石变法，托疾致仕。宋哲宗元祐元年（1086），哲宗赵煦废新法，起用旧臣，80岁的范镇被司马光从洛阳召回京师，起为端明殿学士，提举崇福宫。元祐初年，有多位致仕官被重新起用，如太师文彦博、左屯卫大将军、检校司空郭逵、宣德郎陈烈、朝散大夫段缝等，这些大臣都是在王安石执政时被打压、元祐更化时被重新起用的。

明嘉靖皇帝刚即位时，复职了一些官员。这些官员多数在正德时期因不依附刘瑾等奸佞而被害罢免，一些官员由于能力突出、朝臣的举荐，被嘉靖帝征召重新任职，其中因直谏被谪者集体复职。《明史》记载：“世宗践阼，前直谏被谪者悉复官。”②

（六）因病致仕者

一些官员因病致仕，病愈后还有足够的精力任职，还会视情况重新出来做官。宋真宗景德二年（1005），屯田员外郎潘华“先以疾致仕”，病愈后，“上书阙下，求复朝列”。宋真宗以其父“忠鲠”，“诏复授华故官”。③ 左晓卫将军赵怀忠以疾致仕，病好后，宋真宗大中祥符九年（1016），以其为文思副使。宋徽宗时明确规定：“应官员因疾病陈乞休致，今已痊安，不以年限满与未满，许召保官三员，委保自陈，特令再仕。”④ 宣和年间，资政殿学士王襄、朝请大夫傅裕、朝奉郎朱褒、朝请大夫晁说之等因病致仕，病愈后，筋力尚壮，诏与落致仕。元世祖至元十七年（1280），吏部尚书耶律希亮以足疾致仕，家居

① 班固：《汉书》卷四十三《陆贾传》，北京：中华书局，1962，第2116页。

② 张廷玉：《明史》卷二百八十六《文苑二·王廷陈传》，北京：中华书局，1974，第7359页。

③ 李焘：《续资治通鉴长编》卷五十九“景德二年三月己酉”条，上海：上海古籍出版社，1986，第510页。

④ 徐松：《宋会要辑稿·职官》77之62，北京：中华书局，1957，第4163页。

二十余年。元武宗至大二年（1309），元武宗访求先朝旧臣，耶律希亮复出，出任翰林学士承旨、资善大夫，后出任翰林学士承旨、知制诰兼修国史。明神宗曾下诏："内、外文职官员有等，养病致仕，年力未衰，才识可用，曾经科道及按抚官荐举者，吏部查奏启用。"① 明正统年间，刑部侍郎何文渊以疾告归。明代宗景泰元年（1450），学士陈循推荐说他有才能，又被起用为吏部左侍郎，次年升吏部尚书。万历时，南京兵部右侍郎臧惟一，其居官多引大体，引疾归，"又十三年己亥，乃起为南兵部右侍郎，治战舰，核士籍，皆一禀于法"②。清统治者认为，病愈之日虽有才具优长之员格于成例，不得起用，殊为可惜，因此雍正五年（1727）谕："定病痊起复例，定例凡在京官因病告假回籍调理者，病痊之日，仍以原衔门补用。"③ 有才能者病愈可复任的政策，是充分利用退休人才资源理念的体现。

（七）因事起复

因临时需要，起用致仕官，事毕回家。唐贞观九年（635），尚书右仆射李靖以足疾告退，刚退两个月，吐谷浑进犯凉州，朝廷决定兴兵反击，于是启用足智多谋、威名震撼边庭的李靖为行军大总督，战事结束后，李靖乃阖门自守，不预政事。洪武十八年（1385），左长史桂彦良告老还乡，潜心著作，浙江乡试，连请他为考官，主文官，扶病前往，结束回家，遂以疾终。明宣宗朝，户部尚书兼武英殿大学士黄淮虽已致仕，因圣节事入朝，正值朝廷选会试官，被礼部推荐主持会试，为国家选取人才。明宣宗宣德八年（1433 年）二月，"礼部奏请会试考官，且言致仕少保兼武英殿大学士黄淮在京可任其事，上从之"④。这些启用是临时性的，完成任务又回到故里，与复仕不同。

由上可见，自宋代起，致仕官员复仕逐步规范化，如官员因病或过失致仕

---

① "台北中研院"历史语言研究所校勘：《明神宗实录》卷一百二十八"万历十九年九月辛酉"条，台北："国立北平"图书馆，1962，第 2375 页。

② "台北中研院"历史语言研究所校勘：《明神宗实录》卷四百三十八"万历三十五年九月辛卯朔"条，台北："国立北平"图书馆，1962，第 8295 页。

③ 张廷玉：《清朝文献通考》卷五十六《选举考十》，杭州：浙江古籍出版社，2000，第 5380 页。

④ "台北中研院"历史语言研究所校勘：《明宣宗实录》卷九十九"宣德八年二月壬辰"条，台北："国立北平"图书馆，1962，第 2222 页。

复仕有明文规定。官员致仕复仕原因具有多样性，但一般是以前在任时政绩卓著或某方面才能突出者，当皇帝或朝廷需要人才时，往往会被重新起用；有的政局变化，还会再次出仕；还有的第一次致仕年龄不大，或因病致仕，病愈后重新出来做官。致仕官主动谋求复仕的情形非常少。

三、安置闲职，发挥余热

安置闲职，即对年老官员人才安排虚职，不再居于重要的职位，但是依然在职，以发挥老年人才的余热。如宋代对老年官员实行“州郡安置”和“分司官”闲职安置。所谓“州郡安置”，指的是官员在年老之时，心有余而力不足，不适合担任关键官职，朝廷则可能将其安排在较为次要的州担任知州，使他们得以“发挥余热”，并安度晚年。同时，此举也体现了皇帝的优老惜老之意。一般情况下是由官员陈请，皇帝酌情给予安排。所谓“分司官”，是指朝廷在西京河南府、北京大名府、南京应天府等地设置的闲职，名称一般为“分司西京”“分司南京”等，用以安排年老官员，并无实任。

四、建立咨询制度，发挥参谋咨询作用

致仕官中的当朝重臣，他们虽已退出政治舞台，但他们的经验声望仍会对国家政治走向、统治者决策产生深刻影响。故他们年老退休后，在国家需要时还会通过建立“奉朝请”“朝朔望”和国事问计等方式咨询他们，以发挥他们的参谋咨询作用。致仕官员人才的建言献策，往往对朝政、时局具有重大影响。

（一）组织参加朝会，参听朝政

对一些已致仕的元老重臣，朝廷允许他们参与国家大事的决策，担当顾问，以充分发挥其经验和才识。其中通过定期参加朝会，是继续发挥高级致仕官员才干的一种重要方式。致仕官参听朝政常常以“奉朝请”的名义参加朝会，皇帝通过朝会方式就军国大事征询致仕老臣的意见，以发挥他们具有丰富执政经验的特长。《通典·职官十一》记载：“奉朝请无员，本不为官，汉东京

罢省三公、外戚、皇室、诸侯多奉朝请。奉朝请者，奉朝会请召而已。”① 给以致仕官员“奉朝请”的礼遇，主要还因为“奉朝请主要授予三公、宗室、外戚、列侯，有此头衔，虽无官职或已退休，也可参与朝政，议论大政”②。在汉代尤其是东汉，一些有经验的老臣致仕后都被恩赐“奉朝请”。西汉成帝时的丞相张禹，他于鸿嘉元年（前 20 年）三月致仕后，按列侯于每月一日、十五日朝见皇帝，并加位特进于前，朝见礼节和丞相一样。虽居家，仍参与国家大政的制定和实施。“以特进为天子师，国家每有大政，必与定议”③。永始、元延间，成帝车驾至禹宅，亲问禹以天变。左大将军、阿陵侯任光，于光武帝建武五年（29）“征诣京师，奉朝请”④。东汉大将军耿弇于建武十三年（37）致仕，但之后仍“以列侯奉朝请，每有四方异议，辄召入问筹策”⑤。建武二十年（44），骠骑将军、大司马刘隆于建武二十七年（51）五月致仕，“以列侯奉朝请”⑥。安帝时期，邓骘兄弟致仕行服，服完丧后安帝又想起用他们，“骘等叩头固让，乃止，于是并奉朝请，位次在三公下，特进、侯上”⑦。

唐玄宗开元五年（717）规定，“三品以上，并听朝朔望”⑧，每月朔日与望日，致仕官可以参与朝会，可向朝廷建言献策。

元代，多次召诸老赴上京议事。大德元年（1297）成宗“朝会上都，召诸故老，咨询国政，膺为称首，多所建白。一日，延见便殿，奏对称旨，赐白玉带环一”⑨。“奉朝请”制度被历代统治者采用。直至清末，仍有致仕官员“岁一朝京师”制。

此外，少数元老重臣退休后可以参加朝廷礼仪性活动，如参加大朝会、诞圣节及其他典礼。皇帝通过让致仕老臣听朝，以咨询国政。

---

① 杜佑著，颜品忠等校点：《通典（上）》卷二十九《职官十一·三都尉》，长沙：岳麓书社，1995，第 424 页。

② 孔令纪：《中国历代官制》，济南：齐鲁书社，1993，第 78 页。

③ 班固：《汉书》卷八十一《张禹传》，北京：中华书局，1962，第 3351 页。

④ 范晔：《后汉书》卷二十一《任光传》，北京：中华书局，1965，第 753 页。

⑤ 范晔：《后汉书》卷十九《耿弇传》，北京：中华书局，1965，第 703 页。

⑥ 范晔：《后汉书》卷二十二《刘隆传》，北京：中华书局，1965，第 781 页。

⑦ 范晔：《后汉书》卷十六《邓骘传》，北京：中华书局，1965，第 615 页。

⑧ 王溥：《唐会要（中）》卷六十七《致仕官》，北京：中华书局，1955，第 1173 页。

⑨ 宋濂：《元史》卷一百七十《雷膺传》，北京：中华书局，1976，第 3992 页。

（二）备为顾问，允许建言

老年人才大多精于国事、谙于政典，若备为顾问，可以起到资政的作用。通常官员致仕多半是回原籍，然后清代特设留京备顾问制，以方便咨询。如康熙朝大学士兼吏部尚书熊赐履，“以年老累疏乞休，四十二年，温旨许解机务，仍食俸，留京备顾问”①。

有一些皇帝，允许致仕官有事建言。宋翰林学士、工部侍郎朱昂致仕时，真宗允许其有事可上奏章，“或有章疏，可附递以闻”②。太常博士、尚书屯田员外郎胡顺之致仕，仁宗亦允许其上奏言事。“职方府君以文学政事闻于时，明道、景祐间数上书论朝政得失。③

（三）大事咨访，遣使问计

有些致仕老臣年迈行动不便，朝廷常常派人向他们询问相关政事的对策，致仕官也会积极的建言献策。这是没有顾问头衔的顾问。西汉大臣爰盎很有才识，对文帝敢于直谏，并且总能提出有益的建议。曾因劝解文帝而名重朝廷。处理政事又很有功效，所以深受朝廷看重。后来致仕归家，“盎虽居家，景帝时时使人问筹策”④。汉武帝时期的儒学大师董仲舒，担任胶西相时致仕归家，“仲舒在家，朝廷如有大议，使使者及廷尉张汤就其家而问之，其对皆有明法”⑤。西汉赵充国为人有勇略，汉武帝时，随贰师将军李广利出击匈奴，率百壮士突围，被拜为中郎。昭帝时平定武都氐人的反叛。之后，击匈奴，获西祁王。宣帝时抗击匈奴，最后使匈奴领兵北去。赵充国熟悉匈奴和氐羌的习性，所以他致仕以后，“朝庭每有四夷大议，常与参兵谋，问筹策焉”⑥。东汉耿弇喜好兵事，早年随父投奔刘秀，授偏将军，参与平定河北地区，是个作战经验丰富有杰出军事才能的干将。所以，虽然他于光武帝建武十三年致仕，然

---

① 赵尔巽：《清史稿》卷二百六十二《熊赐履传》，北京：中华书局，1976，第 9894 页。

② 夏竦：《文庄集》卷二十八《朱公行状》，纪昀总纂：《文渊阁四库全书》1087 册，台北：台湾商务印书馆，1986，第 276 页。

③ 苏颂著，王同策等点校：《苏魏公文集》卷六十《朝奉大夫提点广西刑狱公事胡公墓志铭》，北京：中华书局，1988，第 916 页。

④ 班固：《汉书》卷四十九《爰盎传》，北京：中华书局，1962，第 2276 页。

⑤ 班固：《汉书》卷五十六《董仲舒传》，北京：中华书局，1962，第 2525 页。

⑥ 班固：《汉书》卷六十九《赵充国传》，北京：中华书局，1965，第 2994 页。

而“每有四方异议，辄召入问筹策”①。西晋王祥以年老致仕，皇帝诏其“不朝，大事皆咨访之”②。

宋代特别重视发挥老臣的咨询作用。宋太祖时，吏部尚书张昭博通学术，书无所不览，史称其“自唐、晋至宋，专笔削典章之任”。他在乾德年间致仕。太祖开宝四年（971）五月，南汉后主刘钅被擒，在献俘时，“朝臣莫能知其礼”，于是，宋太祖派遣近臣向精通礼乐制度的张昭请教，“昭方卧病，口占以授使者昭卧病”③。使朝廷得以举行献俘礼。宋仁宗庆历年间，高志宁以右领军卫大将军致仕，庆历五年（1045），宋仁宗“访以边计，公卿以前在河北致敌取胜之画，及别陈制虏上中下三策上之”④。朝廷采纳了他的建议。宋神宗特别重视发挥老臣的咨询作用。熙宁八年（1075），契丹遣使者萧禧来索要河东地界，神宗就此事下诏向韩琦、文彦博以及致仕老臣富弼、曾公亮征求意见：“古之大政，必询故老，卿夙怀忠义，历相三朝，虽尔身在外，乃心罔不在王室，其所以待遇之要、御备之方，密具以闻，朕将亲览。”⑤ 元世祖至元五年（1268），翰林学士王鹗于致仕后，忽必烈诏有司“有大事则遣使就问之”⑥。至元十年（1273），卒，83岁。

遇到国家大事，遣使问计，是一种经济实用的老年人才资源的利用方式。有利于充分利用老年官员人才丰富的阅历和经验来解决朝廷面临的棘手问题。

五、选用耆老，发挥老年人才的优势

(一) 选耆民为官，以备顾问

明朝初年，将举荐耆民作为国家选拔人才的内容之一。文渊阁大学士丘浚说：“我祖宗用人，于科目岁贡之外，别有贤良方正才识，兼茂经明行修诸科，

① 范晔：《后汉书》卷十九《耿弇传》，北京：中华书局，1965，第714页。

② 房玄龄：《晋书》卷三十三《王祥传》，北京：中华书局，1979，第989页。

③ 脱脱：《宋史》卷二百六十三《张昭传》，北京：中华书局，1976，第9091页。

④ 韩琦：《安阳集》卷四十七《故卫尉卿致仕高公墓志铭》，纪昀总纂：《文渊阁四库全书》第1089册，台北：台湾商务印书馆，1986，第513页。

⑤ 李焘：《续资治通鉴长编》卷二百六十二“熙宁八年四月丙寅”条，上海：上海古籍出版社，1986，第2457页。

⑥ 宋濂：《元史》卷一百六十《王鹗传》，北京：中华书局，1976，第3757页。

下至富户老人，亦在所用之列。”① 朱元璋曾多次诏聘老年人才，《罪惟录》载：“太祖重耆老，令五十以上者，岁朝京师，访问疾苦，有才能者拔用之。”② 明朝对耆老的文化程度和品德等方面有一定要求，朱元璋曾说，耆老务必德行超群，市村称善，所以拔居群民之上。洪武十九年（1386）七月，“诏举经明行修练达时务之士，年七十以下者，郡县礼送京师”。又谕礼部“若年六十以上、七十以下者，当置翰林，以备顾问”③。洪武二十三年（1390），又诏令吏部选天下耆民有才德知典故者，授以官，凡四百五二人。可见，朱元璋非常重视发挥老年人才的优势。直至明代后期，还继续“简召遗逸，登用老成”④。

宋代为不让老年人才埋没，在科举中实行特奏名制度。宋代是科举制度发展的重要时期，参加科举考试的平民子弟比前朝大为增加，五六十岁还在为功名奔波者，大有人在。有鉴于此，朝廷特为老年仕子开启了一扇入仕的方便之门，即特奏名制度。对于州试、省试中屡考不第的考生，朝廷特许他们在皇帝策试时，报名参加附试，叫特奏名。由于获得特奏名者皆为老人，因而也有人称其为“老榜”。实践中，它确实为老年仕子晋身仕途大开方便之门，使“孤寒栖迟”“老不得进”的老儒得到慰藉。从这一点来说，特奏名制度不失为一种适应科举形势发展、有所变通的优老人才政策。

（二）设三老、里老，协管地方

历代统治者十分重视发挥老年人才在社会治理方面的作用。通过设三老、里老制度发挥他们的作用。所谓三老是古代掌管教化的民间老年人才代表，协助官员管理地方。战国魏有三老，秦置乡三老，汉增置县三老，东汉以后又有郡三老。三老不是在编乡官，他们是民间民权组织的代表。刘邦令“选举民年

---

① 张萱：《西园见闻录（中）》卷四十四《礼部三·选举》，全国图书馆文献缩微复制中心，1996，第 936 页。

② 查继佐：《罪惟录（1）》卷七《乡饮读法养老礼》，北京：北京图书馆出版社，2006，第 463 页。

③ 余继登：《典故纪闻》卷四，北京：中华书局，1981，第 75 页。

④ 钱谦益：《牧斋初学集（下）》卷九十三《原任太常侍卿洪文衡赠通议大夫工部右侍郎》，上海：上海古籍出版社，1985，第 1950 页。

五十以上，有修行，能帅众为善，置以为三老，乡一人。择乡三老一人为县三老。与县令、丞、尉以事相教”①。三老多是“有修行，能帅众为善”的高年之人才，具有道德影响力，能使广大民众心悦诚服。其职掌教化，表扬孝行的子孙，鼓励民众尊老、养老。三老教化的作用，加快了孝道伦理社会化进程，稳定了社会秩序。

里老又称乡老和耆宿，里老制是明清时期利用民间老年人才协助管理地方的一种制度，赋予老年人才以地方的管理权，使之协助官府处理民事，以提高官府官员的办事效率。里老是经由州县政府批准后从当地老人中选举而来的。里老的选拔条件应是本里德高望重、平日公直且为人所敬服的老年人才。《明史·食货一》：“里设老人，选年高为众所服者，导民善，平乡里争讼。”② 朱元璋令“天下州县设立老人，必选年高有德，众所信服者，使劝民为善。乡间（闾）争讼，亦使理断”③。洪武二十七年（1394），“命有司择民间耆民公正可任事者，俾听其乡诉讼。若户、婚、田、宅、斗殴者，则会里胥决之，事涉重者，始白于官”④。朱元璋在《教民榜文》中更明确规定：“但年五十之上，平月在乡，有德行，有见识，众所敬服者。”⑤ 可见，里老的选拔条件不仅仅是老人，而且必须是德才兼备的人才。宣宗上谕行在户部臣曰：“必申明洪武旧制，选年高有德者充，违者并有司皆寘诸法。”⑥ 里老的职责主要协管地方民讼、民俗、农桑、水利、治安等各方面的事务，并利用他们维持教化，维持社会秩序，以构建安定与和谐的社会。可以说，明代乡村的治理与稳定，与这些上了年纪的老年人才是分不开的。因此，石成金在《官绅约》中说，地方官员对治理地方的作用非常重要，但是，如果得到乡宦的帮助支持则事半功倍。

① 班固：《汉书》卷一《高帝纪上》，北京：中华书局，1975，第33页。

② 张廷玉：《明史》卷七十七《食货一》，北京：中华书局，1974，第1878页。

③ 徐学聚：《国朝典汇》卷四十四《优老》，北京：书目文献出版社，1996，第888页。

④ “台北中研院”历史语言研究所校勘：《明太祖实录》卷二百三十二“洪武二十七年四月壬午”条，台北：“国立北平”图书馆，1962，第3396页。

⑤ 朱元璋钦定：《教民榜文》，《古代乡约及乡治法律文献十种》第一册，哈尔滨：黑龙江人民出版社，2005，第93页。

⑥ “台北中研院”历史语言研究所校勘：《明宣宗实录》卷四“洪熙元年七月甲申”条，台北：“国立北平”图书馆，1962，第123页。

“常有府州县得了好官，要行好事，再得乡宦帮助，更觉顺而且易”①。

为了保障里老在乡里的权威，朱元璋在《教民榜文》中规定里老有直通中央的权利。“凡理讼老人有事闻奏，凭此赴京，不须文引。所在关隘去处，毋得阻挡。”②

总之，通过设三老、里老制度不仅提高了老年人才的地位，而且充分发挥了老年人才的作用，加强了对地方的管理和百姓的教化。里老文化对当今社会的社区治理和乡村治理仍有一定的借鉴意义。

六、乡饮酒礼，教化百姓

乡饮酒礼是国家维护社会秩序的一种重要教化仪式，是在地方上举行的以主张宾贤、敬老、谦让为主要内容的推广教育、施行教化的礼仪制度，是一种引民于善的教化方式。它将乡宦作为一种政治上的道德资源加以利用，以教化百姓，具有较强的教育、教化功能。教，“上所施，下所效也”；化，“教行也”③。教化两字即教人以行善之义，强调的即以自然的方式引导百姓向善，意在自然。举行乡饮酒礼的目的在于正齿位，序人伦，尊高年，敬贤能，睦乡里，以倡导尊老敬长尚贤老德的风气，为建立良好的社会秩序奠定坚实的基础。正所谓“教之乡饮酒之礼，而孝弟之行立矣。”④

乡饮酒礼起源于先秦，最早的记载见于儒家的经典著作《仪礼》中，是一种中国传统的敬老方式。在两汉史书中也有“乡饮酒礼”的记载。东汉名儒伏湛奏请光武帝推行“乡饮酒礼”的记载，得到光武帝的支持。李贤注引郑玄注《仪礼·乡饮酒礼》曰：“今郡国十月行乡饮酒礼。”⑤ 可知乡饮酒礼成为国家常典。唐代相关典籍中有许多关于乡饮酒礼的记载。唐太宗颁布《令州县行乡

---

① 陈宏谋：《学仕遗规》卷四《乡绅约》，武汉：武汉大学出版社，2019，第 397 页。

② 朱元璋钦定：《教民榜文》，《古代乡约及乡治法律文献十种》第一册，哈尔滨：黑龙江人民出版社，2005，第 125 页。

③ 许慎：《说文解字》，北京：中华书局，1963，第 69、168 页。

④ 陈澔注：《礼记正义》卷十《乡饮酒义》，阮元校刻：《十三经注疏（下）》，北京：中华书局，1980，第 1683 页。

⑤ 范晔：《后汉书》志第四《礼仪上》，北京：中华书局，1965，第 3109 页。

饮酒礼诏》云："比年丰稔，闾里无事。乃有嬲业之人，不顾家产，朋游无度，酣宴是耽，危身败德，咸由于此。自非澄源正本，何以革兹弊俗。可先录《乡饮酒礼》一卷，颁示天下，每年令州县长官，亲率长幼，依礼行之。庶乎时识廉耻，人知敬礼。"① 唐玄宗开元六年（718）再一次重申"令牧宰每年至十二月行之"②。宋高宗绍兴十三年（1143），比部郎中林保"乞修定乡饮仪制，遍下郡国"③。于是国子祭酒高闶"草具其仪"，颁乡饮酒仪于郡国。有明一代，乡饮酒礼自上而下得到了广泛的推广。明朝廷之所以如此重视这样一项仪式，是因为自朱元璋始，一直重视教化，认为"惟治国以教化为先"④，而乡饮酒礼"本以序长幼，别贤否，乃厚风俗之良法"⑤，即可以使百姓叙长幼，论贤良，别奸顽，异罪人，使"家识廉耻，人知礼让，父慈子孝，兄友弟恭，夫和妇顺之道，不待教而兴"⑥。有资格参加乡饮酒礼的一般都是本籍退休官员或在乡里德高望重的老年人才，其中退休官员被称为"大宾"，年高有德之人被称为"僎宾"。《仪礼·乡饮酒义》注：贤者为宾。在仪典上，这些老年人才获得了应有的荣耀，同时，他们也成了百姓们尊崇的楷模。如明代万历年间，河南磁州同知邱臯致仕后回嘉定，仗义疏财，"族内中有穷困者，必力为赒恤。前后邑令三举乡饮宾"⑦。正德年间，崇明县里人陈道昌乐善好施，水灾中，发仓赈贷，年87岁，与乡饮。清道光后叶，威海梁玉洁医术高明，治病救人，凭着医术医德被举荐为"乡饮耆宾"。为善地方、得与乡饮的老年人才在史料中不胜枚举。

中国自古以来被誉为礼仪之邦，礼仪在古代社会占据着重要的地位，它规范着社会各阶层的活动和行为。乡饮酒礼反映了统治者对老年人才尊重。这对

---

① 杜佑：《通典》卷七十三《礼·乡饮酒》，长沙：岳麓书社，1995，第1032页。

② 王溥：《唐会要》卷二十六《乡饮酒》，北京：中华书局，1955，第498页。

③ 徐松：《宋会要辑稿·礼》46之1，北京：中华书局，1957，第1468页。

④ 龙文彬：《明会要》卷二十五《学校上·府州县学》，北京：中华书局，1956，第409页。

⑤ 朱元璋钦定：《教民榜文》，《古代乡约及乡治法律文献十种》第一册，哈尔滨：黑龙江人民出版社，2005，第111页。

⑥ "台北中研院"历史语言研究所校勘：《明太祖实录》卷一百三十五，"洪武十四年二月丁丑"条，台北："国立北平"图书馆，1962，第2147页。

⑦ 王初桐：《方泰志》卷二《孝友》，《上海乡镇旧志丛书》第一册《方泰志》，上海：上海社会科学院出版社，2004，第38页。

“尊老尚齿”和社会尊老敬老风气的形成起到了很大的作用。

综上所述，中国古代历朝都比较珍惜、爱惜老年人才资源，重视对其开发，并通过制定利于老年人才资源开发的制度、法规政策和建立比较完善的运行机制，保证老年官员人才潜能的开发和作用的发挥。

中国古代老年人才的自我开发

邱永明*

老年人才既是开发的客体，也是开发的主体。中国古代许多士大夫习读儒家经典，把“修身，齐家，治国，平天下”① 作为人生的最高理想，把追求“立德、立功、立言”作为“三不朽之业”②。他们以天下为己任，造福百姓。如范仲淹所言，“夫不能利泽生民，非大丈夫平生之志”，不为良相，“愿为良医”③。良相治国，良医治病，追求的都是救治天下苍生。北宋理学家张载的“横渠四句”也代表了古代士大夫孜孜以求的最高境界，即“为天地立心，为生民立道，为往圣继绝学，为万世开太平”④。因此，他们退休后为践行理想抱负，往往利用自己的优势，继续从事政治、经济、文化教育、社会公益等各种各样的活动，以实现“三立”“四为”的奋斗目标，不断提升自己，完善自我。

一、关心朝政，进言献策

“以天下为己任”是朱熹对范仲淹的评价，也可以说是对众多士大夫人生观的点赞。在“以天下为己任”的理想信念下，一些致仕官员特别是致仕前的朝廷重臣，虽然致仕，依然心萦朝政，忧国忧民，时刻关心着国家的治理和政

---

* 作者系华东师范大学副教授、中国人才研究会人才学专业委员会副理事长。

① 《礼记》卷六《大学》，《十三经注疏（下）》，北京：中华书局，1980，第1673页。

② 何良俊：《四有斋丛说》卷十六《史十二》，北京：中华书局，1959，第142页。

③ 吴曾：《能改斋漫录（下）》卷十三《文正公愿为良医》，上海：上海古籍出版社，1979，第381页。

④ 张载：《张载集》第五十一章《拾遗·近思录拾遗》，北京：中华书局，1978，第376页。

治形势的变化，再加上他们的仕宦经历和学识水平对于世事变迁有着更为敏感的观察力和深刻的解析力，同时身处地方，对于一些问题的出现能更早了解，所以经常上书言事，提出各种各样的建议，以供朝廷决策参考，建议内容涉及政治、经济、军事和文化等。

（一）政治建议方面

致仕官对政治方面的进言献策，不是一般的事务，而是言治乱，议政事，论国策，大多是国家大事，涉及内容十分广泛。唐魏徵致仕后，仍然时刻牵挂朝政，留心观察与关心朝廷动向，进谏如流，不但口说，而且笔疏。他在致仕的次年，即连上四疏，就选贤用能、去奢从俭、居安思危、守法执法等诸多重大问题上直抒己见。著名的《十思疏》和《十渐疏》就是他晚年撰写的。直至他弥留之际，还劝谏李世民用贤勿疑，去邪勿疑。唐德宗时，韦伦以太子少师致仕，但仍关心朝政，分析政策得失。上言内容涉及朝廷的任命、选才等多个方面。如当他知道李楚琳以仆射兼卫尉卿、李忠诚以尚书兼少府监时，上书曰："楚琳凶逆，忠诚蕃戎丑类，不合厕列清班。"又上表请"置之义仓以防水旱，择贤良任之左右"。又言"吐蕃必无信约，专须防备，不可轻易"①。宋神宗熙宁五年（1072），富弼以司空致仕，致仕后归居洛阳，富弼自还政后，"未尝一日忘爱君忧国之心……晚年复上书。力裨时政，临终犹以遗稿一封付其子上之。"②《宋史》本传中也有类似的叙述："朝廷有大利害，知无不言，郭逵讨安南，乞诏逵择利进退，以全王师；契丹争河东地界，言其不可许；星文有变，乞开广言路；又请速改新法，以解倒县之急。帝虽不尽用，而眷礼不衰。"③ 从他所写奏章中也可看到他对国事的关注，如熙宁八年（1075）四月有《答诏问北边事宜奏》《答诏问彗星奏》，熙宁九年（1076）有《论时政疏》《论蛮撩侵犯乞诏诸道以宽民为务奏》，宋神宗元丰六年（1083）亦写有《论治乱之要疏》和《遗奏》，以上奏疏均是富弼致仕后所作。有些是皇帝特诏问询

① 刘昫：《旧唐书》卷一百三十八《韦伦传》，北京：中华书局，1975，第3782页。

② 范纯仁：《范忠宣公文集》卷十六《文渊阁四库全书》第1104册，台北：台湾商务印书馆，1986，第727页。

③ 脱脱：《宋史》卷三百一十三《富弼传》，北京：中华书局，1977，第10256页。

臣下，他上章回复的，有些是直接上书表明自己的观点。宋仁宗庆历七年（1047），杜衍以太师少师致仕，在79岁时还上书仁宗，请求其选择宗室子立为太子。他曾自作遗疏："无以久安而忽边防，无以既富而轻财用，宜早建储副，以安人心。"① 言语中并未涉及私事。南宋光宗朝龙图阁学士张大经致仕，庆元四年（1198）临终时也不忘告诫诸子，"吾目可瞑，吾爱君忧国之心不可泯"。"无一语及私"②，年89岁卒。明朝开国元勋刘基，临终也不忘国事，在交代后事时嘱咐长子刘琏，在他死后，马上将其秘密书写的《天文书》呈给皇上，希望以此可以帮助皇帝治国。海瑞在致仕后的十六年中，他的心事依旧放在国事上，不顾强权，挺身直言。据记载，当他得知，首辅张居正的儿子要参加科举考试时，为了预防舞弊行为的发生，给张居正写了一封信，劝他不要徇私枉法。晚清经世名臣梁章钜在致仕后并未因为不在其位便不谋其政，而是仍然心系国家与朝廷，多次建言献策，针砭时弊。

（二）经济建议方面

西汉董仲舒虽然致仕在家，但仍十分关心国计民生，多次因国计民生之大事上疏皇帝。汉武帝元狩三年（前120），关中一带发生水灾，董仲舒马上上疏武帝，建议关中农民尽快播种冬小麦。汉武帝十分重视此事，派大司农到关中一带监督种冬小麦。元狩五年（前118）上疏给汉武帝曰："限民名田，以澹不足，塞并兼之路，盐铁归于民。去奴婢，除专杀之威。薄赋敛，省徭役，以宽民力。然后可善治也。"③ 明洪武六年（1373），67岁的单安仁以兵部尚书致仕后，仍然对国家要务尤其是对加强和改善漕、盐运提出许多建设性建议。根据单安仁意见，疏浚黄泥滩口仪真南坝至朴树湾三十里河道。这是漕运的主要通道，为漕盐运的发展奠定了基础。洪武二十九年（1396）九月，曾历任刑、兵二部尚书、太子少保的致仕官唐铎建言修广西兴安县灵渠，以方便运输军饷。

乡绅作为本地代言人，常常会去说服政府接受他们的看法。清雍正时，三

---

① 脱脱：《宋史》卷三百一十《杜衍传》，北京：中华书局，1985，第1092页。
② 脱脱：《宋史》卷三百四十《张大经传》，北京：中华书局，1985，第11955页。
③ 班固：《汉书》卷二十四上《食货志》，北京：中华书局，1962，第1137页。

部通政司高玢在致仕后，曾向当地官员建议，柘城旧城自从明朝嘉靖二十年（1541）黄河决口，冲毁了当地的官署和民宅，使百姓遭受了大灾。但朝廷岁银赋税依旧，百姓困苦已久。高玢极力向当地官员陈述此事，最终得以解决。“玢力言于郡守，事始得寝”①。

（三）军事建议方面

唐贞观十九年（646），李世民从洛阳出发，亲征高句丽，令太子监国。当时，已经致仕在家的右武侯大将军尉迟敬上书进言，辽东路途遥远，征讨一个边远小国，不必亲征，请把此事交给一位优秀将领就可以了。南宋陆游是个爱国诗人，官至宝章阁待制，在职时，主张并参加了抗金，79 岁致仕后，还念念不忘国家统一。宋宁宗嘉泰四年（1204），浙江安抚使兼绍兴知府辛弃疾奉诏入朝，陆游作诗送别，勉励他为国效命，协助韩侂胄谨慎用兵，早日实现复国大计。宁宗开禧二年（1206），韩侂胄出兵北伐，但吴曦等里通金朝，按兵不动，陆游书翰多次催促。“嘉定和议”，北伐失败，陆游悲痛万分，临终之际，写下《示儿》作为遗嘱：“死去元知万事空，但悲不见九州同。王师北定中原日，家祭无忘告乃翁。”② 此诗表达了陆游临终忧国忧民的爱国情怀。明宪宗时，冠带闲住的右布政王亮献“平虏三策五计”及布阵图机并持剑法。经兵部检校，计策与布阵法可作为守城之用，其持法上令造与京官军操用。明熹宗时，左都御史邹元标致仕回家后，闭门谢客，进呈《老臣请去国情深疏》，陈述军国大计。晚清中国第一任驻外公使郭嵩焘在光绪五年（1879）卸任回国之后，便托病辞官，径回乡里，蛰居书屋。但他依然向朝廷提出自己对政治、经济、外交方面的看法和建议。中法交兵，他多次上疏朝廷，致书李鸿章、彭玉麟等人，发抒自己对战和问题的看法以及对法战争的战略部署。《清史稿·郭嵩焘传》记载：“嵩焘虽家居然颇关心君国。朝鲜乱作，法越衅开，皆有所论列。”③

乡宦实际上是官民的中介，是朝廷在地方的耳目。因此，为了畅通致仕官

---

① 钱仪吉：《清代碑传全集》卷五十五，上海：上海古籍出版社，1987，第 293 页。

② 张天龙：《万金家书》，北京：中国文联出版公司，1986，第 66 页。

③ 赵尔巽：《清史稿》卷四百四十六《郭嵩焘传》，北京：中华书局，1976，第 12475 页。

员上书言事的渠道，皇帝对有些亲贵大臣致仕后，会给有章奏上闻的特殊权利。如宋真宗咸平四年（1001），翰林学士、工部侍郎朱昂致仕时，真宗所赐的待遇中有一条就是“如有章奏，许附驿以闻”①。太常博士胡顺之致仕，宋仁宗亦允许其上奏言事：“职方府君以文学政事闻于时，明道、景祐间数上书论朝政得失。已退仕矣，仁宗特诏许驿奏言事。”② 明嘉靖五年（1526）二月，少保礼部尚书席书以目疾乞致仕，特加武英殿大学士，“赐第京师，仍许不时言事”③。皇帝允许致仕官上奏疏或就国事问计、咨询，这从根本上保障了致仕官的进言献策。明代还出现了乡宦、乡绅、里老连名呈、公呈制度，以表达民众的意愿，作为参与地方政务的重要手段，乡宦在地方权力结构中的重要性亦获得相应提升，在社会关系中，国家“以官治民”的单一结构由此发生了些许改变。

作为饱读圣贤之书的士大夫，深受孔孟之道影响，往往把修身齐家治国平天下作为理想的追求及其责任。如杜甫的理想是“致君尧舜上，再使风俗淳”④，心怀宰相之志。退休官员不计得失关心国家大事，是儒家所倡导的“心存天下、舍身报国”爱国思想的集中表现。“曾子曰：‘士不可以不弘毅，任重而道远。仁以为己任，不亦重乎？死而后已，不亦远乎？’”⑤ 正是在这种忠君爱国思想下，他们退而不休，继续为国家操心，进言献策。

二、读书赋诗、著书立说

古代文官大多具有学问，尤其科举制度产生后，大量士子通过科举进入仕途，他们中的许多人可以说是饱经诗书，学识渊博，并多有“为往圣继绝学”的理想，认为文章乃经国之大业、不朽之盛事。尤其是官员退休后离开了官

---

① 李焘：《续资治通鉴长编》卷四十八“真宗咸平四年五月庚辰“条，上海：上海古籍出版社，1986，第408页。

② 苏颂著，王同策、管成学、颜中其等点校：《苏魏公文集》卷六十《朝奉大夫提点广西刑狱公事胡公墓志铭》，北京：中华书局，1988，第916页。

③ 王世贞：《弇山堂别集》卷十二《异典述七》，北京：中华书局，1985，第217页。

④ 杜甫：《奉赠韦左丞丈二十二韵》，萧涤非选注：《杜甫诗选注》，北京：人民文学出版社，2017，第20页。

⑤ 王充：《论衡》卷十三《效力》，上海：上海人民出版社，1974，第202页。

场，获得了更多自由支配的时间，可以潜心研究。明世宗时大理丞黄巩，既归，潜心著述。或米尽，日中未爨，晏如也。尝叹曰：“人生至公卿富贵矣，然不过三四十年，唯立身行道，千载不朽。”① 欧阳修甚至还认为，“著述须待老，积勤宜少时”②。人到晚年阅历既深，读书写作更于义理，更有意味，著书立说更加成熟。因此，这些人致仕归家后，由官僚士大夫重新回归到文人身份，他们离开政治舞台，一般会重拾旧业，利用大量的闲暇时间，沉潜笔耕，读书赋诗，著书立说，以传后人，留不朽之名。

早在汉代，董仲舒离职回家后，闭门深居，潜心研究春秋公羊学，以著书为事。《汉书·董仲舒传》记载：“及去位归居，终不问家产业，以修学著书为事”③。东汉司隶校尉应奉致仕后以写作自遣情怀，“及党事起，奉乃慨然以疾自退，追愍屈原，因以自伤，著《感骚》三十篇，数万言”④。东汉王充，章帝章和二年（88 年），罢州家居，虽年已七十，“发白齿落，日月逾迈”，志力衰耗，又“贫无供养”，但他仍“愚犹沛沛”，内心充满活力，著书自娱，“乃作《养性》之书，凡十六篇”⑤。三国时，蜀汉丞相长吏向朗，自去长吏，“乃更潜心典籍，孜孜不倦。年逾八十，犹手自校书，刊定谬误，积聚篇卷，于时最多”⑥。

唐代始，越来越多的官员通过科举而入仕，致仕后不废诗书，以书为友，笔耕不辍，或读书，或著书，或藏书，或校书。唐贞观末年宗正卿李百药，“悬车告老，怡然自得，穿池筑山，文酒谈赏，以舒平生之志。有集三十卷”⑦。弘文馆学士令狐德棻于唐高宗龙朔二年（662）致仕后，“暮年尤勤于著述，国家凡有修撰，无不参”⑧。

---

① 张廷玉：《明史》卷一百八十九《黄巩传》，北京：中华书局，1974，第 5018 页。

② 欧阳修：《欧阳修集》卷四《获麟赠姚辟先辈》，余冠英等主编：《唐宋八大家全集》，北京：国际文化出版公司，1998，第 938 页。

③ 班固：《汉书》卷五十六《董仲舒传》，北京：中华书局，1962，第 2525 页。

④ 范晔：《后汉书》卷四十八《应奉传》，北京：中华书局，1965，第 1609 页。

⑤ 王充：《论衡》卷三十《自纪》，上海：上海人民出版社，1974，第 455 页。

⑥ 陈寿：《三国志·蜀志》卷四十一《向朗传》，北京：中华书局，1959，第 1010 页。

⑦ 刘昫：《旧唐书》卷七十二《李百药传》，北京：中华书局，1975，第 2577 页。

⑧ 刘昫：《旧唐书》卷七十三《令狐德棻传》，北京：中华书局，1975，第 2599 页。

在文人治国的宋代，读书著述风气浓厚。随着印刷业的兴盛和刻书业的发达，官员致仕后，著书活动空前活跃。有的将原有著作重新加以订补，有的将为官时的诗文书信、表章奏议整理成文，有的致力于创作。哲宗元祐初，殿中侍御史韩贽以吏部侍郎致仕后，"谢绝人事，读书赋诗以自娱"①。曾任参知政事的范景仁在致仕后，居于京师，"专以读书赋诗自娱。客至，辄置酒尽欢"②。完成了《东斋记事》的写作，所记内容涉及宋太祖到宋哲宗时期的典章制度、士人逸事，以及蜀地风土人情等。其序云："至若鬼神梦卜率收录而不遗之者，盖取其有戒于人耳。"③ 具有重要的史料价值。欧阳修早有致仕后在颍州编订自己著作的想法。宋神宗熙宁四年（1071），64 岁致仕，他与儿子欧阳发等人修订旧稿，编定成《居士集》五十卷，并将致仕后的诗歌汇编成《六一诗话》二十九则，其序云："居士退居汝阴而集，以资闲谈也。"《六一诗话》是我国最早的诗话，开创了后代诗歌理论著作的新体裁。致仕后还著《归田录》，以记"朝廷之遗事，史官之所不记，与夫士大夫笑谈之余而可录者，录之以备闲居之览也"④。曾任参知政事的赵槩，以太子少师致仕，退居睢阳十五年，犹以读书著文，忧国爱民为事，将收集历代谏诤之事，撰为《谏林》一百二十卷进献给朝廷。神宗赐诏曰："请老而去者，类以声问不至朝廷为高，唯卿有志爱卿，虽退处山林，未尝一日忘也。"⑤ 神宗将《谏林》放在身边，时时翻看。崇文院校书张载因对王安石新政有看法，辞官回到横渠镇，在崇寿院讲学著书，编写下了大量著作总结自己的学术思想，《正蒙》一书是他的代表作，践行了他"为往圣继绝学"的理想抱负。62 岁的王得臣于哲宗绍圣四年（1097），以目疾管勾崇禧院致仕回家，用了十八年时间作《麈史》三卷，对早年所记北宋制度、安陆古迹等材料分门别类重新编定。南宋绍兴时，资政

① 脱脱：《宋史》卷三百三十一《韩贽传》，北京：中华书局，1985，第 10667。

② 苏轼：《苏轼集》卷八十八《范景仁墓志铭》，余冠英等主编：《唐宋八大家全集》，北京：国际文化出版公司，1998，第 4126 页。

③ 范镇撰，汝沛点校：《东斋记事・自序》，北京：中华书局，1980，第 1 页。

④ 欧阳修：《欧阳修集》卷四十二《居士集・归田录序》，余冠英等主编：《唐宋八大家全集》，北京：国际文化出版公司，1998，第 1143 页。

⑤ 脱脱：《宋史》卷三百一十八《赵槩传》，北京：中华书局，1985，第 10365 页。

殿学士兼知福建安抚使叶梦得归隐家乡湖州卞山石林谷后，以读书吟咏自乐，将平生所收录的"故实旧闻"或"古今嘉言善行"① 汇集成册，著成《石林燕语》十卷。总之，宋代致仕官员著述颇丰。

元顺帝时期，倪渊以富阳县尹致仕，"暮归读书，课子弟或至夜分不寐。少尝从星官历翁治其术运算尤精。既老于家，杜门罕与人事接，潜心于著《易集说》二十卷，《图说》《序例》各一卷。十年之间精力尽在是书矣"②。

明朝开国功臣朱升"自幼力学，至老不倦。尤邃经学。所作诸经旁注，辞约义精。学者称枫林先生"③。著有《朱枫林集》《书传补正辑注》等书传于世。英宗时期，成都训导娄谅致仕还乡后，"闭门著书，成《日录》四十卷、《三礼订讹》四十卷"④。嘉靖朝，南京吏部尚书罗钦顺，致仕后里居二十多年，足迹不入城，潜心性理之学，著有《困知记》《整庵存稿》。孝宗时吏部尚书王恕致仕回家后，编集《历代名臣谏议录》一百二十四卷，84 岁又作经书传注名曰《石渠意见》，86 岁作《拾遗》，88 岁作《补缺》，焦竑说"时公年九十，犹考论经史，著述为书"⑤。李东阳赞其"平生好学，博涉经籍，至老不倦"⑥。嘉靖十八年（1539），左春房赞善罗洪先告归后，隐居山间，专心致志考究王阳明心学，闭门谢客，三年不出户，考图观史，精心绘制《广舆图》，这是我国历史上最早的省地图集。

清初经学家、文学家会试同考官毛奇龄引疾归里，专心著述，在易学和春秋学方面完成的经学著作主要有《仲氏易》三十卷、《推易始末》四卷、《春秋占筮书》三卷、《易小帖》五卷、《易韵》四卷、《河图洛书原舛编》一卷、《春秋毛氏传》三十六卷、《春秋简书刊误》二卷、《春秋属辞比事记》四卷。以上所列著作均被收入《四库全书》中，可见这些经学著作具有很高的学术价值。

---

① 叶梦得撰，侯忠义点校：《石林燕语·自序》，北京：中华书局，1984，第 1 页。

② 黄溍：《文献集》卷九《承务郎杭州富阳县尹致仕倪公墓志铭》，纪晓岚：《四库全书荟要》第 404 册别集类 61，长春：吉林出版社，2005，第 350 页。

③ 张廷玉：《明史》卷一百三十六《朱升传》，北京：中华书局，1974，第 3929 页。

④ 张廷玉：《明史》卷二百八十三《娄谅传》，北京：中华书局，1974，第 7263 页。

⑤ 焦竑：《玉堂丛语》卷一《文学》，北京：中华书局，1981，第 23 页。

⑥ 李东阳：《怀麓堂集》卷八十《端毅王公神道碑铭》，上海：上海古籍出版社，1991，第 843 页。

70岁时，他自撰墓志铭。此外，乾隆年间，翰林院编修杭世骏在经、史和文学方面均有很深的造诣，但其尤精于史学，致仕后完成了多部史学著作，如《诸史然疑》《史记考证》《两汉书疏证》《三国志补注》《晋书补传赞》《北史搴稂》等，而且他还补纂了《金史》。嘉庆十四年（1809），浙江温州兵备道陈昌齐“归里，主雷阳一粤秀讲席，修通志。考据详核，著书终老焉”①。他先后出任《雷州府志》总纂，兼掌雷阳书院讲席，编纂《海康县志》，还前往广州主持粤秀书院，兼修《广东通志》。晚清广西、江苏巡抚兼署两江总督梁章钜从小就有志于著书立说，“余奢龄，即慕著书之名。”他在致仕以后，更醉心于学术，著书立说，访古问迹，考订掌故，追求较高的精神享受，共著述二十余种，二百余卷，著有《归田琐记》《浪迹丛谈》《浪迹续谈》《浪迹三谈》《楹联三话》《雁荡诗话》《闽川闺秀诗话》《巧对录》等作品，其中编出《楹联三话》时已经73岁，正如林则徐所言，梁公至老“乐此不疲，所性存焉”②。

翻阅历代文献资料，官员致仕退休后著书立说的事例处处可见。他们大量的著述活动，为中国文化的发展做出了杰出的贡献，为我们后人留下了一笔宝贵的精神财富，为我们今天的学者开展学术研究提供了宝贵的历史资料，也为自己实现人生价值增添了光彩。

三、结社集会，聚会赋诗

致仕官员之间以结社进行集体活动，也是一种自我开发的方式。会社起源于唐代白居易组织的九老会，白居易以刑部尚书致仕后，经常与胡杲、吉旼、刘贞、郑据等八位志趣相投的耆老结社集会，称为九老会。他们这一群致仕名臣有着基本相同的身份和政治经历，在一起饮酒作诗，形成了独特的致仕诗人群。宋代有至道九老会、庆历六老会、睢阳五老会、洛阳耆英会等。明代有耆英会、恩荣会、老人会等。与会者都是年高德劭的元老重臣。每次集会则“赋诗为乐”，留下了许多诗词作品。明中期以后，诗文社达到极盛。成化年间，延平府同知莫震退归吴江加入叙情会，“所陈者山肴野簌，所读者诗书仁义，

---

① 赵尔巽：《清史稿》卷三百六十二《陈昌齐传》，北京：中华书局，1976，第12400页。

② 钱仪吉：《清代碑传全集（下）》卷十四，上海：上海古籍出版社，1987，第1346页。

而声色之娱，奢靡之奉，不用也”①。耆老相聚，不忘正己教人。清初严禁士人结社活动，会社一度沉寂。清末受西方社会思潮之熏染，各种新式讲学会再现蓬勃生机。

通过集会活动，致仕官员不仅结识了志趣相投之人，以诗文为友，放松身心，相互学习，获得了更高的审美享受，激发了退休文人创作的灵感，留下了难以数计的美妙篇章，促进了创作的繁荣。同时由于参加老年会社者都是地方名望较著的老年士绅，因此对乡里各方面发挥着重要影响，起到了倡导尊老敬老、改善社会风气的作用。“凡归于乡者，岁时有会，所以敦契谊，崇齿德，畅堙郁而示之乡人以礼也”②。此外还推动了乡里公共事业的发展。

四、办学讲学，培养人才

致仕官员大多拥有较高的文化素养，而且很多属于学者型官员，他们致仕回乡后，有的受聘教官讲学，有的开办私塾、书院为学子提供学习的场所，有的四处游学宣传自己的政治观点和学术观点，等等，发展地方教育，为国家培育了大量的人才。

官员致仕后从事教学活动，早在《礼记·王制》中就有记载：“夏后氏养国老于东序，养庶老于西序；殷人养国老于右学，养庶老于左学；周人养国老于东胶，养庶老于虞庠。”③ 郑玄注认为东序、西序、右学、左学、东胶都是国学，其中东序、右学、东胶是大学，位于国中王宫之东。西序、左学、虞庠为小学，位于西郊。唐孔颖达在《礼记正义·乡饮酒义》中注云：“有乡学，取致仕在乡之中大夫为父师，致仕之士为少师，在于学中，名为乡先生，教于乡中之人。”④

宋代始，官员致仕返乡后从事讲学者层出不穷。宋代，周敦颐、朱熹、龚

---

① 伍袁萃：《林居漫录·前集》卷六，《续修四库全书》第172册，上海：上海古籍出版社，2002，第146页。

② 王鏊：《王鏊集》卷十八“东丘会老记”条，上海：上海古籍出版社，2013，第251—252页

③ 《礼记》卷三《王制》，上海：上海古籍出版社，1987，第79页。

④ 孔颖达：《礼记正义》卷六十一《乡饮酒义》，《十三经注疏（下）》，北京：中华书局，1980，第1682页。

鼎臣等，致仕后都从事教学活动。如宋哲宗元祐元年（1086），龚鼎臣以正议大夫致仕，“及退居里舍，著书讲诵，澹然自乐。门生弟子造请质问，从容相对，日以为常”①。明孝宗朝，翰林院修撰钱鹤滩托病告归后，由于才学出众，被当地大族以重金聘为先生，教导族中子弟学业。“以殿撰罢官家居，梧滕徐氏以五百金为脯脡，延致家塾。”② 福建提刑按察使佥事章懋，为官清廉，俸禄仅供朝夕，未曾购买田产。明宪宗成化十三年（1477）上疏乞归乡后，侍奉双亲，专以读书讲学为事，四方从者如云，开创“章氏学派”。嘉靖年间，南京国子监祭酒邹守益归乡，以“一觉人垂后为己任”，每月的初一、十五召集门生讲习于明伦堂，复古、复真等书院纷纷邀请他主讲。《明史·邹守益传》记载：“里居，日事讲学，四方从游者踵至，学者称东廓先生。”③ 清代浙江钱塘人汪鸣銮、河南登封的张仲诚、云南弥渡人谷际岐、湖南道州人何绍基等，致仕后，都在书院任教。如内阁学士汪鸣銮“既罢归，主讲杭州诂经精舍、敷文书院”④。

在致仕官员中，家产富裕者还会开办私塾、书院，传道授业，为国家培养人才，同时也为自己带来一定的收入，为治生的一种职业。明代办私塾、书院兴盛。明宪宗时，户部尚书李敏致仕归乡，于家乡紫云山麓建书院，教授子弟，“及巡抚大同，疏籍之于官，诏赐名紫云书院”⑤。明神宗时，吏部文选司郎中孟化鲤奏事忤旨，被神宗皇帝勒令致仕后，大兴书院，“筑书院川上，与学者讲习不辍，四方从游者恒数百人”⑥。致仕官员本身才学出众，在士林中名望极高，他们建好书院后，以此为基础吸引天下文人来此进行学术交流，同时也招收了大量的优秀学子来书院就读，不仅活跃了一地的学术气氛，同时也吸引了为数众多的学子和文人。嘉靖时曾历任南京礼、吏、兵三部尚书的湛若水致仕后，到各地创办书院近 40 所，门人弟子多达数千人，其学说也被称为“甘泉之学”，促进了各地教育事业的发展。万历时，刑部侍郎杨东明居乡期

① 刘挚：《忠肃集》卷十三《正议大夫致仕龚公墓志铭》，北京：中华书局，2002，第 266 页。
② 李诩：《戒庵老人漫笔》，卷五“钱鹤滩馆江阴遗诗”条，北京：中华书局，1987，第 204 页。
③ 张廷玉：《明史》卷二百八十三《邹守益传》，北京：中华书局，1974，第 7270 页。
④ 赵尔巽：《清史稿》卷四百四十三《汪鸣銮传》，北京，中华书局，1976，第 12430 页。
⑤ 张廷玉：《明史》卷一百八十五《李敏传》，北京：中华书局，1974，第 4895 页。
⑥ 张廷玉：《明史》卷二百八十三《孟化鲤传》，北京：中华书局，1974，第 7290 页。

间，先后办起了“折柳亭”学馆和“首善书院”。他聘请良士为师，自己也登台讲学，求学者多达数十人。南京吏部员外郎邹元标罢官居家，“建仁文书院，聚徒讲学”①。乾隆时期，清朝的统治进入了极盛时期，书院也呈现出最为发达的局面，执教于全国各地书院的致仕官员更是不胜枚举。

还有一些致仕官员，四处游历、讲学。明世宗时，礼部员外郎陈九川致仕后，“周流讲学名山，如台宕、罗浮、九华、匡庐，无不至也。晚而失听，书札论学不休”②。刑部员外郎钱德洪致仕回籍，“在野三十年，无日不讲学。江、浙、宣、歙、楚、广名区奥地，皆有讲舍。先生与龙溪迭捧珠盘。年七十，作《颐闲疏》告四方，始不出游”③。南京兵部主事王畿托病归乡后，“益务讲学，足迹遍东南，吴、楚、闽、越皆有讲舍，年八十余不肯已、善谈说，能动人，所至听者云集。每讲，杂以禅机，亦不自讳也。学者称龙溪先生”④。乾隆三十四年（1769），提督湖南学政卢文弨致仕回故里，“历主江、浙各书院讲席，以经术导士，江浙士子多信从之，学术为之一变”⑤。在钟山书院先后任教 11 年，对钟山书院进行教育改革，培养造就了许多学术人才，开创了书院学术新风气。清光绪时，吏部右侍郎汪鸣銮“既罢归，主讲杭州诂经精舍、敷文书院”⑥。河南登封的张仲诚，曾被汤文正公与人书云：“仲诚脚踏实地，学以主敬为功，治《易》有心得，当代真儒也。”其致仕后，“主游梁书院，晚辟白龟圃以教学者，时人咸称上蔡夫子云”⑦。致仕官员游历四方，每至一处都开坛讲学，宣传他们的学术思想，从而促进了各地之间文化的交流，为各地学术水平的提高和教育事业的发展做出了不可磨灭的贡献。

---

① 黄宗羲撰，沈芝盈点校：《明儒学案》卷二十三《江右王门学案八》，北京：中华书局，1985，第 533 页。

② 黄宗羲撰，沈芝盈点校：《明儒学案》卷十九《郎中陈明水先生九川》，北京：中华书局，1985，第 457 页。

③ 黄宗羲撰，沈芝盈点校：《明儒学案》卷十一《员外钱绪山先生德洪》，北京：中华书局，1985，第 225 页。

④ 张廷玉：《明史》卷二百八十三《王畿传》，北京：中华书局，1974，第 7274 页。

⑤ 赵尔巽：《清史稿》卷四百八十一《卢文弨传》，北京：中华书局，1976，第 13191 页。

⑥ 赵尔巽：《清史稿》卷四百四十三《汪鸣銮传》，北京：中华书局，1976，第 12430 页。

⑦ 陈康祺：《郎潜纪闻三笔》卷八《汤文正许张仲诚为真儒》，北京：中华书局，1984，第 786—787 页。

致仕官员办学讲学，也为自己带来一定的收入，也是为治生的一种职业。明末清初理学家张履祥在论及教书对生计的意义时说：“近之寒士众矣，皆将不免饥寒，宜以教学为先务，盖亦士之恒业也。”① 明武宗正德年间，曾任监察御史的陈茂烈致仕后家中甚贫，“吏部以其贫，禄以晋江教谕”②。

五、参与地方治理，安定社会

许多官员致仕回乡后，积极参与地方公共事务，以实现自己的政治抱负，造福社会。他们利用自己为官的丰富阅历和经验及资源，主动协助地方官维持地方治安，调解民间纠纷，参与公共事务，关心地方教化。由于致仕官土生土长，熟悉地方风俗民情和地理水利，再加上其威望，地方官员一般都会尊重他们的意见。“地方官兴除利弊，体察民情，必先访之乡绅”③。明嘉靖时，罗洪先在致仕后，回乡遇到“流寇入吉安，主者失措。为画策战守，寇引去”④。

乡宦作为在野之臣，居乡之士，在地方具有较高的声望和较大的号召力。不少致仕官员利用自己较高的社会声望和雄厚的经济实力，参与家乡的公共工程建设，如帮助修路造桥，开河筑堤，兴修水利，兴建基础设施。白居易致仕后，兼济之志并未泯灭，不忘民瘼。龙门口南面的伊水河段，有一处称为“八节滩”“九峭石”的险滩，礁石狰狞，险象环生，水流湍急，水道经常阻塞。船过此，经常翻船、搁浅。常住香山寺的白居易，耳闻目睹，深为同情。74岁那年，他倾注自己的财力，并借助香山寺主持和僧人的支持，开通了八节险滩。两年后，白居易与世长辞，远近船民和老百姓都赶来送葬。明宪宗时，南京吏部尚书魏骥 77 岁致仕回乡后，“教子孙孝弟力田，增堤浚湖，捍御灾患”⑤。为解决当地水患之苦，多次向地方官提出修水利的建议，并亲自主持修筑麻溪、西江、白露、湘湖、股堰、曹家等处塘堰及徐家、螺山、长山等闸，为湘湖周围农田防旱防涝做出了重要的贡献，受到了明宪宗的表彰，特遣

---

① 张履祥：《杨园先生全集》，《附录》，北京：中华书局，2014，第 1492 页。
② 张廷玉：《明史》卷二百八十三《陈茂烈传》，北京：中华书局，1974，第 7266 页。
③ 陈宏谋：《学仕遗规》卷四《石成金官绅约》，武汉：武汉大学出版社，2019，第 189 页。
④ 张廷玉：《明史》卷二百八十三《罗洪先传》，北京：中华书局，1974，第 7279 页。
⑤ 张廷玉：《明史》卷一百五十八《魏骥传》，北京：中华书局，1974，第 4320 页。

使问，赐羊酒。乡民为纪念他的功德，在湘湖跨湖桥东南岸的湖山村徐家山坞修筑有雕像护卫的墓葬。明嘉靖时，首辅杨廷和致仕之后，关心民间疾苦，为家乡“通水利，灌涸田万顷。乡人德之，号为学士堰。次舍建牌坊，费以修县城。城成而贼至，完生命者万计”[①]。做了许多好事，受到时人称道。明万历年间，黄河中下游多次决口泛滥，每逢秋夏水发，城郭漂没，民不聊生。有鉴于此，东阁大学士沈鲤致仕还乡后，为民请命，修筑两道大堤。一道西起荥城，东止洪子湖，全长400公里。另一道北顶东西黄河大堤，南由归德古城北城郭外向东南方向，经会亭驿（今夏邑会亭）至永城曹家洼，全长90公里，后人称为“沈堤”。由于修筑了这两道大堤，河南州县始免冲决。

致仕官员参与家乡与地方管理，更为直接的是通过“制度”形式以形成社会的轨范，所体现者即为“乡约”。《石成金官绅约》云：“乡绅原是一方表率模范，风俗的美恶，人心的厚薄，大一半是从乡绅身上做出来的。若有好的乡绅表正得一方，化得那一方的风俗但是好的，人心但是厚的。”[②] 因此，致仕官员回乡后，一方面注意自己的为人师表，另一方面注意家乡民风，教化百姓。明朝嘉靖至万历年间，河南归德府风俗恶薄，奢侈浮靡成为时尚。沈鲤致仕回归德后，为了解决风俗恶薄问题，他与其弟沈鳞及同乡三位君子结社于商丘东南处文雅台，并制定了《文雅社约》，对家乡各类风俗进行道德教化。《文雅社约》内容涉及书札、宴会、称呼、揖让、交际、冠服、闲家、田宅、器用、劝义、冠婚、丧祭、义学约、族田约、社仓议等方面。可见，沈鲤为挽世风，对当时社会问题全面关心。明代万历年间，礼科给事中杨东明二进二退，进则奠安宗社，退则泽被闾里。以“君子立朝善政，居乡善俗”[③] 为座右铭。明神宗万历十八年（1590）告假归里隐退后，在归德府虞城创办了同善会、广仁会等会社，举办敬老活动，赈济灾民，倡导善德义行，也是以此达到道德教化、移风易俗的目的。

---

① 李贽：《续藏书》卷十二《内阁辅臣》，北京：中华书局，1959，第739页。
② 陈宏谋：《学仕遗规》卷四《石成金官绅约》，武汉：武汉大学出版社，2019，第400页。
③ 河南省虞城县志编纂委员会：《虞城县志》，郑州：中州古籍出版社，1996，第273页。

六、投身慈善活动，捐资赈穷

乡宦是地方士大夫的杰出代表，是地方上的精英。陈宏谋在《石成金官绅约》文中按云，乡绅致政归里成为民之首，“故望官司以爱民为行善，并望乡绅行善以化俗”①。因此，致仕官员居乡，也会积极投身于慈善事业中去。最常见的是捐资赈济穷人，设置义田、义冢，逢灾荒之年，还会施粥施药。宋仁宗皇祐元年（1049），范仲淹任杭州知府，其子弟劝他到洛阳营建别墅，以为逸劳之地，范仲淹毅然拒绝。是年，范仲淹致仕归乡里，取平时之积蓄购买良田千亩为“义田”，以济养群族。随后，“以东皋所入，日为鸡黍之具，故贫而常乐。顾邻里乡党有急难，则竭力以济之”②。他还在苏州创设“义宅”和“义学”。欧阳修评价范仲淹说：“公为人外和内刚，乐善泛爱。丧其母时尚贫，终身非宾客食不重肉，临财好施，意豁如也。及退，而视其私，妻子仅给衣食。”③ 南宋孝宗时，黄中以龙图阁学士致仕里居前后的十五年里，“收死恤孤，振贫继绝，蒙赖者众，而公未尝有自德之色”④。元顺帝时，榷茶副提举唐昱致仕回乡后“有余力则营建桥道，凡若千所。平生事佛尤谨……尝为饮食以供万僧，其它不可以计数者尤多也。至顺庚午，发帑财以施饥民为饘粥以食老弱，凡阅数月乃已。此皆出于中心推恕，非要誉于乡党朋友也。”⑤ 明孝宗弘治十三年（1500），南京户部尚书梁璟引年请老，诏许致仕，月给米二石。及归，“所赐廪饩，月必分给。岁歉则出粟以周贫乏，死者具棺殓葬之。又建石桥书院，以教子姓及乡之俊秀”⑥。明神宗时，南京太仆寺卿林景旸在致仕

---

① 陈宏谋：《学仕遗规》卷四《石成金官绅约》，武汉：武汉大学出版社，2019，第 389 页。

② 范仲淹：《范仲淹全集》卷十三《太子中舍致仕范府君墓志铭》，成都：四川大学出版社，2002，第 370 页。

③ 欧阳修：《欧阳修集》卷二十一《资政殿学士户部侍郎范公神道碑铭》，余冠英等主编：《唐宋八大家全集》，北京：国际文化出版公司，1998，第 1032 页。

④ 朱熹：《晦庵集》卷九十一《端明殿学士黄公墓志铭》，《文渊阁四库全书（电子版）》集部四别集类三，香港：迪志文化出版有限公司，2003，第 600 页。

⑤ 邵亨贞：《野处集》卷三《故忠翊校尉徽杭等处榷茶提举唐公行状》，《文渊阁四库全书》第 1215 册，台北：台湾商务印书馆，1986，第 211 页。

⑥ 李东阳：《李东阳集（三）》卷十八《碑铭·明故资政大夫南京户部尚书致仕梁公神道碑》，长沙：岳麓书社，1985，第 262 页。

后十分热衷于公益事业，“割田三百亩以赡族人，百亩以赡学之贫士，复割田以赡亲友，人各几亩，藉公而举火者若干，藉公而婚丧者若干人，葺桥道若干”①。康熙朝兵部尚书王宏祚于康熙九年（1670 年）致仕，回到云南故里，“归滇之日，修学宫，立义塾，赡宗族周贫乏，为善日不暇给”②。清嘉庆年间，光禄少卿卞斌离职后“留心民瘼，遇水溢，倡议捐贩苏大小村镇一万二千余户口，桑梓蒙其庥”③。

慈善救济只能解燃眉之急，为了使地方慈善的活动制度化，并关怀到家属以外的贫困者，南宋孝宗时，通判舒州、待缺里居的沈焕与乡宦原太保史浩、原知隆兴府汪大猷商议，仿效姑苏范氏义庄，创设了具有社会意义的公益组织——乡曲义庄。设置义田可以不断有田租收入，主要用来济助乡里贫士与官宦贫穷后人，解决了难以为继的问题。政府对兴办义庄予以鼓励，在田赋上给以优惠。

致仕官回乡后从事慈善事业的记载不计其数，在此不一一赘述。致仕官的义举活动，对弘扬传统道德文化、缓解社会矛盾、稳定社会秩序，起到了政府不可替代的作用，对退休官员自身提高了人生境界。

综上所述，中国古代官员老年人才自我开发的途径和方式主要有：进言献策，发挥参政议政作用；办学讲学，培养人才；著书立说，传承传统文化；参与地方社会事务，安定社会；投身慈善事业，救助贫困；等等。其中，著书立说和办学讲学是唐宋以后致仕官员人才自我开发的重要方式，不仅促进了中华古代文化的繁荣和发展，还为社会留下了非常可贵的文化财富，同时为国家培养了大批人才；参与地方公共事业建设、从事慈善事业、关心地方教化，促进了地方稳定和发展以及社会和谐。古代老年人才在自我开发中，通过服务社会，提升了自身境界，凸显了老年人才的社会价值；通过著书立说，又提高了自己的创造力，提升了创造成果的水平，使自己才华得到不断发挥和发展，进而也提高了自己的人才层次。历史证明，在中国古代的退休士大夫中已有积极老龄化的理念了。

---

① 张萱：《西园闻见录（上）》卷十七《好施》，北京：全国图书馆文献缩微复制中心，1996，第 454 页。

② 钱仪吉：《清代碑传全集（上）》卷十，上海：上海古籍出版社，1987，第 56 页。

③ 钱仪吉：《清代碑传全集（下）》卷十六，上海：上海古籍出版社，1987，第 876 页。

老年人力资源开发的若干基本问题

叶忠海

2016年10月，国务院办公厅印发的《老年教育发展规划（2016—2020年）》的首句就指出，老年人是国家和社会的宝贵财富，并在该文件《主要任务》中提出，积极开发老年人力资源，用好老年人这一宝贵财富，充分发挥老年人的智力优势、经验优势、技能优势。本文仅就老年人力资源开发的内涵、身心基础、价值、分类、路径和原则等基本问题作一简要论述。

一、老年人力资源开发的内涵和身心基础

（一）老年人力资源开发的内涵

何谓人力资源开发，西方人力资源开发理论，将其归结为“教育、培训、发展”。中国人才学界认为，世界是过程的集合体，一切事物都是作为过程出现的，这对于人力资源开发来说也不例外。现实生活也告诉我们，要真正开发一个人的潜能，仅靠教育培训是不够的。既需要科学的教育培训，又需要科学的配置使用。基于这样的思考，笔者在1998年发表的《人才资源整体性开发的探讨》一文中认为，人力资源开发是指在一定社会条件下，通过科学而有效的措施，使人力资源潜能加以充分开掘和发挥，并服务于社会和社会某领域的发展，从而使人力转化为人才，使低层次人才转化为高层次人才的过程。可见，人力资源开发是个“开掘—转化”的过程。这个过程，按其时间顺序展开而言，它是人力的预测规划、教育培训、考核评价、选用配置、使用调控等基本环节构成，因而它又是一项复杂的人力资源开发的组织系统工程。据此，概言之，老年人力资源开发是指老年人力资源潜能开掘，并转化发展为人才资源

的过程。当然，该过程要遵循老年人身心发展规律，把握老年人力资源开发的特性。

（二）老年人力资源开发的身心基础

第一，从老年人认知水平来看。研究表明，人进入老年期，感觉器官功能明显减弱，大脑收缩，脑细胞及树突和突触减少，脑内血流量降低。随着上述生理机能的衰退，认知能力在总体上也发生下降，表现为感知力下降，记忆力衰退。然而，心理学家在对年龄与记忆的关系进行了大量研究后发现，若18—35岁的人的记忆成绩平均为100，那么61—85岁的人的记忆成绩仍在80—85。又据苏联医学科学博士A. O. 纳瓦卡季克扬等人对脑力劳动者工作能力指标的年龄性动态的研究表明，生产技术人员进入老年，其独创性、创造性和想象力与中青年比较，虽有下降，但仍差异不大。

在这里，还必须指出的是，上述的认知能力的年龄差，是从总体上就一般情况而言的。笔者于1989年出版的《成人高等教育学》一书中写道，"一个人如果在青少年时代受过严格教育，工作后又有接受继续教育的机会，同时还能不断地从事创造性脑力劳动，加上良好的健康状态，那么人到老年，其认知能力乃至创造能力的衰退是很低的"。更何况，老年期年龄跨度很大，低中龄（60—79岁）老年人的认知能力，显然不同于高龄老年人的认知能力。根据国外学者的横断研究，年龄越大，学习能力的个别差异就越大，事实情况也是这样。据此，老年人特别是低中龄老年人完全具有再开发的认知基础。

第二，从老年人人格特征和社会性发展来看。研究表明，老年人具有如下的人格特征：一是完善感较为突出。一般来说，人进入老年，离开了原工作岗位，有了追求自由选择和探索的机会，于是产生凭借一生积累的知识和智慧来完善自己的愿望。二是利他性增长。人进入老年，往往把幸福理解为关心、同情和帮助他人，且与周围的人保持良好的关系，表现出一种利他倾向和人文关怀的增长。三是依赖性逐渐明显。特别是80岁以上的高龄老人，由于身体、情感等因素，在生命晚期依赖性表现得不可避免。

基于健康的老年人有着自我完善的人格特征，认知能力和创造能力仍保持一定的水平，虽然离开了原有的工作岗位，但是他们有着充裕的时间，可自由选择自己感兴趣的领域加以发展，在其中既可以寻求自己兴趣爱好更多的满足自己的精神世界，也可以为社会持续做贡献。笔者于 1987 年出版的《女性人才学概论》一书中指出，老年女性社会性发展表现为总结性、扶持性、咨询性、社会性等特点。

可见，对老年人力资源开发，符合老年人的人格特征，也符合老年人社会性发展的取向。

二、老年人力资源开发的价值所在

（一）提高老年人生活生命质量，促进老年人终生而全面发展

实践表明，一方面老年人群通过各类老年教育，增长了知识，结识了朋友，丰富了生活，陶冶了情操，享受了人生，促进了健康；另一方面老年人群通过各类适宜性社会参与，在持续服务社会中，克服了寂寞感，增强了自信心，体验到自身的生命价值，激发出积极老化的内在动力。可见，老年人力资源开发有利于老年人群生活生命质量的提升，有利于老年人群终生而全面发展。

（二）提高老年人生存和发展能力，缓解人口抚养比上升带来的社会矛盾

事实充分证明，老年人力资源通过再开发，不仅潜能得到充分开掘，而且追加了新知识，增长了新技能。很显然提高了老年人生存和发展能力，可在自主选择岗位上继续为社会服务，取得应有的薪酬。这样就减轻了劳动力人口承担社会保障的负担，使社会保障代际矛盾得到缓和，进而缓解人口抚养比上升带来的社会矛盾。

（三）促进老年人力资源转型为人才资源，推进社会经济发展

历史唯物主义表明，劳动力是生产力发展中最活跃、具有决定性意义的要素，特别是劳动力中高层次部分——人才尤为明显。不仅如此，人才在经济活动中唯一具有创造性，是起主导作用的因素。老年人力资源通过再开发，转化发展为人才资源，或低层次老年人才资源转化发展为高层次人才资源，很显然能促进社会经济实力的增长，经济发展方式的转型，推动人口红利向人才红利转变。

（四）提升老年人综合素质，促进和谐社会的形成和发展

老年人是社会的长者，智慧的代表，在一个具有悠久历史的尊老敬老传统美德的社会里，老年人言行对社会稳定、和谐所起的作用是中青年群体无法比拟和替代的。老年群体通过老年教育等举措得到再开发，提高了综合素质，发挥了长者风范的示范效应，以及人际关系的协调作用，显然对和谐社会形成和发展起着积极推进作用。当今世界上，老年人才正起着掌舵、压阵、调节、扶持、指导等作用。

（五）提高老年人文化素养，促进民众精神家园的建设

老年人通过老年教育和社会参与，不仅提高了综合素质，而且提升了文化素养。何况，老年人具有丰富的阅历和经历，在人文社会领域有其明显的优势。其表现出终生观察与智慧的融合，在民众精神家园的建设中有其独特的作用。他们可通过文化和科技知识的传授，学习和文化活动的开展、成果的发表、作品的展示，终身学习文化的营造，推进民众精神家园的建设，以利于满足社会民众日益增长的精神生活的需要。

三、老年人力资源开发的分类、路径和原则

（一）老年人力资源开发的分类

老年人力资源开发，按其主体加以划分，可分为自主开发、组织开发和社会开发。

老年人力资源自主开发是指老年人群自身作为主体，积极而能动所进行的开发过程。该过程是一种自育行为和自我践行的过程。其包括自我认识、自我规划、自我实施、自我调控等基本环节。它是一个前后联系、依次推进、循环往复的螺旋式上升的过程。

老年人力资源组织开发是指以某个单位或组织为主体，对老年人力资源的潜能进行充分开掘，并转化为人才资源的过程。正如前述，该过程由预测规划、教育培训、考核评价、选用配置、使用调控等基本环节构成，是一项复杂的人力资源开发的组织系统工程。要使该系统开发工程效益整体优化，必须把握该过程各个基本环节一体化运作。其中，尤以配置使用（用人）与教育培训

（育人）一体化为关键。

老年人力资源社会开发是指一个国家或地区根据经济社会发展需要，以及人才队伍的状况，对老年人力资源整体所进行的总体开发的过程。很显然，这是一项高度复杂的人力资源开发的社会系统工程。该系统工程，既要考虑其内部整体化的架构，包括老年人力资源社会开发的纵向衔接和横向沟通，又要考虑其与外部环境系统的协调发展。

（二）老年人力资源开发的路径

1. 老年教育的开发路径

笔者在 2014 年主编出版的《老年教育学通论》一书中写道，老年教育指的是“按老年人和社会发展的需要，有目的、有组织为所属社会承认的老年人所提供的非传统的、具有老年特色的终身教育活动”。老年期是人的生命老化的过程，约占人生运行的三分之一年龄跨度。为科学而有效地提高老年教育质量，开发老年人力资源，必须遵循老年人身心发展规律和老年教育发展规律，研究和探索生命规律性的老年教育课程体系。具体来说，要以老年人生命过程为主轴，以老年每个生命阶段发展主题为中心，对整个老年期教育课程系统加以总体设计。以达到老年人力资源开发的针对性和实效性。

2. 社会参与的开发路径

人才学基本原理告诉我们，创造实践在人才成长和发展中起决定作用。老年人力资源要转化发展为人才资源也不例外。组织老年人社会参与，是老年人力资源开发又一重要路径。根据老年人身心发展规律，老年人社会参与体现为如下的特点：一是传承性，传承中华优秀传统文化，引导青少年践行社会主义核心价值观，养成良好的道德行为和习惯，总结丰富的知识、技能和经验，写成回忆录、论著、教科书，传授给年轻一代。二是扶持性，通过担任顾问、导师，指导中青年工作，扶助、支持中青年成长和发展。三是社会性，利用自己的声望和一技之长，服务社会、参与城市或社区公共治理，兴办社会公益事业。四是咨询性，利用所学所长，为政府工作和基层发展提供决策咨询服务。五是专业性，在原有专业领域，继续为本专业持续发展做出贡献。

（三）老年人力资源开发应把握的原则

基于老年人的社会属性和身心特点，老年人力资源开发，显然有别于中青年人力资源开发，应遵循如下的开发工作准则。

1. 自主选择性原则

自主选择性原则指老年人自觉自愿自主原则。具体来说，由老年人根据自己的健康状况、兴趣爱好、专业特长，以及家庭条件，重新选择老有所为的服务领域、定位老有所为的岗位角色，设计老有所为的期望目标。对此，整个社会及其组织要充分尊重老年人自主选择，并允许老年人随着年龄增长、本人身心和家庭条件的变化，调整老有所为的定位、方式和方法。

2. 适宜性原则

适宜性原则指开展适合老年人的生理、心理、社会性特点的老年人力资源开发活动，以增强其科学性和有效性。在老年教育方面，既要根据老年人生理特点安排学习情境，又要根据老年人学习心理特点设计教学方案，开展适宜性教育。在社会参与方面，在尊重老年人自主选择前提下，根据其身心特点，安排其适合的工作岗位，承担适宜的角色任务。

3. 弹性原则

弹性原则指老年人力资源开发不规定划一的硬性指标，更多地体现出量力、宽松的特点。无论是规划的制定、进度的把握，还是内容和方式的选择，均体现出富有弹性的特点。既有利于老年人身心健康，又有利于老年人持续为社会服务。

4. 保障性原则

保障性原则指在老年人力资源开发过程中应注重老年人身心健康的保障，对老年人加以多方面关心。对此，在老年人学习和工作的方案设计、场所选择、节奏安排，乃至于意外事故处理等方面，要制定必要的法规制度，采取必要的举措加以保障。任何单位和个人不得安排老年人从事危害其身心健康的劳动或者危险作业。

总之，开发老年人力资源是我国积极应对人口老龄化重要的战略举措，也是促进老年人积极老龄化的基本途径。笔者相信，我国2亿多老年人，在积极服务社会、奉献社会过程中，必将享受和完善人生，必将彰显长者风范，闪耀生命光辉。

主要依据和参考文献：

[1] 全国人大常委会办公厅. 中华人民共和国老年人权益保障法 [M]. 北京：法律出版社，2015.

[2] 国务院办公厅. 国务院办公厅关于印发老年教育发展规划（2016—2020年）的通知[R/OL].（2016-10-19）[2023-09-12]. https://www.gov.cn/zhengce/content/2016-10/19/content_5121344.htm.

[3] 叶忠海. 老年教育学通论 [M]. 上海：同济大学出版社，2014.

[4] 叶忠海. 现代成人教育学原理 [M]. 北京：中国人民大学出版社，2015.

[5] 叶忠海. 人才学和人才资源开发研究 [M]. 北京：党建读物出版社，2015.

新时代提升老年人才素质的研究

毕 滢*

现在，中国已经开启全面建设社会主义现代化国家新征程，向第二个百年奋斗目标进军。教育、科技、人才是全面建设社会主义现代化国家的基础性、战略性支撑。科技是第一生产力、人才是第一资源、创新是第一动力。我们党和政府历来提倡“尊重知识，尊重人才”，十分重视老同志特别是老教授、老专家的作用。开发老年人才资源，抓住银发人口红利，开发利用“银发人才资源库”，为中国经济社会发展注入“活力”。

尽管新时代老年人才开发已经取得了不少成就，但是当前老年人才的整体素质仍有提升空间。老年人才具有经验丰富与知识积累充足的优势，然而在新时代，老年人才的创新思维能力、数字素养和学习能力、开放的思维和态度等，仍然存在一定的差距。本文将从新时代对老年人才素质提出的若干新要求、新时代老年人才素质还存在哪些现实挑战，以及新时代提升老年人才素质的建议和对策等问题分别加以阐述。

一、新时代对老年人才素质提出的若干新要求

（一）积极老龄化要求老年人才提升健康水平

健康一直是广大人民群众的期盼和追求。2019 年，新冠疫情在全球范围内爆发，这场疫情不仅给中国的经济建设和社会发展带来巨大的冲击，也提醒我们需要更加关注个体的健康问题。

---

* 作者系华东师范大学教育学部职业教育与成人教育研究所硕士研究生。

健康中国的建设与经济社会发展紧密联系，健康问题是经济社会发展的一大重要前提。“身体是革命的本钱”，健康是促进人的全面发展的必然要求，是经济社会发展的基础条件。首先，良好的健康状况可以减少在医疗等方面的支出，从而可以投入更多的精力在工作学习中；其次，随着人口老龄化和生育率的降低，中国的劳动人口将大大减少，面临养老压力增加的同时财政税收却减少的问题，这将十分不利于社会的可持续健康发展；最后，健康作为一种人力资本，会从生产力角度直接推动经济与社会的进步。健康水平的提升会提高劳动参与率，并通过与教育的相互作用提升劳动人口的技能与素养。目前，中国已经开启全面建设社会主义现代化国家新征程，与此同时，我国人口老龄化状况即将从轻度进入中度。积极应对人口老龄化，关注老年人才的身心健康问题，事关国家发展和民生福祉，是实现经济高质量发展、维护国家安全和社会稳定的重要举措。

党的十八大以来，党中央把保障人民健康摆在优先发展的战略地位，做出了“实施健康中国战略”的重大部署，制定了一系列改革举措来推动卫生健康事业的发展。2022 年 4 月 27 日，国务院办公厅印发了《“十四五”国民健康规划》的通知，其中特别指出，应当促进老年人健康，强化老年预防保健，提升老年医疗和康复护理服务水平，提升医养结合发展水平。国家卫生健康委等 15 部门联合印发的《“十四五”健康老龄化规划》提出，到 2025 年，老年健康服务资源配置更加合理，综合连续、覆盖城乡的老年健康服务体系基本建立，老年健康保障制度更加健全，老年人健康生活的社会环境更加友善，老年人健康需求得到更好满足，老年人健康水平不断提升，健康预期寿命不断延长。

“积极老龄化”作为一种观念，意指最大限度地提高老年人“健康、参与、保障”水平，确保所有人在老龄化过程中能够不断提升生活质量，促使所有人在老龄化过程中能够充分发挥自己体力、社会、精神等方面的潜能，保证所有人在老龄化过程中能够按照自己的权利、需求、爱好、能力参与社会活动，并得到充分的保护、照料和保障。其中，健康是前提、是基础。老年人才需要更加注重个人的健康管理，练就康健的身体体魄，提高健康水平，更加积极地参与社会发展。

（二）信息化与智能化要求老年人才提升终身学习能力

智能化和数字化是当代社会发展的两大主要趋势，涵盖了数字技术、人工智能、物联网等前沿领域的快速发展，深刻改变了生产生活方式。2023 年 ChatGPT 的横空出世更是令人措手不及，人工智能的深化发展将会彻底改变整个社会的就业方向、生活方式。

技术的更新换代，对于不熟悉数字技术的老年人而言，面临的“数字鸿沟”问题日益凸显。不少老年人不会上网、不会使用智能手机，在出行、就医、消费等日常生活中遇到不便，无法充分享受智能化服务带来的便利。为进一步推动解决老年人在运用智能技术方面遇到的困难，切实增强老年人运用智能技术的获得感、幸福感和安全感，2020 年 11 月 24 日国务院办公厅印发《关于切实解决老年人运用智能技术困难实施方案的通知》，国家卫生健康委和全国老龄办发布了《关于深入开展 2022 年“智慧助老”行动的通知》。这些举措表明政府高度重视老年人在数字技术应用方面遇到的困难，并希望通过相关政策和行动来改善老年人的生活质量。

终身学习是社会每个成员为适应不断发展的社会环境、实现个体发展的必要需求，是贯穿于人的一生的、持续的学习过程。它具有终身性、全民性、广泛性等特点，已成为全球的普遍趋势，旨在让学习贯穿于人的一生，以更好地适应经济社会全面发展的需求，并不断增进知识与技能。习近平总书记在党的二十大报告中提出了推进教育数字化，建设全民终身学习的学习型社会、学习型大国的重要目标。终身学习的价值在于不断提升个人能力，适应不断变化的社会需求，促进个人的全面发展。

对于老年人而言，终身学习尤为重要。面对蓬勃兴起的科技革命和产业变革，老年人才需要树立终身学习的理念，用学习的方式与社会的进步保持步调一致，以适应信息化、智能化的生活。终身学习对老年人才来说不仅是应对信息化与智能化的必然选择，更是保持心智活跃、增进社会参与的重要途径。只有不断学习知识、丰富学识、增长见识，才能保持思想的活力，更好地参与社会发展。对于老年领导管理人才而言，只有提升终身学习能力，才能使领导和决策具有时代性、把握规律性、富于创造性，从而避免陷入少知而迷、不知而盲、无知而乱的困境。

（三）新时代文化建设要求老年人才提升文化传承能力

文化在当今时代中的地位和作用越来越明显，对于一个国家来说，文化是否繁荣兴盛，已经成为评判这个国家强大与否的重要标准之一。新时代，文化强国建设面临着新的历史挑战，也对国家文化建设提出了新的要求。党的二十大报告指出，全面建设社会主义现代化国家，必须坚持中国特色社会主义文化发展道路，增强文化自信，围绕举旗帜、聚民心、育新人、兴文化、展形象建设社会主义文化强国。

中国地大物博，有着丰富且宝贵的文化遗产，新时代中国非常重视文化遗产的保护和优秀传统文化的传承。为了继承和弘扬中华优秀传统文化，促进社会主义精神文明建设，加强非物质文化遗产保护、保存工作，中华人民共和国第十一届全国人民代表大会通过了《中华人民共和国非物质文化遗产法》。2021 年 8 月，为进一步加强非物质文化遗产保护工作，中共中央办公厅、国务院办公厅印发了《关于进一步加强非物质文化遗产保护工作的意见》。这些政策和文件的出台，为中国的文化传承工作提供了法律和政策保障，推动了传统文化的保护与传承，使其在现代社会中焕发新的活力和魅力。

老年人才需要承担文化传承的责任，他们的经验、知识和智慧是社会宝贵的财富，将文化传承下去对于社会的繁荣、稳定和发展至关重要。老年人才经历过不同历史时期和社会变迁，他们所亲历的历史事件和感受的传统文化都蕴含着宝贵的价值。通过老年人才的口述历史和亲身经历，我们可以更好地了解过去，保留历史记忆，并且传承优秀传统文化，以保持文化的多样性和连续性。例如，当今社会，一些地方的方言和传统语言正在逐渐消失。老年人通常是使用这些语言的主要人群，他们需要传承这些语言给下一代，以保护和传承语言的多样性。除此以外，许多传统的艺术形式和手工艺技艺都需要口传心授，而老年人通常是这些传统技艺的守护者和传承者。他们需要将这些技艺传授给年轻一代，以确保这些宝贵的艺术形式得以延续。

文化传承需要不同年龄群体之间的交流和互动，老年人才与年轻人之间的交流有助于建立社会凝聚力和增进理解，促进社会和谐与稳定。并且，老年人才通常具有丰富的生活经验和智慧，他们能够传授道德价值观和人生哲理，这对于年轻一代的道德建设和个人成长至关重要，只有实现良好的代际交流，才能更好地促进文化传承，为社会主义现代化文化建设做出贡献。为此，老年人才要提升文化传承能力。

二、新时代提升老年人才素质的现实挑战

（一）观念误解仍未消除，社会关注尚显不足

“思想是行动的先导”，正确的思想态度、观念有利于事情向正确的方向发展。当今老年人才素质提升很大程度上受到传统思想的桎梏。

一方面，社会上仍然存在对老年人的偏见。社会对于社会责任和义务的关注往往偏重于青壮年群体，忽视老年人在社会建设和公益事业中的贡献。不少组织和企业存在对老年人才的年龄歧视观念，以年纪大、身体差、存在安全隐患为由拒绝老年人才的社会参与；另外，企业倾向于招聘更具有活力的年轻人，存在老年人在技术和创新方面有差距这样的偏见，认为老年人才不能适应快速变化的工作环境，会影响工作效率。但实际上，随着人工智能的发展，很多简单机械的工作大量被机器取代，而老年人才积攒的丰富的工作经验和能力恰恰是人工智能所无法取代的宝贵资源。对于一些工作而言，刚退休不久的老年人才完全可以胜任，并且凭借经验可以提高效率，这样一来可以进一步节约用人单位开支，给组织和企业带来增益。除此以外，提及老年人，观念保守、思想顽固、“倚老卖老”是青年人对他们的刻板印象，并且，随着网络媒体对于老年人的负面报道进而产生的一些集聚效应，使得这种消极印象进一步强化，以至于提及老年人就想起强势的“广场舞大妈”、蛮横的“霸座大爷”……老年人不再被视为具有多样性的群体，而被统一归类为衰老、无用、思想和品行与时代脱轨的人群。

另一方面，老年人自身也会受到传统观念的影响，认为人到老年，应该是一个“享清福”“躺平”的阶段。这种心态导致老年人对自身能力进行封存，错失了继续学习和成长的机会，影响个人发展和自我实现的可能性。也有部分

老年人才抱着一种“自暴自弃”、顺其自然的心态生活。一些老年人可能缺乏社会支持和关注，面对孤独和无聊的晚年生活，失去了积极参与社会的动力，选择与社会隔离开。由于部分老年人才选择与社会隔离，社会无法充分利用这些宝贵的资源，造成了资源的浪费。

思想是行动的前提，诸如以上这些观念都成为老年人才开发，提升老年人才素质的隐性阻碍，只有转变整个社会对于老年人才的偏见和错误观念，选择积极向上的生活态度和方式，才能帮助老年人才更加自由的选择参与社会的方式。

（二）银发数字鸿沟显著，数字素养有待提升

随着信息技术的快速发展，当大多数人可以享受科技创新带来的智慧生活便利之时，相当一部分老年人面对的却是数字鸿沟的尴尬。老年群体是受到数字鸿沟影响最为广泛和深刻的人群，在数字化建设进程的快速推进中，受技术、制度、文化与老年人才自身因素的制约，老年群体与其他群体在信息技术拥有程度、应用程度上存在巨大差别，最终导致巨大的信息落差，主动或被动地与信息化时代脱节，被排斥在数字社会外，沦落为“数字遗民”“数字难民”。他们为“码”所困，不会甚至不敢“触网”，努力追随时代的脚步显得力不从心。

老年人才长久以来习惯的现金购物、排队挂号、在窗口购票等生活方式，疫情之前尚能维持，疫情暴发后服务业窗口作用削弱，为减少接触改为线上服务，面对点餐、挂号、政务……不少老年人懵了，跟不上社会变迁的节奏，在“数字化生活”中被“代沟式”淘汰。为了解决老年人才的数字鸿沟问题，更好地适应现代社会，亟须通过一系列方式提升老年人的数字素养。

（三）相关教育不够平衡，身心健康需要重视

近年来老龄化的日益显现，不仅是社会对此十分重视，学术界对缓解老龄化问题也十分关注，他们企图从教育这个方向来提升老年人才的素质。以上海市为例，社区教育与老年教育发展蓬勃旺盛，并且目前参与社区教育的主体以老年人为主，这是一个令人可观的现象，表明老年人才仍然保持着学习的热情，正在“发光发热”。但是，纵观全国，各省、区、市之间经济发展水平差

异很大，除了部分一、二线城市开始重视研究老年教育问题外，全国其他大部分地区的社区教育和老年教育甚至还没有萌芽，地区之间的差异性非常大。

除了地区间的不平衡以外，社区教育、老年教育内部也存在不平衡，最典型的就是体现在学员性别差异和课程设置差异上。通过《老年人才开发调查报告》（广州、昆明、上海、武汉四地总报告）发现，当前参加老年教育、社区教育的老人中，绝大部分都是老年女性，她们占到总人数的60%—70%。另外，在课程设置方面，向老年人开设的课程大多是娱乐领域，主要是为了满足老年人的兴趣爱好需求，和知识技能、社会奉献、社会参与等相关的课程数量较少，存在较大的差异。

然而，人到晚年，不得不面对身体机能衰退、社会地位丧失、职业角色剥离甚至伴侣离世等生活活力缺失问题，这些问题容易使老年人产生意志消沉、惆怅失落的情绪，导致他们自觉或不自觉地减少社会关系，最终封闭自己、远离社会。依据老年人的身心变化特点，老年人才身体素质处于衰退期，需要更加注重身体健康与疾病预防，娱乐性的课程虽然能够给老年人才提供短暂的开心和满足，但是老年人才更需要陪伴和关爱，其心理和身体健康是老年生活存在的重要基础，然而这方面的课程设置存在较大的不足，需要进一步开发和健康相关的课程，并以老年人才喜闻乐见的方式呈现。

（四）各类保障存在不足，社会参与有心无力

首先，没有法律法规政策的保障。老年人才往往被归类为“退休人员”，这个词被当作一种社会的“弃子”，并没有看到他们的价值，当老年人才想要参与社会时，往往会受到年龄限制，这是“一道硬伤”；当他们想要参与社会再就业时，《中华人民共和国劳动法》也不再成为“保护系统”。这是他们参与社会的第一大屏障。

其次，没有针对老年人才开发的比较全面的课程或培训。随着科技和社会的不断进步，一些老年人才可能缺乏更新的知识和技能。他们可能没有及时跟上新技术和新方法的发展，这导致他们在某些领域的竞争力下降，同时由于可能面临时间、经济和资源上的限制，无法参与到新知识和新技能的学习中。缺乏学习和培训机会使他们很难与时俱进。资源不足、缺乏晋升发展路径，没有

动力这是他们参与社会的第二大屏障。

最后，缺乏社会参与渠道。有些老年人才可能由于身体健康、社交圈子缩小等原因，参与社会活动和志愿服务的机会有限，影响其个人发展和社会贡献。一些组织可能没有为老年人才提供明确的职业发展路径和机会，有些地区和社区可能缺乏适合老年人才的社会参与项目，这导致老年人才在工作中感到缺乏动力和发展空间，从而影响他们的积极性和工作表现。

三、新时代提升老年人才素质的策略

（一）更新观念：珍惜并提升个人价值，强化社会关爱与支持

老年人才应该改变传统无用、“弃子”的偏见与观念，充分认识到自己拥有知识的宝贵，珍惜过往经历的独特性，充分肯定自己的价值和能力，以科学的认知和社会的责任感对待自己的晚年生活和过往财富，而不是将它们“无用论化”和“自暴自弃”，应当尽可能将它们的作用发挥至最大化。身处于如今这样一个知识大爆炸的时代，老年人才绝不能“坐以待毙”。来自里斯本大学和乔治敦大学医学中心的最新研究表明，人类的某些认知水平在 70 岁时依然继续在增长。以神经科学角度看，经验和不断学习这两大关键因素使老年人的认知能力不断增长。因此，老年人才应当保持一个继续学习的心态，争取与他人合作交流的机会，尽可能分享交流自己的经验和知识，积极主动地进行持续学习和自我提升，参与培训和学习活动，主动寻找适合自己的工作机会，或是选择创业、自主就业等社会参与方式；或是通过志愿者活动、社区活动等方式，贡献自己的价值，为社会做出贡献，并从中获得新的启发和机遇，增加自信力。

提升老年人才的素质不仅需要老年人才自身思想与行为的转变，整个社会也要给予老年人才更多关爱和支持，提升老年人才的素质需要营造一个老年友好的氛围。社会风尚、舆论风气会极大地影响人们看待事物的观点想法和态度，新闻媒体的宣传有助于让公众认识到“老龄化”现状及其严峻形势，从而改变人们对老年人的偏见，增加对老年人才的社会认可和尊重，鼓励他们参与社会活动和工作，逐渐树立就业“年龄无涉”观，树立一个积极的老年观。在

城市规划和建设上，应当充分考虑老年人的生理特点和生理心理需求，完善相应的基础设施和服务，打造一个老年友好的学习型社会，让老年人才能够轻松自如的与社会进行互动。另外，代际学习、隔代互学是一个将老年人才纳入社会活动的重要方式，老年人才与年轻一代的交流与合作可以增强彼此的理解与联结，让年轻一代增加对老年生活的理解和憧憬，老年人才可以保持青春有活力的头脑和心态，彼此在互动中成长，由此构建一个和谐、平等、公正、愉悦的社会。

（二）加强合作：提供数字教育和培训，加强朋辈交流与分享

同信息化、数字化浪潮一样，“银发浪潮”同样势不可挡。积极应对老龄化和发展数字经济、实现经济发展方式转变已经成为二十一世纪我国的国家发展战略。数字鸿沟是老年人参与社会的硬性阻碍，降低老年人的数字鸿沟，提升老年人才的数字素养是一个全社会相互联动的任务，应该通过加强合作的方式，给老年人才提供数字教育和培训。

解决老年人才的数字鸿沟问题要注重以人为本为核心理念。提升老年人才的数字素养，就是以老年人为本，以老年人的数字需求为本。当前老年人才面对数字化最主要的问题在于“不敢用”“不能用”和“不会用”三大问题。为破解这些问题，需要对症下药。

为解决老年人“不敢用”的问题，《关于切实解决老年人运用智能技术困难的实施方案》明确提出，一方面，政府有关部门要保障信息安全，规范智能化产品和服务中的个人信息收集、使用等活动，严厉打击电信网络诈骗等违法行为，切实保障老年人安全使用智能化产品、享受智能化服务。另一方面，各地区、各部门要加强督促落实，及时跟踪分析涉及本地区、本部门的相关政策措施实施进展及成效，确保各项工作措施做实做细、落实到位。对于“不能用”的问题，则要服务意识做“加法”、应用操作做“减法”。要兼顾老年群体使用感受，开发操作简便的适老化智能终端，简化应用程序使用步骤及操作界面，必要时采取专门针对老年人的指导服务措施，打通信息联通的“最后一公里”。在“不会用”问题上，应发动社区、公益组织、老年大学等机构举办知识讲座和指导培训，提高老年人智能终端操作及数字信息获取能力。

提升老年人才的数字素养还要注重向身边的亲友学习交流分享，一方面，家庭成员应积极关爱老年群体，尤其是家庭中的年轻一代，应有耐心、有热情地让家中的老年人接受新的数字技术，循循善诱地去激发他们学习新知的兴趣，帮助其克服对新技术的陌生感和恐惧感，让老年人在家庭关爱下逐渐适应数字经济的变革。另一方面，新时代，随着城市化进程的推进，越来越多的青壮年涌向一线城市安家就业，空巢老人比例随之提高。在这样的社会环境下，朋辈群体的支持与影响将为解决老年人数字鸿沟问题提供一个新思路。

总之，为了减少新时代老年人数字鸿沟，提升老年人的数字素养，全社会应当合作采取一系列措施，包括为老年人提供数字技术培训课程，帮助他们掌握基本的数字技能和知识；设计更加友好的、容易的数字工具和应用，降低老年人使用的难度；开展社区活动，促进老年人之间的互相学习和数字经验分享；等等。通过这些努力帮助老年人更好地融入现代化的数字社会。

（三）提供平台：完善学习渠道和内容，建设适老为老的学习环境

组织和企业应该建立包容和多元化的人才观念，认识到老年人才的价值和潜力，并提供公平的就业和发展机会。尊重老年人的价值，是老年人实现自己价值的一个重要途径。组织首先应当营造包容、尊重和平等的文化氛围和工作环境，消除年龄歧视，让老年人才感到被重视和认可，鼓励他们发挥创造力和贡献；从人力资源开发角度来看，组织应当制定适应老年人才的人才管理策略，包括培训计划、晋升机制等，为老年人才提供发展机会和晋升渠道，可以提供培训、学习和发展机会，帮助老年人才不断更新知识和技能，适应新时代的需求。除此以外，组织可以实施导师计划，将年轻员工与老年人才进行匹配，以促进跨代协作和知识传承。

从老年人的学习特点来看，他们更适合情境式的学习，因此社会要注重学养基地的建设，将组织、高校与社区、个人相互联动，将“做中学”“玩中学”贯彻落实。在实践中，社区教育应当以老年人的需求为本，以老年人才的兴趣爱好为辅，开设“适老为老”的健康性课程，知识性课程，丰富老年人才的知识面，提升老年人才的素养，促进老年人的身心全面发展。

另外，高校应该逐步向公众有序开放，高校含有非常丰富的学习资源，他

们的图书馆、校史馆甚至课堂，都蕴含着非常丰富的知识，高校不应该只是在校学生和老师交流活动的场所，应该是每个人都可以来学习、聆听、成长的场所。高校应该逐步打破年龄限制，鼓励有学习意愿的老年人进入校园、参与课堂、继续学习。

（四）健全保障：完善政策法规，促进老有所为

一方面，良好的平台可以打通老年人才参与社会的渠道，活跃老年人才的积极性，因此，政府首先可以建立一个支持平台，提供培训、咨询、学习等服务，帮助老年人才发挥才能。与此同时，政府可以制定支持老年人才开发的政策，包括提供培训和学习机会、鼓励企业雇佣老年人才等；还可以通过提供经济支持，如补贴培训费用、设立创业基金等方式，鼓励老年人才参与学习和创业活动。另外，政府可以制定针对老年人才参与社会的政策，包括提供培训补贴、创业支持、社会保障等方面，鼓励老年人才的发展和参与；还可以大力发展老年教育，使老年人“发挥余热”有的放矢。

另一方面，法律法规是底线保障，法律法规的强制性可以更好地推动老年人才价值的发挥与释放。落实国家实施渐进式延迟法定退休年龄方案，缓解未来劳动力供给不足等方面的压力。推动修改《中华人民共和国劳动法》及配套法律法规，对超过法定退休年龄、尚未依法享受基本养老保险待遇的大龄劳动者，以及部分已办理退休手续的老龄劳动者，探索将其与就业单位之间的关系认定为劳动关系的制度安排，并鼓励双方签订劳动合同，在录用和解雇、获得劳动报酬、最低工资保障等方面给予同等保障。加快弹性退休制度的落地，加强老龄劳动者法律援助。

新时代中国老年人才开发的成就、挑战和对策研究

马丽华[*]

具有现实性与建构性的人口老龄化已成为人类社会常态化的人口发展趋势。中国社会2000年步入老龄化阶段，至2020年，我国60岁及以上的老年人口已经突破2.64亿，老龄化率达到18.7%，2022年末的人口总规模比2021年减少85万人，即从2022年开始进入负增长，人口出生率降低，从而导致形成“少子老龄化”。与西方国家可在100年左右慢慢地适应老龄化相比，我国老龄化进程的时间仅为其三分之一。这种快速老龄化给我国带来的若干挑战更加严峻和复杂，但是低龄老人比重的加大也为我们提供了一个人口老龄社会发展的机遇期。我国《中共中央 国务院关于加强新时代老龄工作的意见》、“十四五”规划、2035远景目标纲要等均鼓励老年人才继续发挥作用，党的二十大报告强调了实施积极应对人口老龄化国家战略。为了有效应对人口老龄化，提升老年人才的获得感、幸福感和安全感，必须充分发挥老年人才的潜力和作用，推进老年人才开发。

本文在总结新时代老年人才开发成就的基础上，对其必要性进行剖析，尝试厘清老年人才开发的挑战，进而探究新时代老年人才开发的可能路径。

一、新时代老年人才开发的价值意蕴

根据国家人口发展规划，预计到2030年，我国60岁以上的老年人口占比

* 作者系华东师范大学教育学部职业教育与成人教育研究所副研究员，上海终身教育研究院兼职研究员。

将达到 25%。在劳动力短缺、新成长劳动力减少以及人口抚养比加快提高等各种因素的影响下，使得老年人才开发和利用处于一个关键时间点。因此，新时代老年人才的开发具有跨时代的战略意义，对全面提高中国人力资本总体水平具有重要作用。

（一）提升老年人才综合素养，弘扬“优秀传统文化”

随着社会的发展和变迁，很多优秀传统文化正在逐渐消失或被淡化，老年人才作为优秀传统文化的传承者、守护者和见证者，具有丰富的优秀传统文化知识和经验，可以成为传承和弘扬优秀传统文化的重要力量，推动文化的繁荣和发展。

通过老年人才开发，可以挖掘和利用老年人才的优秀传统文化知识和技能，将这些传统文化资源进行整合和创新，形成具有现代特色的优秀传统文化产品和服务。老干部、老模范、老劳模、老教师、老战士、老专家、老医生、老工匠等是老年人才开发的重要组成部分，他们在长期工作和生活经历中积累了丰富的知识、经验和智慧，具有丰富的政治、文化、社会资源。他们不仅具有政治优势、经验优势、智能优势、成本优势、威望优势、认知优势及人脉优势，还可以通过传承中华优秀传统文化、弘扬社会主义核心价值观等方式，引导青少年树立正确人生观和价值观。同时，在社会建设和发展中，老年人才开发还可以为社会提供良好的社会风气、人文环境和精神文明，对于建设和谐文明的社会、提高全国人力资本总体水平都具有重要的战略意义。

（二）提高老年人才社会参与力，增添“人才红利”

随着中国经济水平和医疗水平的快速发展，一方面，中国老年人才的健康预期寿命呈现出“扩张模式”，进入长寿时代。另一方面，我国劳动年龄人口比重开始持续下降，从 2010 年的 74.47%跌至 2022 年的 62.00%，劳动人口规模于 2013 年开始负增长。在人口老龄化日益加剧的情况下，中国的劳动力密集型人口红利逐渐减弱，中国的人口红利逐渐消失，“积极老龄化”“老年人才社会参与”的观点达成国际共识。我国也需要逐步从老年人力资源开发转型为人才资源开发，进而推动人口红利转向人才红利。党的二十大报告中将“人才”作为发展的核心战略之一，为“人口红利”向“人才红利”的转变指明了方向。人才的重要性已经得到广泛的认可，而老年人才的价值更是不容忽视。老年人才开发不但利于增加劳动资源、挖掘二次人口红利，推动中国经济和社会发展的增长速度；而且利于降低老年人群实际赡养比，减轻劳动年龄人口的赡养负担，促进代际协调和社会团结；还有通过鼓励老年人社会参与，利于增加老年人才的收入，提高其生活质量和生命质量。

（三）促进老年人才全面发展，构建“和谐社会”

释放生命价值是人类生命作为自然存在和社会存在的内生必然，促进老年人才全面发展是释放生命价值的有效手段。老年人才是社会的长者，是智慧的代表，在一个具有悠久历史的尊老敬老传统美德的社会里，老年人才的言行对社会稳定、和谐所起的作用，是中青年群体无法比拟和替代的。老年人才更热衷于参与社会、关爱他人，展现出生命的深度和广度。老年人才开发可以让老年人才继续发挥其人生价值，保持自我价值的认同和满足感；在社区治理、社会服务、关爱下一代的过程中，彰显长者风范；可以继续学习新知识、接触新技术，不断丰富自身的知识储备和生活内涵；可以将自己的经验和知识传承给后代，感受到自己的重要性和存在感，增强自信心和自尊心；可以增加老年人才的社交圈和社会交往，让老年人才更加活跃、快乐和有意义，进而促进社会和谐。

（四）彰显老年人才长者风范，助力“家庭建设”

中国传统文化强调“天下之本在国，国之本在家”。习近平总书记明确指出“不论时代发生多大变化，不论生活格局发生多大变化，我们都要重视家庭建设”。国家已经在制度层面适时加强了“家庭建设”，强调了对家庭能力的制度性赋能。老年人才是家庭的长辈和智囊，他们的经验和智慧是家庭的宝贵财富，能够为家庭带来更多的帮助和支持。“多代同堂”的居住模式不仅可以改善老年人才的健康状况，充实其养老资源，还可以增强老年人才对子女家务的协助。以老年人才参与“隔代抚育”为例，中国改革开放以后，政府照顾责任弱化了单位制的功能，使儿童照顾的主要责任重回家庭，中国城市中近八成的家庭祖辈参与孙辈教养，隔代抚养成为中国家庭的一种重要幼儿抚育模式。中国的祖父母辈参与积极主动，认为带孙辈是中国传统文化中“传宗接代”所强调的责任。通过老年人才开发，可以发挥老年人才在小家庭生产生活需要产生的实际抚育任务，减少老年人才的孤独感和失落感，增强家庭的凝聚力和和谐度。

二、新时代老年人才开发的主要成就

改革开放以来，中国老年人才开发的政策体系经历了不断改进的过程。基于对老年人才开发不同维度的探索，本文梳理构建了包括开发理念、开发范式、开发平台和开发理论在内的我国老年人才主要成就的基本框架。

（一）树立了“以人为本”的老年人才开发理念

树立“以人为本”的老年人才开发理念，意味着：一是尊重个体差异和多样性。老年人才的需求和能力具有多样性，政策和措施应充分尊重老年人的个体差异，提供多样化的培训、就业和创业机会，满足不同老年人的发展需求。二是注重个体发展和自我实现。老年人才开发应将老年人的个体发展和自我实现作为核心目标，鼓励老年人积极参与社会生活和经济活动，发挥个人的潜力和创造力，实现自身的价值和目标。三是提供全面支持和保障。政府、社会组织和企业应提供全面的支持和保障措施，包括培训资源、就业机会、创业支持和福利保障等，为老年人才的发展提供有力支持，确保他们在各个方面得到平等的机会和待遇。四是强调参与和共享。老年人才开发应促进老年人的社会参与和共享，鼓励他们参与社区建设、志愿服务、知识传承等活动，充分发挥自身的经验和智慧，为社会做贡献，并与其他年龄群体共同分享社会发展成果。

我国通过一系列政策、方针等工具，树立了“以人为本”的理念，“以人为本”的老年人才开发理念强调将老年人才的需求、权益和个体差异放在首要位置，将老年人才作为主体，充分尊重和关注老年人才的个体价值和发展需求，有助于开发老年人的潜能和创造力，促进老年人的个体发展和社会融入。这一理念的核心是将老年人才视为积极、有创造力和有发展潜力的主体，而非社会的负担或受保护的对象，对整个社会的可持续发展和老龄化社会的良性发展具有重要意义。

（二）探索了“一核多元”的老年人才开发范式

所谓“一核多元”是指一种老年人才开发的范式。“一核”是指以老年人才为核心，“多元”是指多元发展的路径。随着脱贫攻坚的完成和巩固，“未富先老”已不再是我国老龄化发展的全局性特征，我们仍需对局部地区和老年人才个体的复杂情况做出深入解读。老年人才开发的“一核多元”模式重视地区的特点以及个体差异和特长，鼓励老年人根据自己的兴趣、能力和目标选择适合自己的发展路径。“一核多元”范式强调多元化的发展路径。中国在老年人才培养中提供了多样的培训课程，涵盖了各种技能、兴趣爱好和知识领域，包括健康管理、文化艺术、科技应用等。这使得老年人能够根据自身兴趣和需求，选择适合自己的发展方向。如我国推出了智慧老年大学这一创新举措，通过线上线下相结合的方式，为老年人提供各类学习机会。这些大学提供多样化的课程，包括学术课程、手工艺课程、文化艺术课程等，帮助老年人保持学习热情和知识更新。此外，我国老年人才开发的“一核多元”模式注重社交互动，通过与不同机构和组织间的资源共享与合作，鼓励老年人积极参与社区活动、志愿者服务和团队合作，鼓励老年人才保持社会联系，增强老年人才的社会参与感和归属感。例如，高等院校、职业院校、社区学校和行业组织等各方面通过开放场地、开设课程、举办讲座、捐资助学等形式参与或支持老年人才“一核多元”的开发模式。这种资源共享与合作带来了更丰富的教育资源和更广泛的学习机会，提升了老年人的受教育权和公平性。

（三）搭建了“积极应对”的老年人才开发平台

历年颁布的老年人才相关政策反映出我国对积极老龄化的认知和推进。有学者采用历史制度主义分析方式，提出我国老年人才人力资源政策范式从“被动应对”到“积极主动应对”，政策理念从“安其身”到“有所为”，组织架构从“权力安排”到鼓励社会参与，整个历程体现了渐进的、突变的演进逻辑。例如，经过准备工作，中国老龄协会于2022年8月24日成功推出了名为“中国老年人才网”的在线平台，通过网站的信息发布和求职招聘功能，老年人才能够方便地了解就业市场的需求和机会，同时也能够自主地发布个人简历和求职意向，增加就业的机会和选择。此外，平台还将提供职业培训和创业指导等服务，帮助老年人才提升自身的技能和能力，并鼓励他们积极创业和自主就业。专业咨询团队将为老年人才提供就业指导、职业规划和创业辅导等支持，帮助他们在就业过程中克服困难和挑战。这是一个集信息发布、求职招聘、职业培训、创业指导和专业咨询于一体的综合服务平台。中国老年人才网的建设，增强了中国老龄协会与各级政府、企事业单位、教育培训机构和社会组织的合作，推动了老年人才资源的开发和利用。这有助于发挥老年人才的潜能，促进老年人就业和创业，为我国的经济社会发展注入新的动力。

（四）形成了"人才学派"的老年人才开发理论

"人才学派"认为，人才开发是一项复杂的人才系统工程，是指把人才的潜能和创造力等作为一种资源加以挖掘、培育、利用和发展的一系列活动，人才开发问题包括人才的自主开发、组织开发和社会开发。也就是说，人才开发体系是立体的、多元的。老年人才作为一种特殊的社会资源，老年人才开发是建立人才发展理论的基础，是根据老年人的特点和需求，以人才发展规律和人才发展原理为依据的。这一理论强调了老年人才的积极性、个体差异和可持续发展，促进了老年人才开发工作的科学性和有效性。根据"人才学派"的理论指导，研究人员和专家对老年人才开发进行了深入的实证研究和实践探索，在不同领域和层面上提出了一系列适合老年人才发展的策略和措施。同时，关注社会支持体系的构建，通过社会组织和志愿者的参与，为老年人才提供就业咨询、技能培训、人力资源对接等支持服务。可以说，"人才学派"的理论为研究和实践老年人才开发提供了新的思路和方法，为老年人才开发工作提供了理论基础和实践指导。

三、新时代老年人才开发的现实挑战

党和国家一贯高度重视人才工作和老龄事业发展。特别是近些年来，我国为了进一步加大对老年人才开发的力度和深度，发挥老年人才作用，先后颁布和实施了一系列政策和法律，并采取了许多措施，取得了一系列新成就。在看到成绩的同时，也必须看到尚存在的制约老年人才开发和充分发挥作用的瓶颈因素，需要加以全面梳理。

（一）缺乏制度保障和权力行为规范

老年人才开发需要强有力的制度保障，但我国当前政策规划并未将老年人才纳入人才规划体系和人才资源再生视阈，缺乏对“长寿人力资本”的正确认识和整体性、战略性的老年人才开发的研究及规划。

首先，老年人才开发缺乏相关法规和政策支持。虽然国家出台了老年人才保障和服务相关的法律，如《中华人民共和国老年人权益保障法》等，但是对于老年人才开发缺乏明确的法律规定和制度保障，难以形成对老年人才开发的有效保护和规范，加上相关政策和措施的支持力度还不够，覆盖面较窄，难以满足老年人才开发的需求。如退休制度缺乏弹性，造成对人才资源的极大浪费。

其次，老年人才开发缺乏权力行为规范。《中华人民共和国劳动合同法实施条例》第二十一条规定“劳动者达到法定退休年龄的，劳动合同终止。”退休人员不再具有建立劳动关系的主体资格，再就业老年人才与用人单位的关系通常被认定为劳务关系而非劳动合同关系。这导致了就业老年人才的返聘制度、薪酬福利、社会保险等缺乏明确的规范和标准，增加了老年人才再就业和返聘的不确定性和风险。在当前社会保障体系下，很难全面保障老年群体的法定劳动权利，这不仅会影响老年人才再就业的积极性，还会影响雇主雇佣老年人才的积极性。如超过退休年龄的再就业老人与用人单位的关系通常认定是劳务关系而非劳动合同关系，即工作期间受伤不属于工伤事故，不按工伤标准进行赔偿。这导致一些用人单位可能因为劳务关系的性质而受到招聘、培训等方面的限制，对老年人才的就业和发展造成困扰。

（二）存在老龄化认知偏差和消极悲观情绪

老龄化认知偏差表现为对老年人的智力、能力和价值的低估。目前，普遍认为老年人群体是需要帮助且不具生产力的社会负担；将老龄社会仅视为养老问题，将应对老龄化看成是部门工作或业务工作。许多人倾向于将老年人视为弱势群体，忽视他们的丰富经验、智慧和潜力，将老年人群体视为静态、需要帮助的、不具生产力的依赖人口，是社会的负担；存在老年人力资源生产性价值的“认知赤字”；认为老年人才退休后应当回归家庭、安享晚年，帮助子女照顾孙辈。

这种老龄化认知偏差和消极悲观情绪的存在对社会和个体都带来了一系列问题，限制老年人自我发展和积极参与社会活动的意愿，造成老年人群体的自我局限和边缘化。首先，这种“保姆式”的养老观在一定程度上阻碍了老年人才的个人发展和社会参与，限制了他们的机会和权益。将老年人才视为负担和问题，老年人才的知识、经验和技能未能得到充分利用和发展，就可能忽视老年人群体的需求和潜力，无法制定出合理的政策和资源分配方案，进一步加剧老龄化带来的社会挑战。其次，对老年人才再就业的错误认知，夸大雇佣老年人才的风险，错误认为老年人才再就业会挤占青年就业机会，把“退而不休”视为与青年抢饭吃。这种认知偏差和消极情绪也会影响整个社会对老龄化问题的看法和应对措施。

（三）社会参与力不足和支持力度薄弱

老年人才的知识结构和知识领域待更新。文化水平、专业技能、社会参与意识、新环境适应等方面的能力不足，限制了那些身体健康并有就业愿望的老年人才参与社会。随着科技的快速发展和产业结构的变化，许多行业对特定的专业技能和知识要求越来越高。许多老年人才在工作期间所掌握的技能可能已经过时或不再符合当前的就业需求，老年人才可能面临着对新环境、新人际关系和新社交规则的不熟悉和不适应，缺乏对社会变化的敏感性和应对能力，导致他们在社会活动和就业中遇到困难和挫折。但目前，老年人才在专业培训、研修方面缺乏应有的机会。老年教育课程往往主要围绕“老有所乐”主题开展，缺乏“老有所为”的技能和就业导向的培训课程，更缺乏专业性的前沿课程开发。技能培训补贴对象只局限于中青年，不包括再就业老年人才。高等院校、职业院校和行业组织对老年教育的参与或支持力度不足，导致老年人才无法充分享受到高质量的教育资源。再就是，目前相关政策对老年人才的正向激励不足。老年人才参与社会经济建设往往不能按市场经济的规则领取合理报偿；对于那些在社会参与发展中有突出贡献的老年人才缺乏相应的激励与奖励措施，尚未建立老年人才专项奖制度；老年人才科研项目申报受到一定限制，老年人才职称晋升机会被剥夺。

（四）缺乏统一组织领导架构和中长期规划

缺乏统一的组织领导和中长期规划，可能导致一些类似的项目在不同地区和部门中重复推出，造成资源的浪费和政策的重叠。

首先，老年人才通常被排斥在就业服务体系之外，老年人才再就业市场渠道不通畅。当前尚无完整的老年人才信息库，更没有专门的老年人才招聘会，致使很多渴望继续工作的老年人才找不到用人单位，只能通过关系自寻门路。老年人才通常被排斥在就业服务体系之外，低龄老年人才重返职场的信息来源单一。现有的信息平台往往对老年人才来说不够友好、难以获取相关信息。缺乏针对老年人才的专门平台或渠道，使得他们在获得就业机会、志愿活动和社会参与方面面临信息来源单一、渠道狭窄的问题，限制了老年人才开发活动的可选择性、灵活性和广泛参与程度。其次，缺乏对“老有所为”统一组织领导。目前我国对老龄工作职能分散在人社部门、民政部门、文化部门、教育部门、组织部门、老龄办等多个部门，这些部门工作自成体系、各有侧重点，很难形成工作合力，且工作重点又放在老年人社会保障、生活服务、健康医疗等方面，少有对老年人才开发和发挥作用的职能，缺乏统筹协调管理老年人才工作的权威机构，导致老年人才开发活动的分散、无序，缺乏整体性和连贯性。再次，缺乏对老年人才开发的中长期规划。目前，无论国家还是地区中长期人才发展规划，均无对老年人才开发做出整体性规划。《国家中长期人才发展规划纲要 2010—2020 年》中没有专门针对老年人才发展的内容。老年人才开发工作尚未形成整体规划。不仅如此，作为制定老年人才发展规划的基础工作——老年人才基本统计工作仍未开展。

四、新时代老年人才开发的对策建议

老年人才资源开发需要建立一个系统化、复杂的逻辑框架。这个框架需要考虑到不同类型、不同层次的影响因素，以及融合思维的主导理念、生涯效应的精神指向、地域共生的场域构建和多元参与的策略生成等因素，以提升老年人才社会参与能力。叶忠海教授认为，老年人才开发应遵循自主选择性、适宜性、弹性、保障性的基本开发工作准则。新时代，加强老年人才开发，实现

"老有所为"，需要更新理念、创新制度、变革机制、整合资源和提升能力。

（一）更新理念：树立积极老龄观，倡导老年人才开发价值认同

首先，需要树立积极老龄观，提升全社会对老年人才开发的重视度和推进度。"老龄"是被社会建构的概念，重要的不是对"老龄"本身，而是对老龄的认知和态度。面对老龄化浪潮，需要采用文明和谐的哲学理念和文化战略来应对老龄化，将人口老龄化从"常态化"和"趋势"转变为人类文明进步的重要体现的价值建构。有学者认为，对待老龄化有问题意识和文明意识两种文化意识，老龄化问题不仅是经济问题，还是伦理和文化问题，它关乎文明形态和文明素质的发展。习近平总书记指出，要着力增强全社会积极应对人口老龄化的思想观念。要积极看待老龄社会，积极看待老年人才和老年生活。为此，需要通过树立积极老龄观，改变人口老龄化的危机意识，体现人类文明进步的机遇理念。

其次，倡导全社会对老年人才开发的价值认同，充分肯定老年人才的重要意义，营造社会氛围。老年人才开发是对老年人才生命的一种新的延伸，是对寿命的一种新的表达。突破传统思路和既往逻辑，积极应对老年人才开发，减轻老年人才社会服务的心理负担，支持老年人才主动融入社会、参与社会、实现自我发展。这一过程中，需要国家、地方、高校设立多类型的奖励机制，加大多维度的宣传报道，鼓励支持各地探索老年人才开发的路径，形成可复制可推广的经验；重视老年人才在建设全民终身学习的学习型社会、学习型大国中的贡献；主动宣传、报道老年人才开发的典型事迹，汇编、出版系列成果。

（二）创新制度：重视顶层设计，完善法律保障

一是重视顶层设计，不断构建助力"老有所为"的合法化渠道。老年人才资源开发应该纳入经济社会发展规划中，建立党委领导、组织部门牵头、其他部门配合、多方参与的推进机制。在协调文化、民政、教育以及老龄委等部门的基础上，扩大统筹协调的范围，将老年人才资源开发与教育培训、社会保障、产业转型等任务结合起来，完善老年人才资源开发的管理体制。

二是实行柔性退休政策。柔性退休政策，即退休制度弹性化。对于高层次老年专业技术人才的退休年龄和工作时间给予年龄跨度，由老年人才开发主体

即工作单位与人才个人共同商定。2013 年党的十八届三中全会通过的《关于全面深化改革若干重大问题的决定》明确提出，“研究制定渐进式延迟法定退休年龄政策”。我国《“十四五”规划和 2035 年远景目标纲要》中提出，“逐步延迟法定退休年龄，促进人力资源充分利用”。建议充分发挥低龄老年人才的作用，延长工作年限，建立延聘、返聘制度，鼓励老年人才的再就业。

三是健全老年人才权益保护法制保障。制定《中长期老年人才发展规划 2020—2035》，抓住机会窗口期，关注 60—70 岁的低龄老年人才和高端老年人才（科学家、顶尖人才、领军人才等）。修订《进一步发挥退休专业技术人员的若干规定》，发挥党的离退休干部的作用。修改完善《中华人民共和国劳动法》《中华人民共和国劳动合同法》，明确劳动者、劳动关系等基本概念，适用范围扩大到超龄劳动者，为老年人才劳动者权益保障提供法律依据。

（三）变革机制：联动多元主体，协同社会组织

首先是联动多元主体。一方面，需要形成多方参与的推进体制，各类教育有机衔接，使老年人才的发展通道科学转换。教育机构之间应互联互通，教育资源应融合在一起，以建立有利于老年人才开发的合理运行机制。企业和社会组织是促进“老有所为”的重要主体。应鼓励企业和社会组织内部加强老年友好型工作环境的建设与改造，提供创造性的解决方案，开发老年人才人力资源。例如，可以对雇佣 60 岁以上的企业给予减税奖励、贷款优惠或资金补贴等支持。同时，鼓励社会力量参与老年人才人力资源开发，全国老龄办积极搭建的志愿服务平台和上海市推行的“老伙伴”计划取得了一定的成效。为发挥“老有所为”主要场域——社区的力量，社区应注重发掘老年人才的精神文化价值和社区治理中的积极作用，通过建设普惠性的社区老年教育体系，提供专业知识、职业技能的教育服务与培训服务。

其次是协同社会组织，建立协同推进的领导体制和工作机制。根据党管人才的原则，建立党委领导、组织部门牵头，相关部门配合、社会参与的领导体制和工作机制，从组织上加以根本保障。如加强校社联动，利用大学生和中学生的志愿服务，加强代际交流互动，加深年轻一代对老年人才价值的认识，同时提高他们对人口老龄化问题的了解；社区学校协同其他教育组织机构为老年

人才提供隔代教育，以减少隔代养育中的代际冲突。

（四）整合资源：搭建多类平台，促进社会参与

为促进老年人才更积极地参与社会，需要打破身份和年龄限制，提供多样化的共享型“银发人才”供给平台。

一是创建各类老年人才“老有所为”的渠道和平台，创建老年人才市场、老年人才创业园和老年人才资源信息库，为老年人提供创业、就业和资源对接的渠道。其中，一项关键任务是建立老年人才资源数据库，利用大数据平台实时追踪老年人才的需求和特征，制定具有积极年龄意识的社会参与支持方案。建议编制老年人才社会参与的指导性的岗位目录：明确老年人才再就业类型、层次、岗位与青年人的区分度，为老年人才提供多样化的社会参与岗位。鼓励老专家、老艺术家、老科学家开展科普、艺术教育进校园、进社区，展示老年人才的才华和经验。

二是提供老年人才参与志愿活动的机会。鼓励离退休老干部、老教师和具有专长的社区老年人才积极参与社会公益志愿活动，组建老年志愿者队伍。帮助老年人才实现自身价值，获得“老有所为”满足感和“老有所用”成就感，缓解劳动力市场压力。还需要鼓励老年人才利用所学所长，在讲好中国故事、弘扬中国精神、培育科学精神等方面的活动中，发挥老年人才教育引导青少年继承优良传统的积极作用。倡导老年人才在环境保护、社区服务、治安维稳等方面积极服务社会、奉献社会，展现长者风范。

（五）提升能力：拓展教育内容，加强技能培训

为老年人提供适切的教育、培训机会和智能更新的途径，开设培训课程，提供创业培训、继续教育和职业发展支持等。

首先，在构建老年教育体系化基础上，发展高端老年教育。发展各高等院校的老年教育，为老年人才发展开设专业前沿课程；为老年人才提供学术研讨、国外交流的机会。第七次全国人口普查数据显示，60—69 岁的低龄老年人才口占我国 60 岁及以上人口的 55.83%，约有 1.9 亿，是我国老年人口的主力军。应办好老年学校、老年大学等多种类型教育，让老年人才参与不同类型的教育活动，满足他们的学习需求。广泛开展“大健康教育”，强化健康防

治模式和干预措施，降低老年人才失能率、减缓失能率的发展速度，实现老年人才从量大到质优的转变。

其次，老年大学应强化再就业的职业技能培训和专业发展培训。围绕老年人才家庭建设、社区建设，人生经验传授、优秀文化传递、人类文明传承的使命履行而生成与扩展教育内容。培育老年志愿者、老年学习共同体，通过“共学”实现共同“养老”，并通过“大手牵小手”等活动发挥老年人才在文化传承方面的积极作用，引导青少年培育和践行社会主义核心价值观等，以彰显长者风范。

加强技能培训，积极为老年人才提供职业技能类的学习机会，充分发挥各类教育机构等作用，开设技能培训方面的课程，帮助老年人才掌握合适的技能，提升其就业能力和社会参与能力。

结 语

在新时代中国老年人才开发的旅程中，应该意识到其重要性和紧迫性。老年人才开发不仅对个体老年人的个人发展和幸福感具有重要意义，也对整个社会的发展和进步起到关键作用。在实现全面建设社会主义现代化国家的目标下，充分发挥老年人才的潜力和作用是不可或缺的。要进一步推进老年人才开发，需要持续加强对老年人才的综合素质提升。此外，提高老年人才的社会参与力也是至关重要的。应该创造更加包容和友好的社会环境，鼓励老年人才积极参与社会活动、志愿服务等，为社会贡献自己的力量，使老年人才能够充分展示自己的价值和才华。

同时，为了推动老年人才开发的可持续发展，需要建立健全的制度保障和权力行为规范。这涉及法律、政策和机制等方面的支持，以确保老年人才的权益得到有效保护，并为他们提供公平的发展机会。此外，信息平台的建设也是至关重要的，为老年人才提供信息获取、交流和合作的便利渠道。

要实现新时代中国老年人才开发的目标，需要全社会的共同努力和参与。在党的领导下，政府部门、社会组织、企事业单位、家庭和个人都应该发挥各自的作用，形成合力。只有通过多方合作、整合资源和加强协作，才能够为老年人才开发创造更加良好的环境，实现老年人才的充分发展和社会的和谐进步。

参考文献：

[1] 国家统计局. 中华人民共和国第七次人口普查公报[EB/OL].（2021-05-10）[2023-05-02]. http://www.stats.gov.cn/tjsj/zxfb/202105/t20210510_1817181.html.

[2] 黄凡，段成荣. 从人口红利到人口质量红利：基于第七次全国人口普查数据的分析 [J]. 人口与发展，2022（1）：117-126.

[3] 叶忠海. 老年人力资源开发的若干基本问题 [J]. 职教论坛，2020（5）：110-113.

[4] 万丽华，蓝旭，译注. 孟子 [M]. 北京：中华书局，2016.

[5] 中共中央党史和文献研究院. 习近平关于注重家庭家教家风建设论述摘编 [M]. 北京：中央文献出版社，2021.

[6] 胡湛，彭希哲，吴玉韶. 积极应对人口老龄化的“中国方案” [J]. 中国社会科学，2022（9）：46-66+205.

[7] 曾迪洋，洪岩璧. 早期隔代抚养对初中生教育和健康状况的影响 [J]. 南京师大学报（社会科学版），2020（1）：96-107.

[8] 沈卫华. 论祖孙关系在幼儿家庭教育中的作用 [J]. 湖州师范学院学报，2002（05）：82-87.

[9] 陆友华. 关于人口老龄化几点认识的反思 [J]. 国际经济评论，2012（6）：110-123.

[10] 阳义南，高娜. 我国积极开发老年人才力资源的政策求索与变迁 [J]. 社会保障研究，2022（2）：59-69.

[11] 叶忠海. 新编人才学通论 [M]. 北京：党建读物出版社，2013.

[12] Asfriyati, et al. Analysis of Community Empowerment for Elderly Population Quality As Human Resources in Medan[J]. Analysis of Communi-

ty Empowerment for Elderly Population As Human Resources in Medan，2015.

［13］叶忠海．老年人力资源开发的若干基本问题［J］．职教论坛，2020（5）：110-113.

［14］樊浩．老龄化，还是老龄文明［J］．东南大学学报（哲学社会科学版），2023（1）：5-12.

［15］毛建茹．人力资源开发：老年教育的一项重要使命［J］．河北师范大学学报（教育科学版），2017，19（01）：81-85.

［16］中共中央关于全面深化改革若干重大问题的决定［N］．人民日报，2013-11-16.

我国老年人才的保护研究

黄　莹*

我国是当今世界老年人口数量最多的国家，第七次全国人口普查数据显示，我国 60 岁及以上人口突破 2.64 亿，占总人口的 18.7%；65 岁及以上老年人口达 1.9 亿，占比达 13.5%。预计“十四五”末期，60 岁及以上人口将突破 3 亿，占总人口比重超过 20%，由轻度老龄化转入中度老龄化，2035 年前后突破 4 亿人，进入重度老龄化阶段。如何发挥和利用好这一庞大群体的作用，特别是老年人才的作用，已成为不容忽视的重要社会问题。

党的二十大报告中明确指出，教育、科技、人才是全面建设社会主义现代化国家的基础性、战略性支撑。必须坚持科技是第一生产力、人才是第一资源、创新是第一动力，深入实施科教兴国战略、人才强国战略、创新驱动发展战略。不论是教育还是创新都离不开“人才”这一核心要素，而老年人才作为人才的重要组成部分，理应给予充分重视和保护。然而，目前老年人才这座“银色富矿”尚未得到充分重视和保护，更没有被合理有效的开发和利用，现实中仍然存在不少陈旧观念、思维定式和阻碍老年人才作用发挥的不合理制度及规定，对老年人才自身和社会的发展都是极大浪费。

何为老年人才的保护？保护老年人才有何重要意义？老年人才保护中存在什么问题？如何保护好老年人才？对这些问题进行梳理和研究，是积极应对人口老龄化、促进经济社会发展、构建和谐社会的需要，也是充分发挥人才资源作用、维护老年人合法权益、满足老年人自身发展的需要。

---

* 作者系华东师范大学助理研究员。

一、老年人才保护的内涵

对老年人才进行保护首先要对“老年人才”这一基本概念及内涵进行厘清。关于“人才”的概念，不同学者从才能高下、杰出程度、价值高低等不同角度进行定义。以叶忠海教授为代表的学者对“人才”进行了较为全面和科学的界定，他认为：人才是指在一定社会条件下，具有一定知识和技能，能以其创造性劳动，对社会或社会某方面的发展，做出某种较大贡献的人。基于我国人才学界的研究成果，2010 年中共中央、国务院印发《国家中长期人才发展规划纲要（2010—2020）》提出，人才是指具有一定的专业知识或专业技能，进行创造性劳动并对社会做出贡献的人，是人力资源中能力和素质较高的劳动者。在此基础上，本研究团队认为老年人才是老年人力资源中质量较高的部分，主要指我国 60 岁及以上具有一定专业知识或专业技能，愿意并且能够继续为社会做贡献的退休人员。包括老年党政人才、老年企业经营管理人才、老年专业技术人才、老年高技能人才、老年农村实用人才和老年社会工作人才等。所谓老年人才的保护就是要以积极正确的老年人才观为基础，从老年人的生理、心理、社会参与等方面为老年人才提供多方面的关爱和支持，为老年人才享有幸福晚年，更好实现自我价值创造条件。

二、老年人才保护的意义

老年人才是社会价值的创造者，是生产力。老年人才在物质文明、精神文明、政治文明、生态文明等方面都发挥着重要作用。2022 年 5 月中共中央办公厅印发的《关于加强新时代离退休干部党的建设工作的意见》指出，离退休干部是党和国家的宝贵财富，是推习近平进新时代中国特色社会主义伟大事业的重要力量。保护老年人才对国家、社会及老年人自身而言都具有十分重要的意义。

（一）从老年人才自身价值特点，老年人才保护需要抓紧窗口期

老年人才价值具有时效性。老年人随着年龄的增长，自身健康状况会存在很多不确定性，如果对老年人才不及时保护和开发，很多宝贵的知识、技能、

文化、经验将难以保存和传承。此外，老年人才价值具有不可替代性。老年人才经过长期的学习实践所积累的知识、技能、经验和智慧是中青年人才短期无法形成的；他们在丰富的人生经历中所形成的优秀个人素养、高尚思想品德和吃苦奉献精神，也都是一般中青年人才无法比拟的；他们在单位和社会中所具有的威望和影响力更是中青年人才无法取代的。

（二）从人才资源开发角度，老年人才保护能使人才效用最大化

一方面，人才资源形成周期长、投资大，在国民人均寿命和健康水平获得较大提升的背景下，60 岁退休的老年人才仍然具有继续发挥作用的条件，如果不加以利用是人才资源的极大浪费。另一方面，老年人才所积累的知识技术等能量的释放是巨大而持久的，即使到了退休年龄，知识和技术产生的边际收益仍然没有结束。卡特尔老年智力发展理论认为：与后天习得的知识、经验沉淀内化有关的晶体智力，不但不会随着年龄增长衰退，往往还会有所增加。据研究，成年后期流体智力测试成绩平均每隔 10 年下降 3.75%，而晶体智力反而平均增长 3.64%。而这些随着年龄、阅历而增长的“晶体智力”，即人生智慧，是很多中青年人才所不具备的可贵资源，可与中青年人才形成很好互补。此外，老年人才是处在成熟期的人才，启用和开发这批人才，不需要很多投入就能创造出倍增的价值。

（三）从经济社会发展角度，老年人才保护是应对人口老龄化的有效举措

我国老龄化程度的日益加剧，随之而来的是社会养老负担的加重。根据 2010—2019 年国民经济和社会发展统计公报数据显示，我国老年抚养比处于逐年上升状态。劳动力人口的逐年减少、老年人口的快速增加，减缓了中国经济增长的速度。实证研究发现，老年抚养负担每上升 1 个百分点，就会导致经济增长速度降低 1.06 个百分点。要保持经济快速稳定增长，必须有效地开发和利用现有劳动力资源，将劳动年龄人口维持在一个合理水平。开发现有老年人力资源，充分发挥老年人才的作用，为老年人才社会参与创造更多机会，不仅能缓解劳动力不足的问题，还能减轻家庭和社会的养老负担，助推“银发经济”的发展，给国家带来巨量的红利资源和社会财富。

（四）从老年人自身发展角度，老年人才保护是老年人健康和发展的需要

人充分、全面而自主发展是人的本性之一。基于马斯洛需求层次理论，人不仅具有健康、安全的基础层次需要，还有被尊重和自我实现的高层次需要。随着医疗水平的提高和国家对卫生健康知识的普及，越来越多的老年人不仅开始关注和重视自身的身心健康，加强对老年疾病的预防和治疗。同时，不少老年人还希望在退休后能继续发挥作用，实现自己更高的价值追求，而老年人才的这一愿望和需求更为强烈。本课题组从上海 1367 份问卷调查统计结果显示：占调查总数近 60%的老年人才，通过延聘、返聘、外聘、创业等多种途径仍在继续工作。通过多种举措保护和促进老年人才发挥作用，进行各种形式的社会参与，不仅能帮助他们更好实现个人价值，也能更好地促进他们的身心健康。

三、老年人才保护存在的问题

2022 年 9 月国家卫生健康委发布的《中国健康老年人标准》指出，健康老年人是指 60 周岁及以上生活可自理或基本自理的老年人，健康老年人在躯体、心理、社会三方面都趋于相互协调与和谐的状态，并明确提出了健康老人的 9 个标准。对照《中国健康老年人标准》，当前老年人才在身体、心理和社会三方面的保护做得还不够，老年人才的保护未得到充分重视，更没有对老年人才保护采取积极有效的措施。

（一）生理健康保护问题

老年人才要享有幸福的晚年生活，充分发挥作用和实现自我价值，健康的身体是前提，也是重要的基础。然而，我国老年人整体健康状况不容乐观，近 1.8 亿老年人患有慢性病，患有一种及以上慢性病的占比高达 75%，失能、部分失能老年人约 4000 万。对老年人才开展健康促进行动，对提高老年人才的健康水平、改善老年人才的生活质量具有重要意义。

1. 慢性病防治未引起重视

我国老年人“长寿不健康”问题凸显。其中，跟久坐、热量摄入过多有关的慢性病，如超重、高血压、糖尿病，以及跟吸烟等环境暴露相关的疾病，如

慢阻肺、肺癌等的患病率呈现上升趋势。老年人才很多从事的是脑力劳动，长期久坐，缺乏锻炼，更易导致慢性病。且慢性病初期症状较轻，容易被老年人所忽视，再加上有的老年人才退休后仍忙于继续发挥作用，往往忽视了对慢性病的治疗，久而久之将导致病情难以控制，错过最佳治疗期。

2. 跌倒预防做得不到位

据中国疾病监测系统的数据显示，跌倒已成为我国65岁及以上老年人因伤致死的首要原因。根据测算，我国每年有4000多万老年人至少发生一次跌倒，其中，每万人就有8位因摔倒而过早死亡，有40%—70%的老年人是因摔伤需要就医。研究表明，老年人跌倒中骨折占比高达31.79%，虽然骨折并不是死亡原因，但骨折后长期卧床无法活动，老人身体状况会每况愈下，会导致一些并发症，如褥疮、下肢深静脉血栓、坠积性肺炎、泌尿系统感染等，如果得不到及时诊治，每一个并发症都可能致命。然而，目前社会对于老年人跌倒的预防措施做得还不到位，适老化设施尚未普及，预防跌倒的意识不强。我国"杂交水稻之父""共和国勋章"获得者袁隆平院士摔倒后入院治疗，不到2个月因多器官功能衰竭逝世，这对国家和社会都是重大损失。

3. 认知障碍未能尽早干预

随着人口老龄化进程的加快，以阿尔茨海默病为主的阿尔茨海默病发病人数持续增加。严重威胁老年人健康和生命质量，给家庭和社会带来沉重负担。据统计，全球每3秒钟就有1名痴呆患者产生。截至2018年，全球约有5000万人患有痴呆疾病，而到2050年，这一数字将增加至1.52亿，是现在患病人数的3倍。中国目前60岁及以上老年人中约有1500万痴呆患者，其中1000万是阿尔茨海默病患者。阿尔茨海默病起病隐匿，是神经系统退行性疾病。它缓慢地、进行性地破坏大脑功能，导致患者认知能力下降，引起行为、人格、性格和精神障碍，生活不能自理等问题。专家介绍，开展早期评估，早发现、早干预，可以减少30%的阿尔茨海默病发病，延缓发病5年，降低发病率50%。老年人才要能继续发挥作用，将自己的专业知识、智慧经验更好地传承，需要保持清醒的头脑，尽可能延缓神经系统的衰老。然而，我国对该病的早期诊断做得很晚，且未形成一个系统的标准。

（二）心理健康保护问题

随着生理机能的逐渐老化、退休后社会角色的转变、工作生活环境的改变，这些都会给老年人带来一些心理的不适和问题。并且老年人不善于表达和与他人分享，特别是老年人才这类高知群体，大多情绪表达相对含蓄，自尊心强，从外部表现上较难观察出他们的情绪体验，因此老年人才的不良情绪和心理问题常常不被察觉。

1. 失落感

失落感产生的客观原因是社会角色变化所带来的权利和义务的丧失及几十年形成行为模式的改变。角色发生改变，行为模式也会随之改变，角色改变越大，失落感就越明显。大多数老年人对退休后带来的社会地位和生活环境的改变都会感到不适应，老年人才的失落感更加明显。老年人才，由于退休前在单位一般都是技术专业骨干或担任一定的领导岗位，工作时忙碌而充实，退休后感觉自己不像以前一样受到重视，福利待遇也不如从前，退休后的失落感比一般老年人会更加强烈。此外，老年人才的知识、认知、品味水平较高，一般不太愿意参加以休闲为主的文体活动，与外界的交流沟通相对较少，也更容易产生不良情绪和心理问题。

2. 焦虑感

老年人中焦虑个体越来越多。有关调查表明，有40%的老人处于伴有焦虑情绪状态下，不少于8%的老年人患有焦虑障碍。老年人产生焦虑的因素有多种，如面对自己身体的老化，对退休后社会角色的突然转变，得不到家人的关爱和理解，过度的自卑，过强的自尊心，过高的自我期望等都会导致焦虑情绪的产生。老年人才往往具有强烈的自尊心，对自己有较高的要求，在目标达成过程中，更容易产生焦虑情绪。据本课题高校老年人才调查数据显示：大部分高校退休教师退休后进行社会参与都依据原有专业进行，特别是原岗位为教育和科研的，退休后多从事与教育和科研相关的工作，而且职称级别越高，承担科研项目的人数越多，通过“参与学术研讨交流”和“项目研究”来继续发展的比例也越大。因此，对老年人才的焦虑情绪应给予更多关注。

3. 抑郁感

抑郁感是老年人常见的情绪之一，表现为情绪消沉，思维迟缓，意志减退等。虽然抑郁情绪不等于抑郁症，但抑郁情绪积累之后，可能发展成抑郁症。严重的抑郁症还会产生自杀观念和自杀行为。目前，我国患抑郁症人数约9500万，老年抑郁症的患病率为12.4%—14.7%，占老年人口的7%—10%，严重影响老年人的精神健康。临床研究证实，抑郁症的发生与年龄的增长呈线性上升关系，且越优秀的人承担的心理压力可能越大。老年人才都是某领域某行业的优秀人群，比较重视个人形象，更好面子，自尊心也更强。他们如果有情绪问题大多不想让外人知道，也不愿意以脆弱的一面示人。他们更习惯于用乐观、强大来掩饰这些问题。长此以往，情绪、情感找不到宣泄的出口，调节不好，就很容易产生抑郁情绪。而且由于抑郁症的临床表现不典型，症状为慢性疼痛、免疫力低、失眠、情绪低落等，因此老年期抑郁症比例很高但识别率却很低。

（三）社会参与保护问题

积极老龄观包括“健康、参与和保障”，其中“参与”是指参与社会发展的各种活动。因此，要实现积极老龄观，必须大力鼓励老年人才特别是低龄老年人才参与到社会发展的各项活动之中。然而，不正确的观念认知、不合理的政策规定及不畅通的再就业渠道导致了老年人才未能实现更好的社会参与，阻碍了老年人才作用的发挥。

1. 不正确的观念认知

首先，社会存在认知偏差。不少人认为老年人才是需要帮助的弱势群体，应该是被给予照顾的对象，不需要他们再发挥作用；认为老年人才如果继续工作或再就业会挤占就业机会，认为“退而不休”是抢年轻人的饭碗，而且用人单位偏重于考虑老年人才的身体原因带来的风险和麻烦将老年人才拒之门外。其次，家庭不能给予支持和理解。很多家庭认为老年人才在职时已经辛苦工作大半辈子，退休后应该放松休养、安享晚年；有的家庭认为退休后应该回归家庭，帮助子女照顾孙辈；也有的家庭认为老年人外出就业会让外人认为是因为家庭经济有困难而感到没面子。再次，老年人才自己观念保守陈旧。不少老年人才存在消极心理，自认为人老不中用，已经跟不上时代，退休了就应该彻底退出社会舞台；还有的老年人才认为，如果自己继续工作，会给年轻人的发展造成障碍。

2. 不合理的政策规定

首先，退休制度缺乏弹性。我国现行法定退休政策仅是以生理年龄为界限，并没有严格区分高层次人才与一般职工的界限，造成对人才资源的极大浪费。其次，缺乏老年人才再就业的劳动法保护。《中华人民共和国劳动合同法实施条例》第二十一条规定："劳动者到法定退休年龄的劳动合同终止。"根据这个规定，退休再就业老年人才不再具有建立劳动关系的主体资格，与用人单位的关系通常被认定为劳务关系而非劳动合同关系，从而不再享受劳动法规定的待遇及保护。这导致了再就业老年人才的聘用制度、薪酬福利、社会保险等问题缺乏明确的规范和标准，增加了老年人才再就业和聘用的不确定性和风险。再次，对老年人才缺乏必要的激励机制。目前相关政策对老年人才的正向激励不足。老年人才参与社会经济建设往往不能按市场经济的规则领取合理报酬；对那些在社会参与发展中有突出贡献的老年人才缺乏相应的激励与奖励措施，尚未建立老年人才专项奖制度；老年人才科研项目申报受到一定限制，老年人才职称晋升机会被剥夺。

3. 不畅通的再就业渠道

首先，缺乏再就业和社会参与的平台。老年人才通常被排斥在就业服务体系之外，当前尚无专门的老年人才再就业平台，没有完整的老年人才信息库，更没有专门的老年人才招聘会，致使很多渴望继续工作的老年人才找不到用人单位，大多只能通过关系自寻门路。其次，缺乏统一的组织领导。目前我国老龄工作职能分散在人社、民政、文化、教育、老龄办等多个部门，这些部门工作自成体系、各有侧重点，很难形成工作合力，且工作重点又放在老年人的社会保障、生活服务、健康医疗等方面，少有对老年人才开发和发挥作用的职能，缺乏统筹协调管理老年人才工作的权威机构。再次，缺乏对老年人才智能更新的机会。老年人才往往在专业培训、研修方面缺乏应有的机会。老年教育课程往往以休闲娱乐为主，缺乏"老有所为"的技能和就业导向的培训课程，更缺乏专业性的前沿课程开发。技能培训补贴对象只局限于中青年，不包括再就业老年人才。高等院校、职业院校和行业组织对老年教育的参与或支持力度不足，导致老年人才无法充分享受到高质量的教育资源。

四、老年人才保护的策略

老年人才对政府、社会和家庭都是宝贵资源和珍贵财富，老年人才保护工作的重要性不言而喻，是一个需要政府、社会、家庭及个人共同努力维护的系统工程。

（一）生理健康的保护

1. 加强对慢性疾病的管理

首先，政府要做好顶层设计和制度建设。加快研究制定颁布保障老年人才健康的法律法规和重要政策文件，形成协同高效的老年人才卫生保健服务和照护服务体系；提高老年人才的医疗待遇及疏通便捷的就医渠道。其次，积极倡导大健康理念。加强对慢性疾病预防和管理的宣讲，提升老年人才的自我保健意识；增强基层社区卫生服务中心力量，对辖区内老年人才给予重点关注。再次，老年人才要加强对自身疾病的重视。注重合理饮食、适量运动、保持积极乐观的心态。

2. 降低老年人跌倒的风险

首先，政府需要增加财政投入加强适老化改造。通过加大对社会公共场所、老年人居住环境的适老化改造，尽量为老年人创造一个安全舒适的生活工作环境，减少摔跤的潜在隐患。其次，社会和家庭要加强对老年人防范摔跤知识的宣传。提高老年人自身防摔跤的意识和技能。再次，注意平衡营养膳食和适当运动锻炼。老年人自己除了平时动作要尽量慢以外，还要避免因年龄增长、营养缺失导致肌肉力量的减弱及骨质疏松所带来的跌倒风险的增加。

3. 加强对阿尔茨海默病的早期干预

首先，政府要积极开展阿尔茨海默病防治的宣传教育。利用各类媒体平台，在全社会进行脑健康知识教育，提高公众对阿尔茨海默病防治知识的知晓度。其次，基层医疗机构要加强对老年人认知功能的筛查和早期干预。提高阿尔茨海默病就诊率，实现早筛查、早发现、早干预，减少或延缓阿尔茨海默病的发生。再次，老年人及家庭要转变老年人年老、智衰、无用等消极观念。鼓励老年人常用脑、多思考，并积极参加社会活动。有证据表明，接受更多教育的老年人大脑皮层萎缩程度更小，认知功能退化更少。勤于用脑的人脑功能比不愿动脑者高出50%左右。最后，老年人要培养健康的作息习惯。适当参加有益的体育锻炼，注意饮食，定期体检。

（二）心理健康的保护

1. 失落感的应对和调整

老年人才失落感因退休前后落差较大，失落感更强。首先，国家和社会应该为老年人才积极营造“老有所为”的良好社会氛围并创造条件，让老年人才退休后能尽己所能发挥作用，更好地实现自我价值。其次，家庭要给予有失落感的老人更多的陪伴关怀。亲人地陪伴在老年人社会角色转化过程中是一个缓冲剂，有助于老年人适应社会角色的转变，产生较少的心理不适。再次，老年人自己要学会平衡心态。面对社会角色变化要泰然处之，要忘却自己以往的身份、职务、收入，摆脱等级心理观念的羁绊。同时，将退休作为一个新的起点，发展一些有益于身心健康的兴趣爱好，丰富自己的老年生活，都将有助于消除失落感。

2. 焦虑感的应对和调整

老年人才由于退休后社会角色差异较大，自尊心容易受到伤害，从而产生焦虑情绪。首先，要帮助老年人正确认识焦虑，不要产生恐慌心理。要让老年人认识到焦虑人人都会有，适当焦虑有利于适应环境，过度焦虑才会影响身心健康。其次，帮助老年人疏导焦虑情绪。诱发老年人情绪焦虑的因素有很多，家人要经常与老年人进行沟通交流，了解其焦虑产生的原因，帮助他们找到适当的解决方法，对不合理情绪进行疏导。再次，帮助老年人学会豁达面对人生中的得与失。由于老年人才有过强的自尊心，对自己要求过高，因此在目标达成过程中更容易产生焦虑情绪。可以通过培养兴趣爱好，让老年人才学会坦然面对，使自己的心态得到超越和升华。

3. 抑郁感的应对和调整

第一，政府要运用多种宣传手段和渠道，广泛开展抑郁症防治知识科普宣传，提高社会对抑郁症的认识。第二，加强国家心理健康服务体系的建设，建立社会支持和心理咨询渠道。如建立老年心理援助热线，为老年人提供专门的心理健康咨询、求助、疏导、危机干预、转介的便捷平台。第三，在各类医疗卫生机构、体检服务机构、社区为老服务中心开展老年人抑郁症的筛查评估。第四，家庭要给予老年人更多关怀。特别是子女要经常与老年人交流，密切关注老年人的不良情绪并及时干预。有针对老年抑郁患者的调查显示：65%的老年患者认为抑郁的主要原因是对慢病治疗的焦虑；33%的老年患者认为是无用感和孤独感；78%的老年患者认为子女关怀是缓解抑郁最有效的方式。第五，老年人要保持积极乐观的生活态度，发现生活中的美好。培养健康的生活方式，参加丰富多彩的老年活动。

（三）社会参与的保护

1. 大力倡导积极老龄观，打开老年人才发挥作用的桎梏

首先，重新认识和定位老年群体。在社会上倡导积极老龄观，使全社会认识到，老年人退休后仍具有继续发挥作用的条件和潜力，是能继续开发的人才资源富矿。使人们认识到老年人退休后的社会再参与是人追求全面自由发展的需要。其次，要消除社会、企业、家庭对老年人才社会参与的“后顾之忧”。完善老年人才在就业、志愿服务、社区治理中的政策支持和保障措施。再次，创新岗位设置，优化人力资源配置。在确保年轻人有更多就业机会的同时，也要为老年人才发挥作用积极创造条件，为他们提供更多就业和实现价值的机会。

2. 清理或修订不合理规定，扫清老年人才发挥作用的障碍

首先，实施弹性退休政策。对于高层次老年专业技术人才的退休年龄和工作时间给予年龄跨度，由老年人才开发主体即工作单位与人才个人共同商定。其次，重修劳动法典。包括重修《中华人民共和国劳动法》《中华人民共和国劳动合同法》及《中华人民共和国劳动合同法实施条例》，从法律上明确超龄劳动者的“劳动者”身份，进一步完善工伤保险制度体系。再次，建立鼓励老

年人才创新创造的激励机制。设立老年人才特殊贡献专项奖；放宽老年人才申报课题的年龄限制要求；允许做出新贡献的退休老年人才可申请晋升职称资格，以鼓励老年人才不断进步和发展。

3. 疏通环节并搭建平台，畅通老年人才发挥作用的渠道

首先，创建各类老有所为平台。建立老年人才市场和老年人才创业园，拓宽再就业渠道；编制老年人才再就业指导性岗位目录，避免与年轻人就业产生冲突。其次，建立统筹协调管理老年人才工作的权威机构。建立老年人才统计制度；探索适合老年人灵活就业的模式；建设老年人才信息库，实现老年人才资源的共享。再次，为老年人才提供多元的教育培训服务。在老年大学课程中增设“老有所为”的技能和就业导向培训课程，并开发一些专业性的前沿课程。加大高等院校、职业院校和行业组织对老年教育的参与或支持力度，使老年人才可以充分享受到高质量的教育资源。人力资源部门和招聘组织要尽可能为有劳动意愿的老年人提供职业介绍、职业技能培训和创新创业指导服务等。

参考文献：

[1] 温金海，等. 人才工作如何积极应对人口老龄化 [J]. 中国人才，2022 (04)：50-54.

[2] 叶忠海. 新编人才学通论 [M]. 北京：党建读物出版社，2013：113.

[3] 赵慧敏. 老年心理学 [M]. 天津：天津大学出版社，2010：66.

[4] 王金营，杨磊. 中国人口转变、人口红利与经济增长的实证 [J]. 人口学刊，2010 (05)：15-24.

[5] 黄冬梅. 老年心理学读本 [M]. 北京：学习出版社，2017：110.

[6] 张文静. 从大脑的可塑性透视老年人才的二度开发 [J]. 前沿·学术论坛，2009 (2)：292-293.

[7] 阳义南，高娜. 我国积极开发老年人力资源的政策求索与变迁 [J]. 社会保障研究，2022 (02)：59-69.

[8] 中共中央，国务院. 关于加强新时代老龄工作的意见[EB/OL].

(2021-11-24)[2023-02-15]. http://www.gov.cn/zhengce/2021-11/24/content_5653181.htm.

[9] 中共中央办公厅. 关于加强新时代离退休干部党的建设工作的意见[EB/OL]. (2022-05-15)[2023-02-15]. http://www.gov.cn/xinwen/2022-05/15/content_5690562.htm.

[10] 钱婧，屈逸，王斌. "百岁时代"下的老年群体：特征、需求与赋能[M]. 北京：经济科学出版社，2020.

[11] 高琳. 老年人力资源开发研究[M]. 大连：东北财经大学出版社，2021.

[12] 中共中央. 关于制定国民经济和社会发展第十四个五年规划和二〇三五年远景目标的建议[EB/OL]. (2020-11-03)[2023-02-15]. http://www.gov.cn/zhengce/2020-11/03/content_5556991.htm.

国际老年人才开发的经验审视及启示
——以日、德、美三国为例

王淑芳*

从全球视角来看，伴随着生育率的下降和预期寿命的增长，当前人口老龄化成为世界人口发展的普遍趋势。人口老龄化将成为社会经济发展的一把“双刃剑”，给未来经济结构和社会发展带来新机遇和挑战。为了应对人口老龄化发展所带来的挑战，世界各国提出了“成功老龄化”“健康老龄化”“生产性老龄化”等政策理念，在二十一世纪初，世界卫生组织推行“积极老龄化”人口发展理念，明确指出最大限度地提高老年人健康、参与和保障的水平，确保所有人在老龄化过程中能够不断提升生活质量。在积极老龄化政策理念下，“健康”“参与”“保障”成为鼓励老年人积极参与社会的基础要素。积极开发老年人力资源也成为世界各国应对人口老龄化和实施积极老龄化的重要途径，而老年人才作为老年群体中比较先进且重要的一部分，面对日趋严重的老龄化社会，对老年人才资源加以开发和利用，可以有效发挥老年人才优势，积极应对人口老龄化。

就国际而言，日本、德国、美国作为较为典型的人口老龄化发达国家，在积极应对人口老龄化问题方面，尤其是对老年人才资源开发和利用上开展了较为全面的制度设计，积累了较为丰富的经验，中国可借鉴其他国家应对老年人才开发的经验，加强我国老年人才的开发，以发挥老年人才的优势。

---

* 作者系华东师范大学教育学部职业教育与成人教育研究所硕士生。

一、老年人才资源开发的现实需求剖析

（一）时代所趋：全球人口老龄化加速发展

联合国将一个国家或者地区的60岁及以上人口占总人口的比例达到10%或者65岁及以上人口占总人口的比例达到7%定义为老龄化社会，并按照65岁老年人占人口比率计算，又可以将老龄化社会进一步细化为老龄化社会（65岁人口占总人口7%—14%）、深度老龄化社会（65岁人口占总人口14%—20%）、超老龄社会（65岁人口占总人口20%以上）。按照这个标准，我国在最新一次人口普查的数据中显示，当前我国65岁及以上人口占总人口的13.5%，我国已经进入了老龄社会。在我国进入老龄社会的同时，由于我国人口基数大，我国老龄化社会还具有老龄人口绝对值为世界之最，国家经济发展状态呈现“未富先老”的特征，对社会经济发展产生巨大的压力。

放眼全球，根据联合国统计数据显示，当前全球人口中60岁及以上的人数和比例正在增加，其中2019年全球60岁及以上的老龄人口为10亿，预计到2030年60岁以上老龄人口数字将增加到14亿，预计到2050年将增加到21亿；全球65岁及以上人口的增长速度赶超年轻群体，到2050年，全世界每6人中，就有1人年龄在65岁以上。其中，日本是全球老龄化严重的国家之一，据数据统计截至2021年10月1日，65岁以上人口占总人口的28.9%，从1950年的不满5%到2021年的28.9%，预测2065年约2.6人中就有1位65岁以上的老年人，[①] 日本已经步入了超老龄化社会，其人口结构突出呈现出少子老龄化，人口老龄化程度日益加深。而德国已经仅次于日本，成为欧洲人口老龄化程度最高、全球老龄化第二的国家，德国人口老龄化仍将加剧，据报告预计，到2030年，德国80岁以上老人预计超过630万，较2012年增长47.2%。根据美国截至2021年最新人口普查结果显示，美国3.28亿人口中，

① 注：棒グラフと実線の高齢化率については、2020年までは総務省「国勢調査」（2015年及び2020年は不詳補完値による。）、2021年は総務省「人口推計」（令和3年10月1日現在（令和2年国勢調査を基準とする推計値））、2025年以降は国立社会保障・人口問題研究所「日本の将来推計人口（平成29年推計）」の出生中位・死亡中位仮定による推計結果。

16.5%即5400万人年龄超过65岁，预计到2030年，超过65岁的人口数量将增长至7400万。总体来看，全球人口老龄化日趋严峻，人口老龄化成为二十一世纪最重要的社会趋势之一，如何应对人口老龄化出现的新挑战，抓住新机遇，将实施积极应对人口老龄化作为国家发展战略，以及时应对人口老龄化所带来的问题成为各个国家都需要关注的话题。

（二）现实所求：将银龄资源转换为人口红利

在全球人口老龄化日益加剧，老年人口数量日益增长的社会发展背景下，人口老龄化给社会各领域带来了多样化的影响，包括金融市场、住房、交通和社会保障等商品和服务的需求，家庭结构和代际关系等，尤其是劳动力市场结构老龄化。人口老龄化带来劳动力的缩减，劳动力数量的持续下降可能会导致人口红利减弱，造成劳动力短缺，大量的劳动力退出就业市场成为需要供养的群体，对应的社会抚养比将提高，给社会经济发展带来一定的压力。劳动力供给格局的重塑，要求各国为促进社会经济发展探寻新的发展道路。

在老龄化社会中，老年人力资源不仅是老龄社会发展的重要基础，也是构建与发展和谐社会的一个不容忽视的因素。相较于年轻人而言，老年人在长时间的工作和学习之后有着更扎实的基础，大多具有知识、经验、技能的突出优势，不需要投入大量的时间和成本进行培训或学习，老年人力资源开发成本低，产出价值高，开发老年人力资源也可以延长老年人的工作寿命，以减轻社会养老压力。而就老年人自身而言，多数老年人愿意在退休之后继续工作，以日本为例，根据数据统计（如图1-1），日本高龄就业人数连续18年来呈现增长趋势，日本社会约有55.3%的老年人希望工作到65岁，21.9%的老年人希望工作到70岁。越来越多的老年人愿意通过退休后再就业的方式来继续实现自己的人生价值。而老年人才资源是老年人力资源的关键资源，作为老年人中的老年人才，则是蕴含着巨大潜力的宝库，老年人才退休前在自身岗位上长期积累起来的文化知识、专门理论、技术专长或学术造诣是年轻一代所不能媲美的，更与年轻一代形成良性互补。老年人才具有巨大的发展潜力，对构建和谐社会与经济发展有得天独厚的优势。老年人才参与社会发展也越来越受到各国的重视，为有效应对人口老龄化发展，各国都采取积极策略将老年人才的积极性、主动性和创造性调动和发挥起来，将老年人才宝贵的知识、才能和丰富的经验转化成巨大的精神和物质财富，进一步挖掘银龄红利，释放出老年人才的优势，以进一步优化人才结构的配置，优化劳动力结构，从而提高整体劳动力效率和质量。对于社会发展而言，需要加强银龄资源的开发，将银龄资源转换为新的人才红利，用夕阳力量创造朝阳成就。

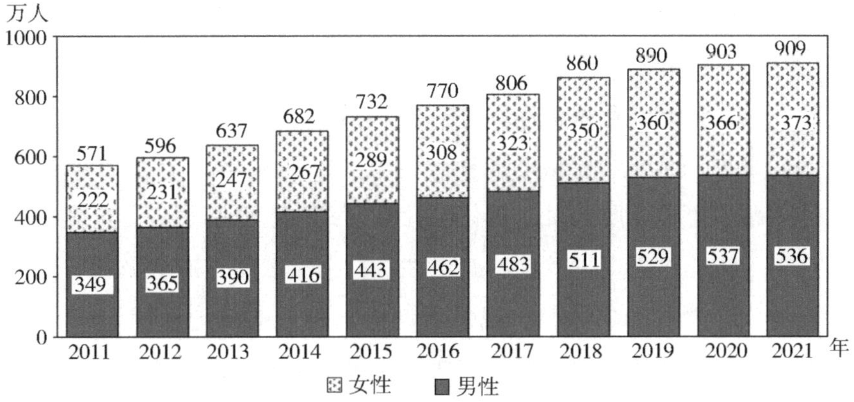

图 1-1　日本老年就业者人数的趋势（2011—2021）

资料出处：総務省．統計トピックスNo. 132　統計からみた我が国の高齢者—「敬老の日」にちなんてhttps：//www. stat. go. jp/data/topics/pdf/topics132. pdf

二、国外老年人才开发的经验审视

面对日益严重的人口老龄化问题，日本、德国、美国在积极应对人口老龄化上不断创新，从观念改变、组织机构、政策保障、退休政策、教育支持等方面展开了诸多开发老年人才资源的实践，对老年人才继续服务社会发挥了积极的作用。

（一）认识更新：推行积极老龄观

开发老年人才资源除了考量老年人才自身的身心状况及其自主意愿之外，采取积极老龄化的认识观念成为继续开发老年人才资源的首要条件。伴随着老龄社会与长寿时代的到来，各个国家的人口红利将不再以年轻型年龄结构为主导，老年人口的快速增长，使得老年人口的发展质量成为一个国家或地区新型人口红利的发展态势。然而，随着年龄增长，人体机能逐渐衰退，消极的年龄歧视态度在整个社会仍广泛存在，老年人被认为是社会的边缘性人群，被赋予消极的态度，这种基于年龄对个人或群体的刻板印象和歧视，直接造成老年人才资源的浪费。

自进入老龄化时代，“积极老龄化”逐渐成为国际社会的共识，同时也被各国视作老龄政策的基础，更成为有效开发老年人才资源的首要保障。如日本重视对老年人才的开发，对老年人推行积极的态度，其政府支持老年人“自主、自立、共同劳动、互相帮助”，愿意以财政支持为老年人增加福利，提高老年人的健康水平，鼓励和帮助老年人再就业。日本 2016 年版《厚生劳动白皮书》的主题“思考克服人口老龄化的社会模式”就强调了，无论多大年纪都能活跃在第一线的终生现役社会的必要性。社会对老年人持积极的态度，为老年人才开发、继续发挥余热、实现价值创造出良好的舆论环境。2004 年德国政府颁布了反对年龄歧视的法案，转变社会对老年人消极的传统认识，使全体国民认识到老龄化社会的种种问题，同时鼓励社会和企业不断开发老年人的潜能。而美国针对老年人力资源开发制定相关法律法规，较为完善的法律体系，使得老年人在社会活动中的地位也有了明显提升，直接改善了社会对老龄化的消极认识。推行积极老龄观，消除对老年人才的年龄偏见，从认识上认可老年人才的价值，对老年人才开发提供了思想基础。

（二）组织机构：专设老年人才服务机构

日本作为全球人口老龄化最为严重的国家，为了挖掘老年人才的红利，日本政府成立各种专门的机构和部门管理老年人相关问题。在社会保障体系、就业权力保障体系、教育权力保障体系上紧密配合，构建出完善的老年人力资源开发政策体系。各部门各司其职，为老年人及老年人才开发提供保障。

表 1-1 日本管理老年人相关问题的政府部门及其职责

部门	主要职责
厚生劳动省	主要负责老年人福利问题，老年人再就业相关政策制定和实施，相关就业辅导
社会局	主要负责老年人福利及老年人医疗、福利相关事项
年金局	主要负责老年人年金发放
保险局	主要负责老年人的医疗保险
文部科省	主要负责老年人教育

资料来源：笔者依据相关材料自行整理

在老年人才开发的组织机构中，除了政府组织之外，日本政府还大力发动社会力量积极参与到老年人才资源的开发中来，其中“银色人才中心”（Silver Human Resources Center，SHRC）是最具有代表性的机构。“银色人才中心”是为应对日本高龄老年人口数量的增长而设立的一个专门负责老年人才资源开发的社会组织，最初于二十世纪八十年代初在日本东京成立，后逐渐普及到日本各都、道、府、县，总数高达 600 多个，组织体系严格有序。“银色人才中心”旨在引导老年人再就业过程中助力老年人找到适合自己的工作岗位，进而提高老年人的生活质量。当中实行会员制，通常而言遵循年龄在 60 岁及以上且身体状况良好，并有继续工作意愿的老年人为申请入会原则。在银色人才组织中的老年人具有较强的社会参与意识，其日常工作人员多由所在地区的政府机关委派的公务人员担任。“银色人才中心”不以营利为目的，属于一个半官方半民间的公共性和公益性相结合的社会组织，财务亏额将由政府补贴。该“银色人才中心”是老年人力资源市场为企业和老年劳动者搭建的平台，是日本老年人力资源开发体系中重要的一环，为老年人才开发提供了重要支持。在日本，除了“银色人才中心”之外，还有“老年残障人士就业协会”（1971 年），“老年就业发展协会”（1978 年），“老年人和残障人士就业组织”（JEED）等社会组织，成为日本老年人才开发的重要组织机构，支持老年人才的再次开发和利用。

德国则于 1983 年为老年人才成立了专门的公益性组织——“退休专家服

务中心”（Senior Experten Service，SES），是德国国际经济合作协会所下设的基金会组织。该组织将退休老年人才组建为专家库，主要职责是组织德国退休专家在世界各地开展各种形式的发展合作，去帮助其他不发达的地区和部门。SES 专家库吸收了很多老专家学者，其中拥有超过 12 500 名来自各个行业领域的专家，为老年人才继续发挥社会作用贡献了力量。德国成立的“退休专家服务中心”为老年人才服务社会、参与社会提供了良好的平台，极大地提升了老年人才的使用性开发和组织性开发。而美国也设立了美国退休者协会（American Association of Retired Persons），为退休后的老年群体提供利益保障，同时开展老年社区服务就业计划（Senior Community Service Employment Program，SCSEP），给社区中“最需要帮助的人”提供服务，针对老年人开展一些培训，以老年人才优化人力资源市场。

（三）立法保障：老年人再就业立法

为了进一步促进老年人才开发，积极应对老龄化，各国纷纷出台相关的政策法规，一方面鼓励老年人才再就业，另一方面给予老年人才继续发挥所长以保障。日本、美国、德国都建立了较为完备的老年人权益保障法律体系。日本作为较早步入老龄化的国家，为推进老年人才资源开发，先后出台了一系列政策，尤其是鼓励老年人再就业的立法保障。日本将积极就业作为老年幸福生活的必然组成部分，倡导老年人主动参与社会活动，发挥自身专长，并按照自己的意愿积极再就业。先后出台了《老年人福利法》（1963 年）鼓励老年人发挥经验和特长，为老年人创造更多工作和社会参与的机会；《雇佣对策法》（1966 年）提出雇主在招聘时要尽量提供与年龄无关的平等机会；《老年人就业促进法》（1971 年）首次明确“以 60 岁为目标推进延长退休”；《雇佣保险法》（1974 年）为解决高龄就业提供保险支持；《高龄者社会对策基本法》（1995 年）构建起日本国民终身就业法律保障；《日本再兴战略》（2014 年）提出鼓励老年人积极参与社会活动，为老年人参与社会活动提供有利环境。政策法规的强制性为老年人才再就业、继续服务社会提供了有力支撑。

面对人口老龄化所带来的劳动力短缺问题，德国也出台了一系列直接促进老年人就业和反对老年人就业歧视的法律，1998 年直接在《就业促进法》中设置“任职能力意愿测试与短期训练措施”条款，要求针对全部登记在册的失业者进行职业培训，后续出台一系列相关政策法规来支持老年人再就业，如《工作活动法》(Job-Aqtiv-Law)(2002年)针对已失业人员的就业政策转向预防性政策，对于老年员工，引入促进老年员工职业培训的具体方案。德国为了进一步推进该方式，联邦政府成立了“劳动力市场现代服务”委员会(哈茨委员会)，推进劳动力市场综合改革政策，并提出了两个有助于改善老年员工劳动力市场的激励方案。美国老年人再就业率高既源于老年人参与的积极性，又源于美国社会对老年人再就业的高度认可。美国政府注重以法律来保障老年人的合法权益和就业保障，如制定的《美国老年人法》(1965年)致力于为老人提供全方位的服务，《民权法案》和《雇佣年龄歧视法案》致力于保护在招募、升迁和留职中遭遇各种形式歧视的个人，尤其是老年人。

(四)政策支撑：施行灵活多样的退休政策

日本着重推行延迟退休年龄政策，在最新修订实施的《老年人雇用安定法》中，为确保劳动者可工作至65岁和多元化的就业机会，指出雇主企业必须对老年者施行“延长退休年龄”“延长雇用”“废止退休制度”三择一措施。此外，日本政府于2008年推动《延后退休年龄奖励办法》，主要用于包括中小企业退休年龄延后、70岁及以上退休年龄延后制度模范企业、中小企业年长者雇用在内颁布奖励金，以政策保障老年人再就业有法可依，有章可循。

德国作为世界上最早以立法形式推出老年社会保障计划的国家，对老年人才资源的开发上也给予政策支持，制定老年人再就业的相关政策法规。德国政府一方面改革退休制度，限制提前退休或鼓励延迟退休。德国于1992年起实行弹性退休制度，于1996年颁布了《部分退休法》(Altersteilzeitgesetz，ATG)，在于缓和从工作到退休的过渡，将原本是规定退休年龄统一提高至65岁，为了让民众更好地接受延迟退休的安排，在退休方案中设置了缓冲期和其他相关举措，以部分退休代替全部提前退休，是属于渐进式退休的方式。而在美国，除了消防、警察、军人等特殊职业外，美国对于退休人员的年龄并不设限只要身体允许就可以继续参与工作，属于典型的弹性退休制度，《禁止歧视老人法》(1975年)取消了强制退休的法律条文。

（五）教育支持：为老有所为提供培训服务

除了通过上述措施来对老年人才资源加以开发之外，日本、德国、美国重视老年教育的作用，同时为老年人才继续服务社会提供相关培训活动。日本的政府、企业、社会组织、大学和研究机构都在开展老年教育、积极研究和探讨老龄化的社会问题。东京大学就专门设立了“高龄社会研究机构”，专门研究探讨解决老龄化社会问题。日本还通过开设高龄者教室，为65岁及以上的老年人开展能够提高老年人社会参与能力的，与兴趣、素养、体育、健康等相关的适合老年人的学习活动，也致力于为老年人提供与年轻人交流的各种项目，老年教室也已成为“促进老年人生活价值的综合性活动”的核心设施。开设聚焦老年人的志愿者活动、文化传承和代际交流活动的老年人俱乐部。此外，还开设放送大学、老年大学（长寿学园）、公开讲座等为老年群体提供教育培训，提升老年人继续服务社会、参与社会的意识，为积极开发老年人才资源提供平台。

德国也主要通过开展各种职业培训计划来提高老年劳动者参与劳动的技能和意愿。如为劳动者提供中期和长期的培训计划，帮助劳动者获得劳动所必需的技能和证书。美国老年人就业市场的繁荣除了离不开其发达的法律保障体系，还有较为完善的老年教育体系。在1976年美国就制定了世界上第一个《终身教育法》，为老年教育给予法律保障。美国的老年教育机构多元化，老年人可以前往高等院校、社区老年大学进行相关知识的学习。其发达的社区老年大学教育属于非营利机构，为老年人提供多样化的教育服务，为老年人继续参与社会活动，继续服务社会创造了良好的社会氛围，同时通过教育为老年人提供所需的技能培训、知识提升，助力老年人力资源的开发和利用。

三、国际老年人才开发经验对我国老年人才开发的启示

（一）观念先行，营造积极老龄观的社会氛围

个体老化从生物学的角度来看，是随年龄增长而出现的人体机能退化，包含个体生理和心理的必然衰退，是一种不可逆转的自然规律。受中国传统文化“尊老爱幼”社会认知的影响，人们通常认为老年人在生理和社会能力等方面

都处于弱势的一方，老年人被认为是需要被社会保护的群体。这种传统的年龄歧视严重阻碍了老年人才自我开发和社会对老年人才的使用性和组织性的开发。社会所存在的老年人群的偏见和一定程度的年龄歧视，使得老年人才资源开发受到严重的阻碍。借鉴国际老年人才开发的经验，日本、德国、美国在开发老年人才资源时，注重削减年龄歧视观念，鼓励老年人才继续发挥作用，为老年人才继续服务社会营造了良好的社会氛围。鉴于此，在我国开发利用老年人才资源上，需进一步改变传统的老龄观念。在老年人才开发上，首先需要摆脱传统的老年歧视，以积极老龄观对待老年人才年龄、生理老化的样态。一方面，在政府层面给予老年人政策支持，颁布既不失中国“尊老敬老”优良传统，又不过于“保护”老年人的反年龄歧视政策；另一方面，在社会层面巧用宣传力量，引导全社会既要看到人口老龄化所产生的负面影响，对人口老龄化趋势加以重视，也要看到老龄化的积极影响，宣传老年人才继续服务社会的榜样力量，为“老年人”概念进行重新定义，在全社会营造“老有所为”的社会风气，引导全社会正确认识老年人的社会价值，提倡积极健康的老龄观，为老年人才资源的开发营造出良好的社会氛围，减少因偏见而造成对老年人才开发的阻碍。

（二）立法保障，纳入法治化轨道

在开发利用老年人才资源时，亟须具有强有力的外部支撑。日本、德国、美国等老龄化程度较高的国家，其在开发老年人才资源上，通过立法将开发老年人才资源的规划纳入国家法治化轨道，使老年人才资源开发工作有法可依。相较于国外对老年人才开发较为完善的老年人再就业的法律保障，目前，我国对于老年人才再就业尚未出现具体的法律法规，现存的老年人才退休后再就业主要是通过与用人单位签订劳务合同或聘用合同，可能造成老年人才在继续就业中作为劳动者的诸多权益难以得到保障，老年人在退休后的再就业中处于不平等地位，在劳务关系中会缺乏具体的劳动安全保障，使得老年人才在继续服务社会中有所顾忌，其合法权益难以得到充分的保障，严重阻碍了老年人才继续发挥其所长，不利于激发老年人才的潜能。在进一步开发老年人才资源中，需要推进老年人再就业的立法工作。可以借鉴日本、德国、美国等一些国家的做法，为老年人制定专门的就业促进法，让老年人才再就业纳入法治化轨道，以法律推进老年人才再就业；为企业支持聘用老年人才制定法律支持，给予适当的政策优惠奖励。更为重要的是为老年人才再就业出台相应的配套措施，比如就老年人才再就业中的劳务合同中必须明确其所承担的工作内容、报酬、医疗、劳动待遇等条款，同时为老年人才提供劳动纠纷的法律援助，确保公平与效率，以保障老年人才合法的劳动权益。

（三）政策引领，推行弹性退休制度

伴随着生活水平和医疗水平的提高，我国人口平均寿命不断延长，低龄老年人再就业和继续服务社会成为可能。而当前我国现行法定退休年龄规定男性为 60 岁，女性为 50—55 岁，这种“一刀切”的政策仅是以生理年龄为界限，缺乏灵活性，极易造成人才资源的浪费。当前对于老年人退休年龄不能采取“一刀切”的方式，尤其是在考量老年人才的退休上，灵活区分老年人才和一般职员的状况，应在尊重老年人才自身的健康状况，充分考虑老年人才所在的企业、单位和家庭情况下，推行灵活的退休制度。借鉴国际成功经验，结合我国人口结构与养老制度发展的特征和趋势，在开发老年人才资源方面，需要进一步加强政策指引，推行延迟退休、灵活退休等弹性退休制度和退休人员返聘政策，特别要探索、健全针对具有特殊技能的老专家、学者的聘用制度，为仍有余力且自愿参与就业或创业的老年人才提供政策上的支持。

（四）平台服务，构建老年人才服务组织

随着人口老龄化程度加深，银发资源成为国家社会经济等各方面发展的重要组成部分。当前，为积极应对人口老龄化所带来的负面影响，老年人才的开发更应纳入国家发展全局性的考量中，要切实把老年人才开发置于国民经济和社会发展规划中，以有组织、有计划地对老年人才进行合理的规划和利用，以最大限度地实现人尽其才，才尽其用。当前，我国针对老年人才开发的组织、平台数量还尚少，借鉴国际经验，我国在针对老年人才资源开发中，应构建为老年人才服务的平台，将老年人才汇聚于一起，如日本的“银色人才中心”、德国的“退休专家服务中心”，我国也可以成立一个相应的“老年人才服务中心”，以此为中心建立起国家老年人才专家库，为老年人才发挥作用提供平台支撑，同时以平台或组织共同维护老年人才的相关权益。此外，还可以建立起老年人才市场，通过政府引导支持、市场主导配置，坚持社会需求与老年人才个人自愿量力原则，将老年人才与社会各领域所需对接，为老年人才继续发挥作用提供需求方，为企业、单位所需提供精准老年人才供给，促进老年人才的供给与需求得以匹配，极大地助力老年人才实现自我价值。

（五）教育支持，更新老年人才技能

当今社会除了老龄化程度加深，还伴随着科学技术的迅猛发展，在进一步开发老年人才资源中，为使老年人才及时跟上时代所带来的技术变革的步伐，需要更加重视老年教育的作用。老年人才需要通过不断加强自我学习，不断更新自己的知识、观念，才能应对快速适应的社会发展。而实现老年人才的自我完善，需要依托老年教育，通过开展老年教育，让老年人通过相应的学习和培训，为老年人才提供更多的智力支持、技术支持，有助于直接开发和利用老年人才所蕴藏的各种潜力。借鉴国际经验，如美国出台《终身教育法》，保障老年人学习和接受教育的合法权益，我国在开发利用老年人才资源时，也需进一步加强老年人才的教育。其一，进一步加快终身教育和老年教育的立法，以立法推进老年教育更加正规化和规范化，同时保障老年人受教育的合法权益。其二，增设学科类老年教育课程内容，当前的老年教育课程仍以休闲娱乐为主体，老年教育的未来发展需要增设更多学科类的知识，以及时更新老年人的知识体系。同时也需要加强老年人技能提升的培训，通过老年教育的实施以提升老年人的能力，为老年人才继续服务社会提供保障。其三，要鼓励和扶持各种机构和组织参与老年教育培训，以方便老年教育培训的广泛普及。

总之，在我国实施积极应对人口老龄化国家战略背景下，在原有老年人才开发取得令人瞩目成就的基础上，需要进一步加大老年人才资源开发的力度，为老年人才资源开发进一步给予相关的立法支持、政策引领、平台服务、教育保障等，让老年人才继续参与社会、服务社会，为实现“老有所为”提供良好的社会环境。

参考文献：

［1］World Health Organization. Active ageing: A policy framework

[EB/OL]. http://www. who. int/ageing/publications/active_ageing/en/.

[2] 国家统计局. 第七次全国人口普查公报（第五号）[EB/OL].（2021-05-11）[2023-09-12]. http://www. stats. gov. cn/tjsj/tjgb/rkpcgb/qgrkpcgb/202106/t20210628_1818824. html.

[3] 世界卫生组织. 老龄化概述[EB/OL]. [2023-09-12]. https://www. who. int/zh/health-topics/ageing#tab=tab_1.

[4] 郭洋. 德国人口老龄化加剧 [N]. 北海晚报，2015-07-10（07）.

[5] 新华社. 美国人口老龄化“压力山大”[EB/OL]. http://www. xinhuanet. com/world/2021-07/14/c_1211239563. htm.

[6] 総務省. 統計トピックスNo. 132 統計からみた我が国の高齢者—「敬老の日」にちなんで[EB/OL]. https://www. stat. go. jp/data/topics/pdf/topics132. pdf.

[7] 杨慧. 日本政府出招鼓励老年人继续就业[EB/OL].（2019-10-31）[2023-09-12]. 人民网，http://japan. people. com. cn/n1/2019/1031/c35421-31429788. html.

[8] 姚天冲，郭一鸣. 刍议美、日老年人认定标准 [J]. 劳动保障世界，2017（15）：22-23.

[9] Roberts, G. S. “Between Policy and Practice: Japan's Silver Human Resource Centers as Viewed from the Inside.” Journal of Aging & Social Policy 8, no. 2-3(1996): 115.

[10] 华晓晨. 日本老年人才开发机构：银色人才中心 [J]. 中国人才，1994（12）：39-40.

[11] Senior Experten Service. ESE 介绍[EB/OL]. https://www. ses-bonn. de/cn/%e5%85%b3%e4%ba%8e%e6%88%91%e4%bb%ac.

[12] 美国退休人员协会网. AAPR[EB/OL]. https://www. aarp. org/about-aarp.

[13] hyllis Cummins, PhD, Bob Harootyan, MS, MA, Suzanne Kunkel, PhD, Workforce Development in the United States: Facilitating Opportunities

to Work at Older Ages, Public Policy & Aging Report, Volume 25, Issue 4, Fall 2015, Pages 150-154.

[14] 傅蕾，吴思孝. 日本老年人力资源开发的经验及启示 [J]. 中国劳动关系学院学报，2022，36 (02)：85-94.

[15] 菲利浦·泰勒. 趋向老龄化的劳动力：期待与愿景 [M]. 于戈，秦龙，译. 北京：社会科学文献出版社，2010.

[16] 宋林君，杨威. 人口老龄化背景下美德老年人力资源开发经验及启示 [J]. 经济研究导刊，2022 (22)：120-122.

二、政策建议

推进老年人才开发和充分发挥作用的政策建议

“老年人才学和老年人才开发研究”团队*

叶忠海教授团队研究课题的研究成果《推进老年人才开发和充分发挥作用的政策建议》，在对国内外老年人才开发和利用调查研究的基础上，分析了我国当前老年人才开发和利用存在的问题，提出了一些相关政策建议。

《国家中长期人才发展规划纲要（2010—2020）》指出：“人才是具有一定的专业知识或专门技能，进行创造性劳动并对社会做出贡献的人，是人力资源中能力和素质较高的劳动者。人才是我国经济社会发展的第一资源。”老年人才是指年龄达到老年界限的人才群体。老年人才开发，通常又被称为第二次人才资源开发，就是把老年人才的知识、智慧、经验、才能、技能开掘出来，创造更多的价值，继续为社会经济发展做贡献。在老年人才开发和充分发挥作用中，政府是首要主体，人才法规政策起着决定性作用。

人口老龄化已经成为我国必须面对和重视的一个重大问题，开发老年人才，充分发挥老年人才作用，不失为解决老年人口老龄化问题的一项重要对策。

一、实施老年人才开发和充分发挥作用是当前一项重大而紧迫的任务

（一）实施人才强国战略的客观需要

老年人才，其中特别是高端老年人才在实现中国式现代化中具有不可替代的价值。他们丰富的智慧和经验、厚实的学术造诣和独特的专业知识、技能，

* 作者系“老年人才学和老年人才开发研究”团队。

在科技创造创新中，起着把握定向和定位的引领作用。因此，我国实施人才强国战略，必须有效盘活老年人才存量，合理开发和利用好老年人才资源，以缓解当前人才结构的矛盾。

（二）构建和谐社会的迫切需要

构建社会主义和谐社会是党和国家提出的重大治国方略。社会主义和谐社会的构建，不仅要关爱老年人，而且要发挥老年人才在促进社会和谐的作用。在社区治理、社会服务、文明建设、家庭教育、关爱下一代过程中，老年人才的智慧和经验、长者风范、高尚品质，对增强家庭凝聚力和社会稳定性，起着不可替代的积极作用。

（三）挖掘老年人才银发红利的现实需要

随着老龄化进程的加速发展，我国的人口结构发生改变，随之人力资源供需关系也发生了深层次变化，使得过去以低劳动力成本获得投资以刺激经济的模式难以为继。我国的“人口红利”正在收缩，正在向“人才红利”转变。据此，具有知识、经验和技能优势的老年人才越来越成为国家发展的宝贵财富，而且是一种可较快或直接进入劳动创造的现实人才资源，成本低，见效快，可以以较小的投入获得较大的开发收益。为此，我们可充分利用好这一“银发红利”，鼓励吸纳低龄老年人才再进入劳动力市场。

（四）践行积极老龄化理念的必然要求

积极老龄观理念是实施积极应对人口老龄化国家战略的指导思想。积极老龄观不局限于传统的“健康老龄化”理念，它包括“健康、参与、保障”，其中“参与”是指参与社会发展的各种活动。因此，要实现积极老龄观，必须大力鼓励老年人才特别是低龄老年人才参与到社会发展的各项活动之中。

老年人才开发和发挥作用是必要的，也是可实现的。本课题组对上海地区的 1367 份问卷调查统计结果显示：占调查总数近 60％的老年人才通过延聘、返聘、外聘、创业等多种途径仍在继续工作；主要动力前三位是兴趣爱好（60.79％）、丰富人生（55.82％）、社会奉献（44.83％）；70 岁以下低龄老年人才中健康状况好和较好的占调查总人数的 62.90％，处于一般的占 34.90％，可见多数低龄老年人才具有继续从事工作的意愿和身体健康条件。

二、当前制约老年人才开发和充分发挥作用的瓶颈因素

党和国家一贯高度重视人才工作和老龄事业发展。特别是近些年来，我国为了进一步加大开发老年人才的力度和深度，发挥老年人才作用，先后颁布和实施了一系列政策和法律，并采取了多项措施，取得了一系列成就。在看到成绩的同时，也必须看到尚存在着制约老年人才开发和充分发挥作用的瓶颈因素，需要加以全面梳理。

（一）缺乏弹性的退休政策

我国现行法定退休年龄，男性是60岁，女性是50—55岁，这种“一刀切”的政策仅是以生理年龄为界限，并没有严格区分高层次人才与一般职工的界限，退休制度缺乏弹性，造成对人才资源的极大浪费。1983年出台的《国务院关于高级专家离休退休若干问题的暂行规定》虽然规定：对一般专家离退休年龄还是按照国家标准执行；对其中少数高级专家，确因工作需要，征得本人同意，经相关部门批准，其离退休年龄可适当延长。在这里，只是规定“少数”，而且所谓“确因工作需要”可适当延长的规定，在实际操作中不少是出于人力成本考虑或由领导的情感好恶决定。

（二）缺乏老年人才再就业的劳动法保护

《中华人民共和国劳动合同法实施条例》第二十一条规定：劳动者到法定退休年龄的劳动合同终止。根据这个规定，退休再就业老年人才不再具有建立劳动关系的主体资格，与用人单位的关系通常被认定为劳务关系而非劳动合同关系，从而不再享受劳动法规定的待遇及保护。这导致了对于再就业老年人才的聘用制度、薪酬福利、社会保险等问题缺乏明确的规范和标准，增加了老年人才再就业和被聘用的不确定性和风险。

（三）缺乏必要的激励机制

目前相关政策对老年人才的正向激励不足。老年人才参与社会经济建设往往不能按市场经济的规则领取合理报偿；对那些在参与社会发展中有突出贡献的老年人才缺乏相应的激励与奖励措施，尚未建立老年人才专项奖制度；老年人才科研项目申报受到一定限制，老年人才职称晋升机会被剥夺。

（四）缺乏再就业和社会参与平台

老年人才通常被排斥在就业服务体系之外，老年人才再就业市场渠道不通畅。当前尚无专门的老年人才再就业平台，没有完整的老年人才信息库，更没有专门的老年人才招聘会，致使很多渴望继续工作的老年人才找不到用人单位，而只能通过关系自寻门路。

（五）缺乏对老年人才智能更新的机会

老年人才往往在专业培训、研修方面缺乏应有的机会。老年教育课程往往主要围绕“老有所乐”主题开展，缺乏“老有所为”的技能和就业导向的培训课程，更缺乏专业性的前沿课程开发。技能培训补贴对象只局限于中青年，不包括再就业老年人才。高等院校、职业院校和行业组织对老年教育的参与或支持力度不足，导致老年人才无法充分享受到高质量的教育资源。

（六）缺乏对老年人才开发的中长期规划

目前，无论国家还是地区中长期人才发展规划，均无对老年人才开发做出整体性规划。《国家中长期人才发展规划纲要 2010—2020 年》中没有专门针对老年人才发展的内容。老年人才开发工作尚未形成整体规划。不仅如此，作为制定老年人才发展规划的基础工作——老年人才基本统计工作仍未开展。

（七）缺乏统一的组织领导

目前我国对老龄工作职能分散在人社部门、民政部门、文化部门、教育部门、组织部门、老龄办等多个部门，这些部门工作自成体系、各有侧重点，很难形成工作合力，且工作重点又放在老年人社会保障、生活服务、健康医疗等方面，少有对老年人才开发和发挥作用的职能，缺乏统筹协调管理老年人才工作的权威机构。

三、推进老年人才开发和充分发挥作用的政策建议

（一）制定“中长期老年人才发展规划”

要把老年人才发展列入国家人才队伍建设的整体规划中，抓住窗口期，制定 2023—2035 年的“中长期老年人才发展规划”，明确老年人才发展的战略目标、任务和重点对象、重大政策，形成国家老年人才发展的行动纲领。其中，

将低龄老年人才（60—70岁老年人）和高端老年人才列为开发和发挥作用的重点对象，充分发挥他们的支撑和引领作用。

（二）重修劳动法典

应重修《中华人民共和国劳动法》《中华人民共和国劳动合同法》及《中华人民共和国劳动合同法实施条例》。从法律层面上重新规范劳动者、劳动关系等基本概念，将适用范围扩大到超龄劳动者。对退休再就业老年人才聘用采用劳动合同制，保障老年人才的劳动权益，使老年人才再就业规范化、制度化。

（三）实行柔性退休政策

柔性退休政策即退休制度弹性化。对于高层次老年专业技术人才的退休年龄和工作时间给予年龄跨度，由老年人才开发主体即工作单位与人才个人共同商定。

（四）实施“抢救老年人才财富工程”

高端高龄老年人才是国家极为宝贵的财富。这种财富面临随时湮没的境地，因此政府应启动实施“抢救老年人才财富工程”。邀请高端老年人才担任学术顾问或首席专家，引领重大项目科研攻关；组建老中青结合科研创新团队，发挥老年人才“传帮带”作用；安排专门资金，资助老年人才著书立说，或编写文集。

（五）制定特殊的激励政策

建立鼓励老年人才创新、创造的激励机制，设立老年人才特殊贡献专项奖；放宽老年人才申报课题的年龄限制要求；允许做出新贡献的退休老年人才申请晋升职称资格，以鼓励老年人才不断进步和发展。

（六）创建各类老年人才“老有所为”的渠道和平台

建立老年人才市场和老年人才创业园，拓宽再就业渠道；编制老年人才再就业指导性岗位目录，以避免与年轻人就业冲突；建立老年人才统计制度。建设老年人才信息库和信息网络，实现老年人才资源的共享。

（七）提供适切的智能更新的途径

在构建老年教育体系化基础上，发展高端老年教育。老年大学应强化再就业的职业技能培训和专业发展培训；发展各高等院校的老年教育，为老年人才发展开设专业前沿课程。为老年人才提供学术研讨、国外交流的机会。

（八）建立协同推进的领导体制和工作机制

根据党管人才的原则，建立党委领导、组织部门牵头，相关部门配合，社会参与的领导体制和工作机制，从组织上加以根本保障。

三、调查报告

上海市老年人才开发调查报告

执笔人　庄　文*

为贯彻落实中央关于发挥老年人作用的指示精神，全面、客观了解上海地区老年人才开发的实际情况，评估总结上海地区老年人才开发工作取得的成绩、经验及存在的问题，了解老年人才开发的意见和建议，全面分析老年人才开发的需求动态，为上海市老年人才开发工作奠定基础，华东师范大学老年人才开发课题组在前期调研的基础上设计电子问卷，对上海市老年人才开发状况进行了调查。调查问卷回收 1409 份，其中有效问卷 1367 份，问卷有效率为 97.02%。

一、调查基本情况分析

（一）性别比例略有不均衡

此次调查在调查对象性别构成方面女性略多于男性。其中，男性 565 人，约占调查总样本的 41.33%；女性 802 人，约占调查总样本的 58.67%。

---

* 执笔人系上海开放大学讲师、硕士。

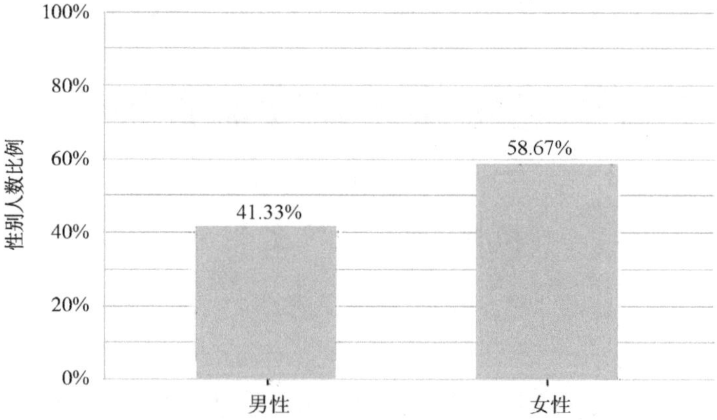

图 3-1　性别比例

（二）年龄结构基本集中在 60—79 岁

本次调查问卷共 1367 人参与，平均年龄为 69 岁，最小年龄为 50 岁，最大年龄为 97 岁。参与调查的调查对象年龄段主要集中在 60—79 岁，其中 60—69 岁 576 人，约占 42.14%；70—79 岁 502 人，约占 36.72%。50—59 岁和 80 岁及以上年龄段参与本次调查的人数较少，分别约占 11.41%（156 人）和 9.73%（133 人）。

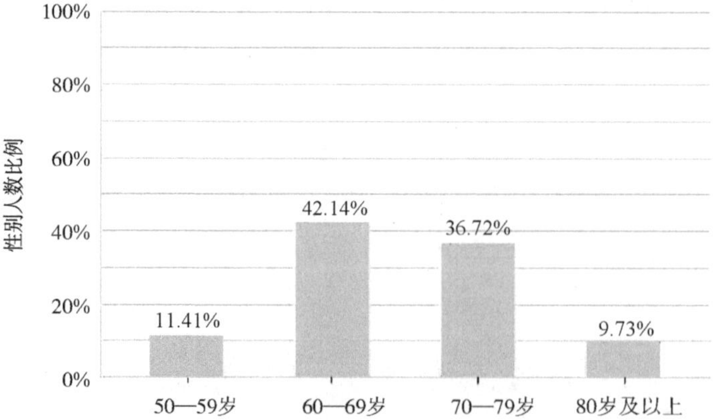

图 3-2　年龄结构

（三）学历层次较高

本次调查对象的学历层次呈现出较高学历特征。大专/本科及以上学历比例高达 80.10%，其中大专/本科学历 993 人，约占 72.64%，硕士及以上学历 102 人，占 7.46%。技校/中专/高中学历 233 人，约占 17.04%，初中学历 36 人，约占 2.63%，小学及以下学历人员 3 人，约占 0.22%。

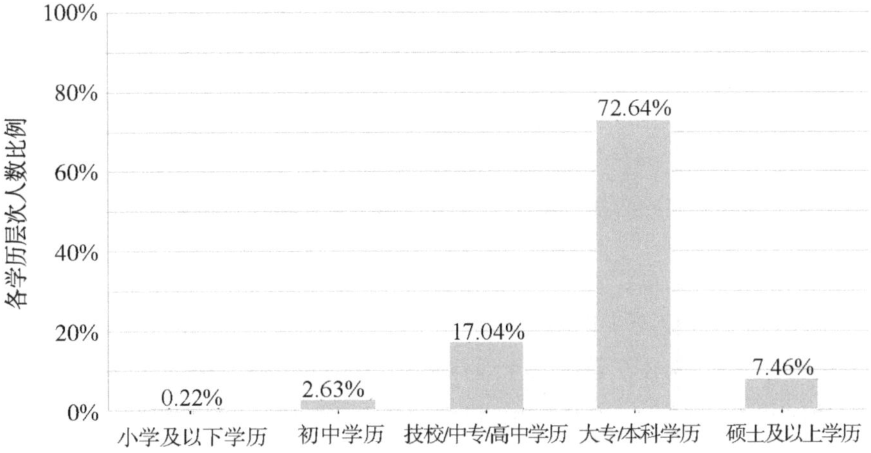

图 3-3 学历结构

（四）整体健康状况较好

从调查数据看，身体水平处于好、较好状态的人员有 754 人，约占调查总体的 55.15%，其中身体状况好的有 217 人，约占 15.87%，身体状况较好的有 537 人，约占 39.28%。身体状况处于一般水平的有 552 人，约占 40.38%，仅约 4.47%的人表示身体水平较差或差。

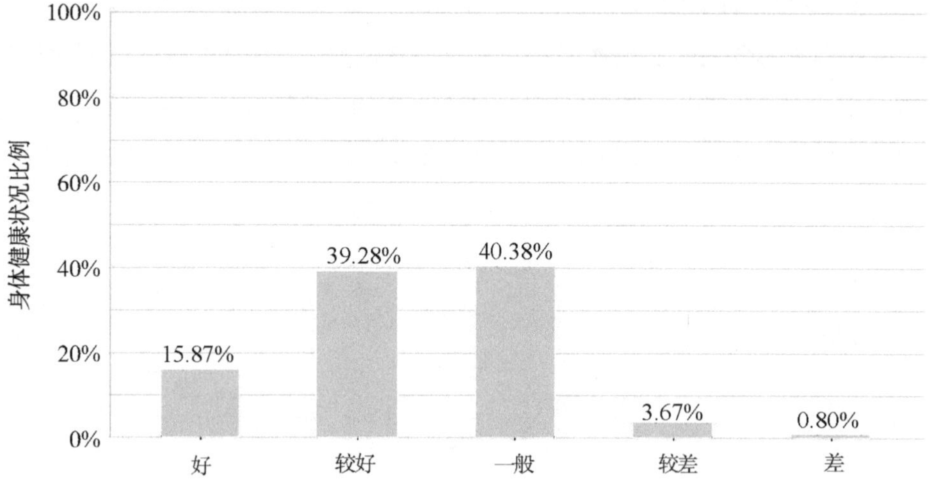

图 3-4 身体状况水平

（五）老年人才继续工作比例较高

根据调查数据显示，老年人才退休后继续工作比例较高，但整体开发利用率仍有待提高。据统计，退休后被延聘、返聘、外聘和自主创业的人共有 811 人，约占调查总体的 59.33%。其中，被原工作单位延聘或返聘 452 人，约占调查总体的 33.07%，其中延聘 154 人，约占 11.27%，返聘 298 人，约占 21.80%；313 人受聘于非原工作单位，约占 22.90%；3.37%的退休人员自主创业。其他选项有 556 人，约占 40.67%。

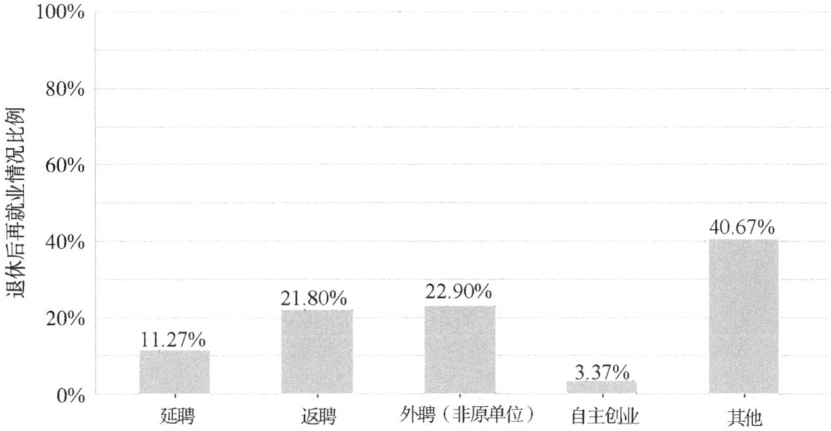

图 3-5　退休年龄后再就业情况

二、总体分析

（一）退休前原工作情况

事业单位是此次调查的主要群体，其次为企业和党政机关。本次参与调查的人员中，退休前来自事业单位的有 655 人，约占调查总体的 47.92%；来自企业的有 369 人，约占 26.99%；来自党政机关的有 303 人，约占调查总体的 22.17%；其他共 40 人，约占 2.92%。

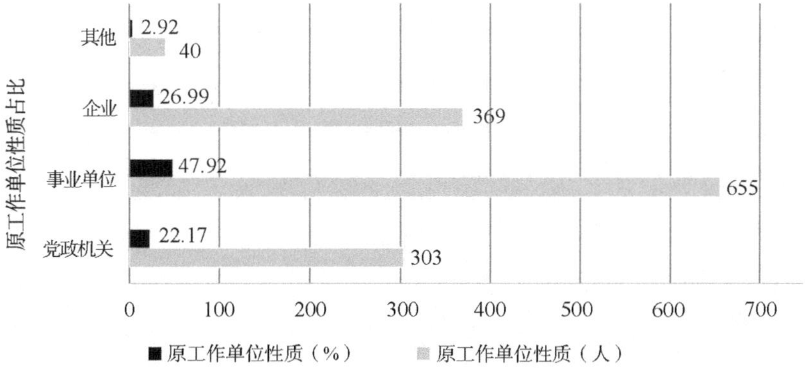

图 3-6　原工作单位性质

调查对象原单位从事岗位主要为管理岗。本次调查对象涉及管理岗、科研岗、技术岗、生产岗等岗位，以管理岗最多，有 765 人，约占调查总体的 55.96%。科学技术岗 241 人，约占 17.63%（包括科研岗 108 人，技术岗 133 人，分别约占 7.90%和 9.73%）；教学岗 203 人，约占 14.85%，生产岗有 53 人，约占 3.88%；其他岗位 105 人，约占 7.68%。

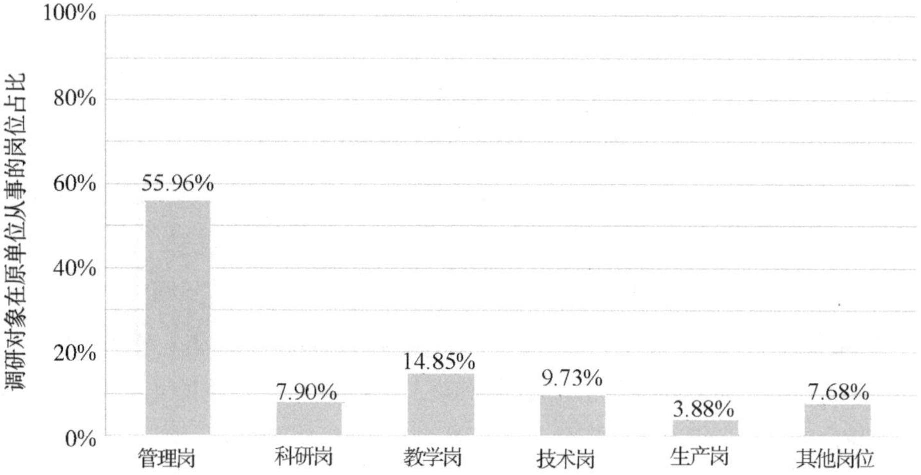

图 3-7 在原单位从事的岗位

经管类专业和理工农医类是原单位从事的主要专业。此次参与调查的退休人员中，在原单位退休前从事经管类的有 600 人，约占 43.89%；从事理工农医类专业的有 388 人，约占 28.38%。教育类专业有 177 人，约占 12.95%；文史哲法学类专业有 127 人，约占 9.29%；军事类专业有 46 人，约占 3.37%；从事艺术类专业的有 29 人，约占 2.12%。

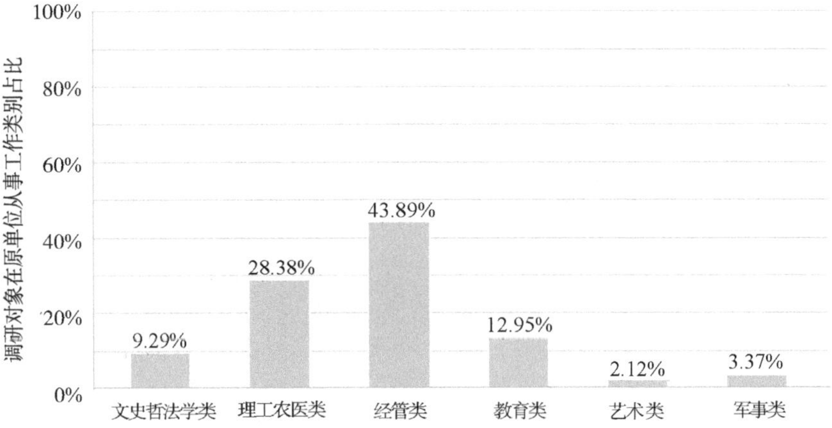

图 3-8　在原单位从事的专业

原单位行政职务处级及以下职务为本次主要调查对象，处级、科级、其他比例略显均衡，厅局级、省部级参与调查人数较少。参与调查的科级和处级退休人员基本持平，科级 424 人，约占 31.02%；处级 411 人，约占 30.07%；其他职级人数 483 人，约占 35.33%；厅局级 48 人，约占 3.51%；省部级 1 人，约占 0.07%。

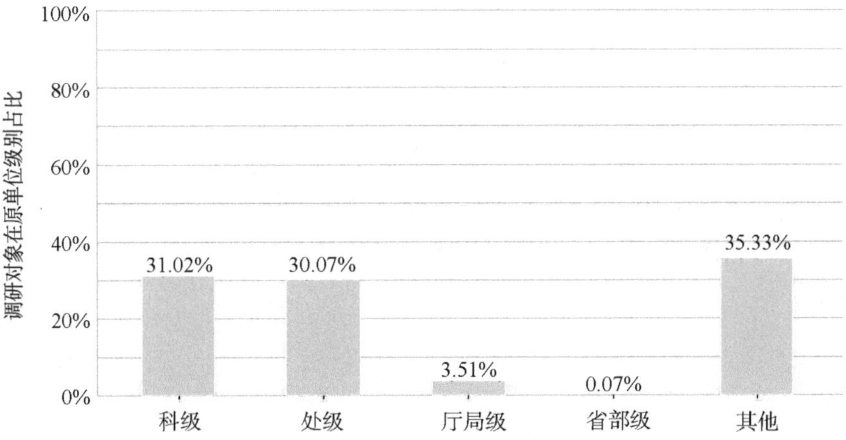

图 3-9　在原单位的职务

高级专业技术职称比例最高。参与本次调查的人员中，具有高级专业技术职称者共 534 人，占调查总体的 39.06%，其中副高级职称 375 人，约占 27.43%；正高级职称 159 人，占 11.63%。中级职称 511 人，约占 37.38%。初级职称 135 人，约占 9.88%。其他类别约占 13.68%，其中还不乏不评职称的工作性质。

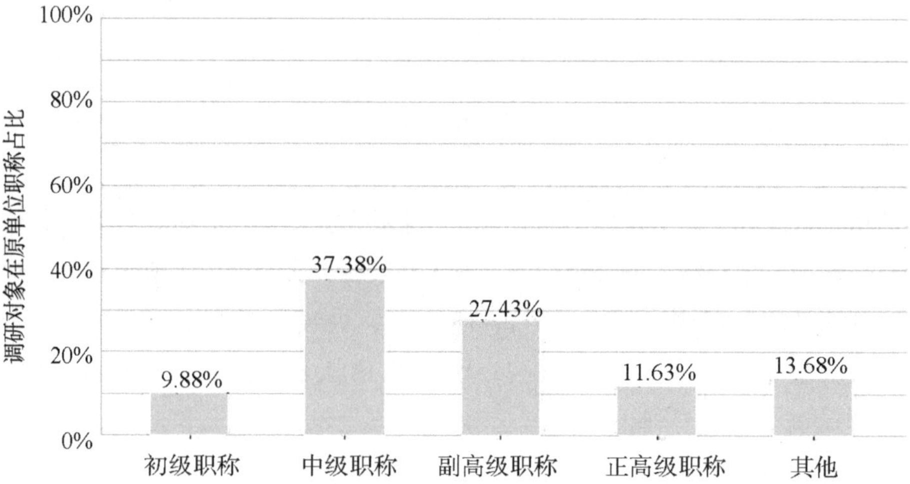

图 3-10 在原单位的职称

老年人才退休后从事专业相关工作比例较高。根据调查数据显示，从事专业相关工作的人数为 998 人，占调查总体的 73.06%。其中，退休后从事经管类有 348 人，占 34.87%；理工农医类 201 人，占 20.14%；教育类 178 人，占 17.84%；艺术类 139 人，占 13.93%；文史哲法学类 112 人，占 11.22%；军事类 20 人，占 2.00%。

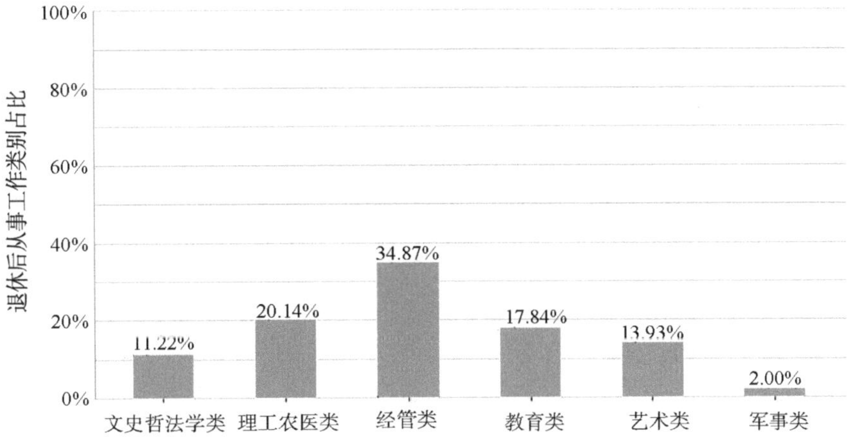

图 3-11　退休后从事的专业

（二）退休后社会参与情况

据调查数据显示，此次调查有效问卷的 1367 人中，退休后仍然从事社会工作的 545 人，占调查总体的 39.87％。822 人退休后没有参与社会工作，占 60.13％。

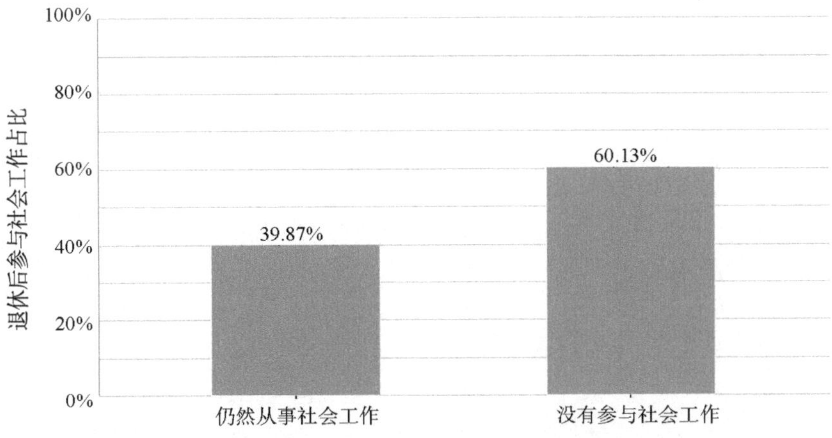

图 3-12　退休后从事社会工作情况

社会公益是老年人才参与比例最高的社会工作，明显高于其他工作类型。调查数据显示，老年人才退休后广泛参与到社会公益、行政管理、专业技术、科学研究、社会组织、教育教学、决策咨询等各项社会工作中，其中从事过社会公益的占比最高，共 249 人，达到从事社会工作总人数的 45.69%。其次为教育教学类和社会组织类，教育教学类有 114 人，约占 20.92%；社会组织类有 107 人，约占 19.63%；科学及技术类 98 人，约占 17.98%（包括科学研究类和专业技术类）；从事社区治理约占 15.96%；从事行政管理类约占 14.31%；其他类约占 15.60%。

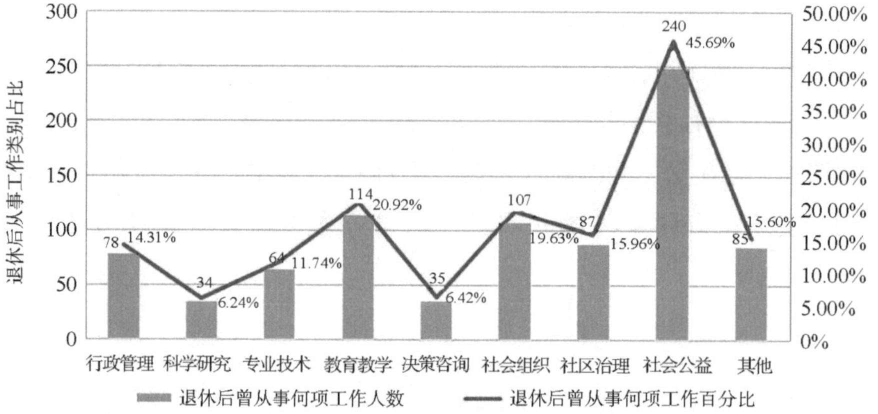

图 3-13 退休后从事过社会工作类型

（三）退休后写作情况

老年人才退休后继续写作比例较低。调查结果显示，参与本次调查的调查对象退休后，仍有 204 人保持写作的状态，约占调查总体的 14.92%，85.08%的调查对象退休后没有写作经历。

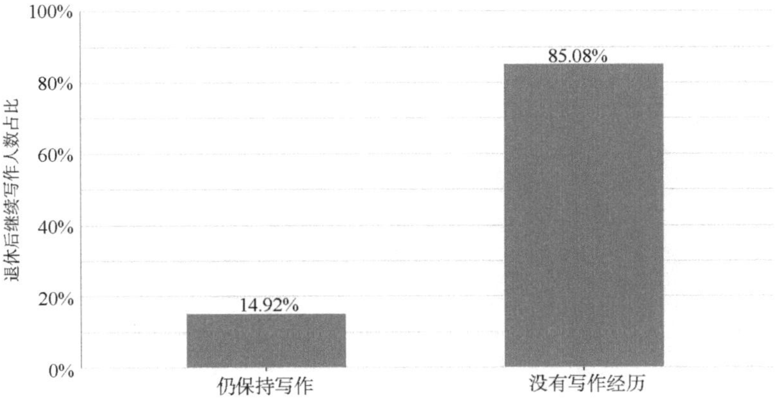

图 3-14　退休后写作情况

退休后保持写作的调查对象年龄集中在 70—79 岁。调查数据显示，本次调查对象中，退休后写作最大年龄 99 岁，70—79 岁有 97 人，约占写作人数的 47.78%；60—69 岁有 70 人，约占写作人数的 34.48%；80 岁及以上有 26 人，约占写作人数的 12.81%；55—59 岁有 10 人，约占写作人数的 4.93%。

表 3-1　退休后写作的最大年龄

年龄段	人数（人）	占写作人数的比例（%）
50—59 岁	10	4.93
60—69 岁	70	34.48
70—79 岁	97	47.78
80 岁及以上	26	12.81

退休后保持写作的类型以学术性写作比例高，有 158 人，约占写作人数的 77.83%。其中，论文、著作、研究报告比例相对较高，分别为论文 67 人，约占 33.00%；著作 53 人，约占 26.11%；研究报告 38 人，约占 18.72%。写回忆录比例也较高，有 61 人，约占 30.05%；写咨询建议 37 人，约占 18.23%；撰写方志的有 18 人，约占写作人数的 8.87%。

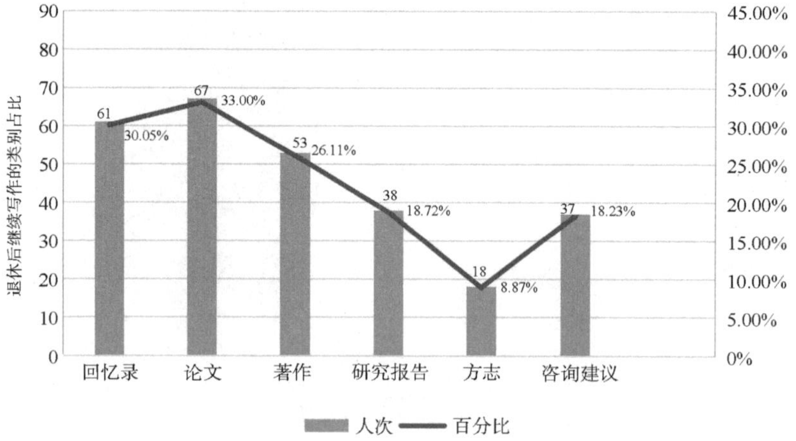

图 3-15 退休后从事写作类型

（四）退休后承担、参与社科科技工程项目情况

本次调查数据显示，退休后承担科研项目的比例低。在参与本次调查的1367人中，仅有115人在退休后仍然承担项目研究，约占总调查人数的8.41%，约91.59%的人在退休后没有承担项目。

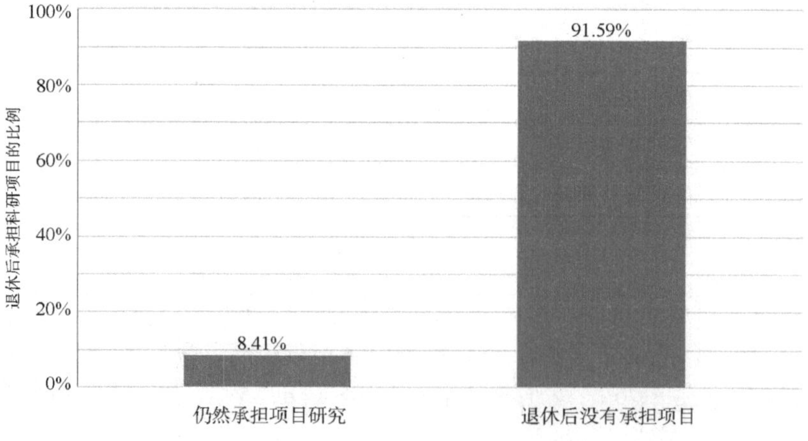

图 3-16 退休后承担项目情况

继续承担项目的最大年龄为 84 岁，承担项目年龄以 60—69 岁居多。退休后承担项目者年龄在 60—69 岁有 64 人，约占承担项目人数的 55.65%；70—79 岁有 42 人，约占承担项目人数的 36.52%。

表 3-2　退休后承担项目的最大年龄

年龄	人数（人）	占承担项目人数（%）	占调查总人数（%）
50—59 岁	5	4.35	0.37
60—69 岁	64	55.65	4.68
70—79 岁	42	36.52	3.07
80 岁及以上	4	3.48	0.29

（五）退休后被表彰奖励情况

本次参与调查的 1367 名调查对象中，有 205 人退休后获得过各类表彰奖励，约占调查总体的 15.00%，有 1162 人没有获得过奖励，约占调查总体的 85.00%。

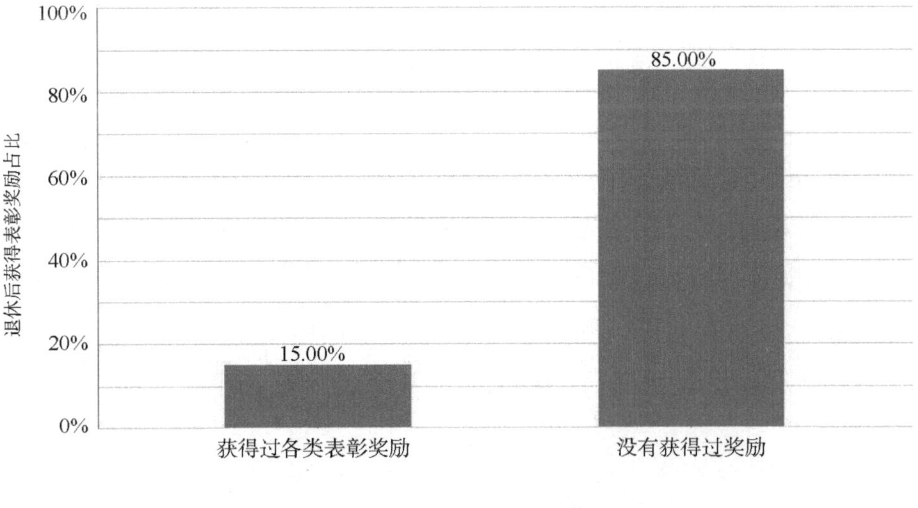

图 3-17　退休后被表彰奖励情况

（六）退休后社会参与的动力

兴趣爱好、丰富人生和社会奉献是老年人才退休后参与社会的三大动力。据调查显示，参加调查问卷有效的1367人中，选择兴趣爱好和丰富人生的人数都已超过调查人数的一半，分别约占60.79%和55.82%；选择社会奉献约占44.33%。另外，完善自我约占34.38%；扶持后辈、增加收入、发展学科（专业）、为国争光所占比重较小，分别约占调查总体的17.85%、9.14%、8.27%和3.88%。其他选择约占5.34%。

表3-3　退休后参与社会的主要动力

	人数（人）	占比（%）
兴趣爱好	831	60.79
丰富人生	763	55.82
社会奉献	606	44.33
完善自我	470	34.38
扶持后辈	244	17.85
增加收入	125	9.14
发展学科（专业）	113	8.27
其他	73	5.34
为国争光	53	3.88

（七）退休后继续发展的途径和举措

自学和老年大学学习是老年人才退休后继续发展的主要途径和措施。调查数据显示，退休后选择自学和老年大学学习作为继续发展的主要途径和举措的人数比例分别约占58.67%和58.16%。其次为团队学习，约占21.87%；参加学术研讨交流约占10.61%；项目研究约占7.61%；其他约占9.88%。

表 3-4 退休后继续发展的主要途径和举措

	人数（人）	占比（%）
自学	802	58.67
老年大学学习	795	58.16
团队学习	299	21.87
参与学术研讨交流	145	10.61
其他	135	9.88
项目研究	104	7.61

三、交叉分析

（一）年龄与身体状况水平、退休后继续工作、退休后从事社会工作

1. 年龄与身体状况水平

从年龄与身体状况水平的交叉分析发现，调查对象退休后身体健康水平整体较好，尤其是70岁以下人员，健康状况处于好、较好水平的约占62.97%；70—79岁处于好、较好水平的约占48.80%；80岁及以上处于好、较好水平的约占36.09%。这说明退休后的老年人才存在很大的开发空间，尤其70岁以下的低龄老年人群体，身体健康状况良好，为老年人才开发提供了可能性。

表 3-5 年龄与身体状况水平

	好、较好	一般	较差	差	合计
50—59岁	126（80.77%）	30（19.23%）	0（0%）	0（0%）	156
60—69岁	335（58.16%）	226（39.24%）	13（2.26%）	2（0.35%）	576
70—79岁	245（48.80%）	231（46.02%）	21（4.18%）	5（1.00%）	502
80岁及以上	48（36.09%）	65（48.87%）	16（12.03%）	4（3.01%）	133

2. 年龄与退休后继续工作

通过对年龄与退休后继续工作的交叉分析，发现参加本次调查的老年人才

中，较高年龄段退休后继续工作的比例反而较高，低年龄段的人退休后继续工作比例相对较低。其中 80 岁及以上退休后继续工作的比例约为 66.17%；70—79 岁退休后继续工作的比例约为 66.33%；60—69 岁退休后继续工作的比例约为 55.38%；50—59 岁退休后继续工作的比例约为 45.51%。这也说明，低龄老年人才实际开发使用不足，存在较大的开发空间。

表 3-6 年龄与退休后继续工作

	延聘、返聘、外聘、自主创业	其他	合计
50—59 岁	71（45.51%）	85（54.49%）	156
60—69 岁	319（55.38%）	257（44.62%）	576
70—79 岁	333（66.33%）	169（33.67%）	502
80 岁及以上	88（66.17%）	45（33.83%）	133

3. 年龄与退休后从事社会工作

从年龄与退休后从事社会工作的交叉分析发现，参加本次调查的老年人才参与社会工作的比例整体不高，并呈现低年龄段的人退休后参加社会工作的比例相对较低，较高年龄段退休后参加社会工作的比例反而较高的情况。其中 80 岁及以上退休后从事社会工作的比例约为 40.60%；70—79 岁退休后从事社会工作的比例约为 46.41%；60—69 岁退休后从事社会工作的比例约为 37.50%；50—59 岁退休后从事社会工作的比例约为 26.92%。

表 3-7 年龄与退休后是否从事社会工作

	退休后有从事社会工作	退休后未从事社会工作	合计
50—59 岁	42（26.92%）	114（73.08%）	156
60—69 岁	216（37.50%）	360（62.50%）	576
70—79 岁	233（46.41%）	269（53.59%）	502
80 岁及以上	54（40.60%）	79（59.40%）	133

（二）学历与退休后继续工作、退休后从事社会工作

1. 学历与退休后继续工作

从学历与退休后继续工作的交叉分析看，初中和大专/本科及以上学历退休后继续工作的比例相对较高，分别约占本学历层次的 61.12%和 59.91%。从原单位的延聘、返聘来看，硕士及以上学历被原单位延聘的比例最高约占 22.55%；各学历层次的返聘比例大致相当，平均约占 21.85%。从外聘比例来看，大专/本科的参与调查的人数最多，代表性较强，外聘约占 23.26%；技校/中专/高中和硕士及以上学历外聘比例分别约占 21.46%和 19.61%。相对于延聘、返聘和外聘，老年人才退休后自主创业的比例总体上较低。

表 3-8 学历与退休后继续工作

	延聘	返聘	外聘（非原单位）	自主创业	其他	合计
小学及以下	0（0%）	0（0%）	1（33.33%）	0（0%）	2（66.67）	3
初中	2（5.56%）	9（25.00%）	11（30.56%）	0（0%）	14（38.89%）	36
技校/中专/高中	14（6.01%）	51（21.89%）	50（21.46%）	17（7.30%）	101（43.35%）	233
大专/本科	115（11.58%）	218（21.95%）	231（23.26%）	25（2.52%）	404（40.68%）	993
硕士及以上	23（22.55%）	20（19.61%）	20（19.61%）	4（3.92%）	35（34.31%）	102

2. 学历与退休后从事社会工作

从学历与退休后从事社会工作的交叉分析可以看出，随着学历层次的提升，退休后参与社会工作的比例也逐渐升高。硕士及以上学历退休后参与社会工作的比例约占本学历层次的 44.12%；大专/本科约占 40.79%；技校/中专/高中占 38.2%；初中约占 16.67%。参与此次调查的小学及以下学历共 3 人，退休后都未从事社会工作。

表 3-9 学历与退休后从事社会工作

	退休后有参加社会工作	退休后未参加社会工作	合计
小学及以下	0（0%）	3（100.00%）	3
初中	6（16.67%）	30（83.33%）	36
技校/中专/高中	89（38.20%）	144（61.80%）	233
大专/本科	405（40.79%）	588（59.21%）	993
硕士及以上	45（44.12%）	57（55.88%）	102

（三）身体健康水平与继续工作、退休后从事社会工作

1. 身体健康水平与继续工作

通过身体健康水平与继续工作的交叉分析发现，身体健康状况好、较好的退休人员利用不足。身体状况处于好、较好水平的有 754 人，其中退休后继续工作的有 466 人，约占同健康水平的 61.80%。身体健康处于一般和较差水平的人员，退休后继续参与工作的比例也过半，分别约占 56.70%和 56%。

表 3-10 身体健康水平与继续工作

	延聘、返聘、外聘、自主创业	其他	合计
好	129（59.45%）	88（40.55%）	217
较好	337（62.76%）	200（37.24%）	537
一般	313（56.70%）	239（43.30%）	552
较差	28（56.00%）	22（44.00%）	50
差	4（36.36%）	7（63.64%）	11

2. 身体健康水平与退休后从事社会工作

从身体健康水平与退休后从事社会工作的交叉分析看，身体健康状况好、较好水平的人，退休后从事社会工作的比例明显高于其他健康水平的人，但总体参与率不超一半。参与调查的人员中，身体健康水平处于好、较好水平的退休人员，从事社会工作的有 333 人，约占同水平总人数的 44.16%。身体状况

一般的人退休后从事社会工作的约占35.69%；身体状况较差的，仍有约28%退休后从事社会工作。这也反映了身体健康水平，对退休后是否从事社会工作有一定影响。

表3-11 身体健康水平与退休后从事社会工作

	退休后有参加社会工作	退休后未参加社会工作	合计
好	91（41.94%）	126（58.06%）	217
较好	242（45.07%）	295（54.93%）	537
一般	197（35.69%）	355（64.31%）	552
较差	14（28.00%）	36（72.00%）	50
差	1（9.09%）	10（90.91%）	11

（四）职称与退休后继续工作、退休后从事社会工作、退休后从事社会工作类型、退休后有无从事写作、承担何种写作、退休后有无承担项目、动力、继续发展的途径。

1. 职称与退休后继续工作

从职称与退休后继续工作的比例看，高级职称退休后继续工作的比例明显高于其他职称人员，其中正高级职称退休后继续工作的有112人，约占70.44%，副高级职称为240人，约占64.00%。中级职称和初级职称退休后继续工作比例也过半，中级职称为303人，约占59.30%；初级职称为76人，约占56.30%。其他无职称人员退休后继续工作比例最低，为80人，约占42.78%。

表3-12 职称与退休后继续工作

	延聘、返聘、外聘、自主创业	其他	合计
初级职称	76（56.30%）	59（43.70%）	135
中级职称	303（59.30%）	208（40.70%）	511
副高级职称	240（64.00%）	135（36.00%）	375
正高级职称	112（70.44%）	47（29.56%）	159
其他职称	80（42.78%）	107（57.22%）	187

2. 职称与退休后从事社会工作

从职称与退休后从事社会工作的交叉分析看，正高级职称退休后从事社会工作的比例明显高于其他职称，有 77 人，约占 48.43%；其次为中级职称和初级职称，退休后从事社会工作的比例分别为 204 人和 53 人，分别约占 39.92%和 39.26%；再次为副高级职称和无职称人员，分别为 141 人和 70 人，分别约占 37.60%和 37.43%。

表 3-13 职称与退休后是否从事社会工作

	退休后有从事社会工作	退休后未从事社会工作	合计
初级职称	53（39.26%）	82（60.74%）	135
中级职称	204（39.92%）	307（60.08%）	511
副高级职称	141（37.60%）	234（62.40%）	375
正高级职称	77（48.43%）	82（51.57%）	159
其他职称	70（37.43%）	117（62.57%）	187

3. 职称与退休后从事社会工作类型

从职称与退休后从事社会工作类型的比较分析，不同职称退休后从事社会工作类型有所差异。总体而言，除正高级职称之外，其他各职称退休后参与社会公益的比例都明显高于其他社会工作类型，初级职称参与社会公益的比例约为 71.70%。除了社会公益，初级职称参与社区治理、社会组织的比例也相对较高，分别约为 20.75%、15.09%；中级职称参与社会组织、教育教学、行政管理和社区治理的比例相对较高，分别约为 19.61%、17.65%、16.67%和 15.69%；副高级职称参与教育教学、社区治理、社会组织和行政管理的比例相对较高，分别约为 27.66%、19.86%、15.60%和 15.60%；其他社会工作类型老年人才参与社会组织和社区治理的比例相对较高，分别约为 22.86%和 17.14%。正高级职称在各类型社会工作中，参与教育教学的比例最高，约为 37.66%，其次为科学研究，约为 29.87%，社会组织约为 27.27%，社会公益约为 24.68%，专业技术约为 23.38%。

表 3-14 职称与退休后从事社会工作类型

	初级	中级	副高级	正高级	其他
行政管理	7（13.21%）	34（16.67%）	22（15.60%）	10（12.99%）	5（7.14%）
科学研究	0（0%）	3（1.47%）	8（5.67%）	23（29.87%）	0（0%）
专业技术	4（7.55%）	19（9.31%）	20（14.18%）	18（23.38%）	3（4.29%）
教育教学	5（9.43%）	36（17.65%）	39（27.66%）	29（37.66%）	5（7.14%）
决策咨询	0（0%）	12（5.88%）	13（9.22%）	8（10.39%）	2（2.86%）
社会组织	8（15.09%）	40（19.61%）	22（15.60%）	21（27.27%）	16（22.86%）
社区治理	11（20.75%）	32（15.69%）	28（19.86%）	4（5.19%）	12（17.14%）
社会公益	38（71.70%）	104（50.98%）	57（40.43%）	19（24.68%）	31（44.29%）
其他	4（7.55%）	29（14.22%）	21（14.89%）	8（10.39%）	23（32.86%）

4. 职称与退休后有无从事写作

从职称与退休后有无从事写作的交叉分析来看，参与调查的老年人退休后从事写作的比例整体偏低，总体上呈现出职称越高，退休后从事写作的比例越高的特点。正高级职称人员退休后写作比例明显高于其他职级，有 67 人，约占 42.14%；其次为副高级职称人员，有 71 人，约占 18.93%；中级职称有 49 人，约占 9.59%；初级职称有 7 人，约占 5.19%；其他无职称人员退休后写作有 10 人，约占 5.35%。

表 3-15 职称与退休后有无从事写作

	退休后有从事写作	退休后未从事写作	合计
初级职称	7（5.19%）	128（94.81%）	135
中级职称	49（9.59%）	462（90.41%）	511
副高级职称	71（18.93%）	304（81.07%）	375
正高级职称	67（42.14%）	92（57.86%）	159
其他无职称	10（5.35%）	177（94.65%）	187

5. 职称与承担何种写作

通过职称与承担何种写作的交叉分析发现，职称不同写作侧重点有所不同。正高级职称老年人才撰写论文、著作和研究报告的比例较高，分别约占56.06%、53.03%、27.27%。其中，副高级职称老年人才撰写回忆录、论文和咨询建议比例相对较高，分别约占32.39%、30.99%、22.54%。具体见下表。

表 3-16　职称与承担何种写作

	初级职称	中级职称	副高级职称	正高级职称	其他职称
回忆录	5（71.43%）	16（32.65%）	23（32.39%）	12（18.18%）	5（50.00%）
论文	0（0%）	7（14.29%）	22（30.99%）	37（56.06%）	1（10.00%）
著作	1（14.29%）	4（8.16%）	13（18.31%）	35（53.03%）	0（0%）
研究报告	0（0%）	8（16.33%）	11（15.49%）	18（27.27%）	1（10.00%）
方志	0（0%）	1（2.04%）	10（14.08%）	5（7.58%）	2（20.00%）
咨询建议	0（0%）	6（12.24%）	16（22.54%）	13（19.7%）	2（20.00%）
其他	2（28.57%）	28（57.14%）	30（42.25%）	14（21.21%）	6（60.00%）

6. 职称与退休后有无承担项目

从职称与退休后有无承担项目的交叉分析看，退休后承担项目的比例较低。本次调查中，承担项目的主要是正高级职称和副高级职称，分别约占36.48%、9.87%。

表 3-17　职称与退休后有无承担项目

	退休后有承担项目	退休后未承担项目	合计
初级职称	0（0%）	135（100.00%）	135
中级职称	19（3.72%）	492（96.28%）	511
副高级职称	37（9.87%）	338（90.13%）	375
正高级职称	58（36.48%）	101（63.52%）	159
其他职称	1（0.53%）	186（99.47%）	187

7. 职称与动力

通过对各个职级参与社会的动力的交叉分析发现，兴趣爱好是退休后参与社会的第一动力。中级及以下职称老年人才参与社会的第一动力是兴趣爱好，占比都在60%以上，第二动力是丰富人生，占比超50%。而正高级职称的老年人才退休后参与社会的第一大动力为兴趣爱好，占比约为54.72%；第二大动力为社会奉献，占比约为49.06%；发展学科（专业）也是正高级退休后参与社会的重要动力，约占40.25%。具体见下表。

表3-18 职称与动力

	初级职称	中级职称	副高级职称	正高级职称	其他职称
为国争光	8（5.93%）	17（3.33%）	10（2.67%）	10（6.29%）	8（4.28%）
社会奉献	59（43.70%）	222（43.44%）	163（43.47%）	78（49.06%）	84（44.92%）
发展学科（专业）	1（0.74%）	11（2.15%）	37（9.87%）	64（40.25%）	0（0%）
兴趣爱好	84（62.22%）	321（62.82%）	225（60.00%）	87（54.72%）	114（60.96%）
扶持后辈	20（14.81%）	80（15.66%）	70（18.67%）	46（28.93%）	28（14.97%）
完善自我	49（36.30%）	201（39.33%）	117（31.20%）	28（17.61%）	75（40.11%）
丰富人生	74（54.81%）	300（58.71%）	214（57.07%）	60（37.74%）	115（61.50%）
增加收入	15（11.11%）	35（6.85%）	46（12.27%）	12（7.55%）	17（9.09%）
其他	2（1.48%）	29（5.68%）	16（4.27%）	7（4.40%）	19（10.16%）

8. 职称与继续发展的途径

从职称与继续发展的途径分析可以看出，自学是高级职称老年人才继续发展的首要途径，其中，正高级职称老年人才约占52.20%，副高级职称老年人才约占65.07%。同时，正高级职称老年人才选择参与学术研讨交流和项目研究的比例也较高，分别约占36.48%和30.19%。而初级职称、中级职称和无职称老年人才继续发展的途径首选为老年大学学习。由此可见，不同职称的老年人才退休后选择的发展途径不同。

表 3-19 职称与继续发展的途径

	初级职称	中级职称	副高级职称	正高级职称	其他职称
自学	81（60.00%）	295（57.73%）	244（65.07%）	83（52.20%）	99（52.94%）
老年大学学习	90（66.67%）	352（68.88%）	190（50.67%）	42（26.42%）	121（64.71%）
参与学术研讨交流	1（0.74%）	25（4.89%）	58（15.47%）	58（36.48%）	3（1.60%）
团队学习	26（19.26%）	123（24.07%）	87（23.20%）	22（13.84%）	41（21.93%）
项目研究	2（1.48%）	14（2.74%）	36（9.60%）	48（30.19%）	4（2.14%）
其他	8（5.93%）	53（10.37%）	37（9.87%）	16（10.06%）	21（11.23%）

（五）在原单位从事的岗位与退休后继续工作、退休后有无从事社会工作、退休后从事社会工作类型、退休后有无写作、退休后有无承担项目、继续发展的途径

1. 在原单位从事的岗位与退休后继续工作

从原单位从事的岗位与退休后是否继续工作的交叉分析看，科研技术岗（包括科研岗和技术岗）、教学岗和管理岗退休后继续工作的比例明显高于其他岗位，其中科研技术岗约占 66.80%、教学岗约占 66.50%、管理岗约占 59.48%。

表 3-20 原单位从事的岗位与退休年龄后继续工作

	延聘、返聘、外聘、自主创业	其他	合计
管理岗	455（59.48%）	310（40.52%）	765
科研技术岗	161（66.80%）	80（33.20%）	241
教学岗	135（66.50%）	68（33.50%）	203
生产岗	17（32.08%）	36（67.92%）	53
其他岗	43（40.95%）	62（59.05%）	105

从退休后继续工作的类型看，被原单位的延聘和返聘是调查对象退休再就业的主要形式，明显高于外聘、自主创业形式，其中科研技术岗延聘、返聘比

例约占39.83%，教学岗延聘、返聘比例约占35.47%，管理岗延聘、返聘比例约占33.20%。管理岗、科研技术岗和教学岗的外聘比例也相对较高，分别约占27.09%、24.48%和23.27%。自主创业比例整体较低，科研技术岗自主创业比例略高，约占24.90%。

表3-21　原单位从事的岗位与退休年龄后继续工作

	延聘、返聘	外聘（非原单位）	自主创业	其他	合计
管理岗	251（33.20%）	178（23.27%）	26（3.40%）	310（40.52%）	765
科研技术岗	96（39.83%）	59（24.48%）	6（24.90%）	80（33.20%）	241
教学岗	72（35.47%）	55（27.09%）	8（3.94%）	68（33.50%）	203
生产岗	7（13.21%）	7（13.21%）	3（5.66%）	36（67.92%）	53
其他岗	26（24.76%）	14（13.33%）	3（2.86%）	62（59.05%）	105

2. 在原单位从事的岗位与退休后有无从事社会工作

从原单位从事岗位与退休后有无从事社会工作分析可以看出，教学岗、科研岗和管理岗退休后从事社会工作的比例较高，分别约占47.78%、41.67%和41.44%。技术岗退休后从事社会工作约占30.83%；生产岗退休后从事社会工作约占18.87%。

表3-22　在原单位从事的岗位与退休后有无从事社会工作

	退休后有从事社会工作	退休后未从事社会工作	合计
管理岗	317（41.44%）	448（58.56%）	765
科研岗	45（41.67%）	63（58.33%）	108
教学岗	97（47.78%）	106（52.22%）	203
技术岗	41（30.83%）	92（69.17%）	133
生产岗	10（18.87%）	43（81.13%）	53
其他岗	35（33.33%）	70（66.67%）	105

3. 在原单位从事的岗位与退休后从事社会工作的类型

从原单位从事的岗位与退休后从事社会工作类型的交叉分析来看，老年人才退休前从事的岗位不同，退休后从事社会工作的类型有所区别。管理岗老年人才退休后从事社会公益的比重较高，约占50.47%；其次为社会组织、社区治理和行政管理也相对较高，分别约占20.82%、19.56%和18.93%。科研岗老年人才退休后从事科学研究的比重最高，约占33.33%；教学岗老年人才退休后从事教育教学的比例最高，约占63.92%；技术岗老年人才退休后从事社会公益的比重最高，约占51.22%，其次为专业技术约占29.27%。具体见下表。

表 3-23 在原单位从事的岗位与退休后从事社会工作的类型

退休后岗位	退休前岗位					
	管理岗	科研岗	教学岗	技术岗	生产岗	其他岗
行政管理	60（18.93%）	3（6.67%）	12（12.37%）	2（4.88%）	0（0%）	1（2.86%）
科学研究	5（1.58%）	15（33.33%）	11（11.34%）	2（4.88%）	0（0%）	1（2.86%）
专业技术	26（8.20%）	12（26.67%）	9（9.26%）	12（29.27%）	0（0%）	5（14.29%）
教育教学	35（11.04%）	9（20.00%）	62（63.92%）	5（12.20%）	1（10.00%）	2（5.71%）
决策咨询	24（7.57%）	5（11.11%）	5（5.15%）	0（0%）	0（0%）	1（2.86%）
社会组织	66（20.82%）	13（28.89%）	20（20.62%）	4（9.76%）	0（0%）	4（11.43%）
社区治理	62（19.56%）	3（6.67%）	5（5.15%）	8（19.51%）	6（60.00%）	3（8.57%）
社会公益	160（50.47%）	12（26.67%）	33（34.02%）	21（51.22%）	9（90.00%）	14（40.00%）
其他	45（14.20%）	5（11.11%）	12（12.37%）	7（17.07%）	0（0%）	16（45.71%）

4. 在原单位从事的岗位与退休后有无写作

从原单位从事岗位与退休后有无写作经历的交叉分析可以看出，各岗位退休后写作的比例整体偏低。科研岗老年人才退休后写作的比例略高，约占30.56%；其次为教学岗老年人才，约占26.11%。管理岗老年人才约占12.42%，技术岗老年人才约占8.27%。生产岗老年人才中退休后没有任何写作经历。

表 3-24 在原单位从事的岗位与退休后有无写作

	退休后有写作经历	退休后无写作经历	合计
管理岗	95（12.42%）	670（87.58%）	765
科研岗	33（30.56%）	75（69.44%）	108
教学岗	53（26.11%）	150（73.89%）	203
技术岗	11（8.27%）	122（91.73%）	133
生产岗	0（0%）	53（100.00%）	53
其他岗	12（11.43%）	93（88.57%）	105

5. 在原单位从事的岗位与退休后有无承担项目

从原单位从事岗位与退休后有无承担项目的比较分析可以看出，老年人才退休后承担项目比例整体较低。科研岗老年人才退休后承担项目比例略高，约占 33.33%；其他岗位老年人才承担项目比例都比较低，其中教学岗约占 12.81%；技术岗约占 6.02%；管理岗约占 4.97%，生产岗无人承担项目。

表 3-25 在原单位从事的岗位与退休后有无承担项目

	退休后有承担项目	退休后无承担项目	合计
管理岗	38（4.97%）	727（95.03%）	765
科研岗	36（33.33%）	72（66.67%）	108
教学岗	26（12.81%）	177（87.19%）	203
技术岗	8（6.02%）	125（93.98%）	133
生产岗	0（0%）	53（100.00%）	53
其他岗	7（6.67%）	98（93.33%）	105

6. 在原单位从事的岗位与继续发展的途径

从原单位从事的岗位与继续发展途径的交叉分析可以看出，不同岗位老年人才继续发展的主要途径有所不同，管理岗、科研岗、教学岗老年人才首选自学作为继续发展的主要途径，分别约占 64.18%、60.19%、54.68%。技术岗、生产岗及其他岗老年人才大多首选老年大学学习作为继续发展主要途径。具体见下表。

表 3-26 在原单位从事的岗位与继续发展的途径

	自学	老年大学学习	参与学术研讨交流	团队学习	项目研究	其他
管理岗	491（64.18%）	479（62.61%）	49（6.41%）	（191（24.97%）	36（4.71%）	66（9.63%）
科研岗	65（60.19%）	34（31.48%）	31（28.70%）	13（12.04%）	33（30.56%）	7（6.48%）
教学岗	111（54.68%）	84（41.38%）	43（21.18%）	41（20.20%）	26（12.81%）	29（14.29%）
技术岗	59（44.36%）	90（67.67%）	15（11.28%）	26（19.55%）	8（6.02%）	10（7.52%）
生产岗	23（43.40%）	35（66.04%）	0（0%）	7（13.21%）	1（1.89%）	7（13.21%）
其他	53（50.48%）	73（69.52%）	7（6.67%）	21（20.00%）	0（0%）	16（15.24%）

（六）在原单位从事专业与退休后继续工作、退休后从事专业、退休后是否从事社会工作、退休后从事社会工作类型

1. 在原单位从事专业与退休后继续工作

从原单位从事专业与退休后继续工作的比例看，老年人才退休后继续工作的专业中，艺术类占比最高，达到约 82.76%；其次为理工农医类、教育类和军事类，分别约占 63.40%、63.28%和 60.87%；经管类和文史哲法学类退休后继续工作比例也超过一半，分别约占 56.17%和 50.39%。

表 3-27 在原单位从事专业与退休后继续工作

原单位从事专业	退休后继续工作		
	延聘、返聘、外聘、自主创业	其他	合计
文史哲法学类	64（50.39%）	63（49.61%）	127
理工农医类	246（63.40%）	142（36.60%）	388
经管类	337（56.17%）	263（43.83%）	600
教育类	112（63.28%）	65（36.72%）	177
艺术类	24（82.76%）	5（17.24%）	29
军事类	28（60.87%）	18（39.13%）	46

2. 在原单位从事专业与退休后从事专业

从原单位从事专业与退休后从事专业的交叉分析来看，艺术类、文史哲法学类专业退休后从事原专业工作的比例最高，超过原专业就业人数的80%，分别约占83.33%和80.00%；其次为教育类和经管类，超过原专业就业人数的70%，分别约占79.53%和70.83%；理工农医类和军事类退休后从事原专业的比例相对较低，分别约占63.55%和58.06%。

表3-28 在原单位从事专业与退休后从事专业

原单位从事专业	退休后从事专业						
	文史哲法学类	理工农医类	经管类	教育类	艺术类	军事类	合计
文史哲法学类	68（80.00%）	0（0%）	7（8.24%）	6（7.06%）	4（4.71%）	0（0%）	85
理工农医类	16（5.35%）	190（63.55%）	22（7.36%）	37（12.37%）	33（11.04%）	1（0.33%）	299
经管类	22（5.09%）	5（1.06%）	306（70.83%）	31（7.18%）	67（15.51%）	1（0.23%）	432
教育类	5（6.94%）	1（0.79%）	9（7.09%）	101（79.53%）	11（8.66%）	0（0%）	127
艺术类	0（0%）	1（4.17%）	1（4.17%）	2（8.33%）	20（83.33%）	0（0%）	24
军事类	1（3.23%）	4（12.90%）	3（9.68%）	1（3.23%）	4（12.90%）	18（58.06%）	31

3. 在原单位从事专业与退休后是否从事社会工作

从原单位从事专业与退休后是否从事社会工作的分析来看，艺术类专业老年人才退休后从事社会工作的比例最高，约占58.62%；其次为教育类和文史哲法学类，分别约占45.76%和42.52%；再次为经管类、理工农医类和军事类，分别约占39.67%、36.08%和32.61%。

表3-29 原单位从事专业与退休后是否从事社会工作

	退休后有从事社会工作	退休后未从事社会工作	合计
文史哲法学类	54（42.52%）	73（57.48%）	127
理工农医类	140（36.08%）	248（63.92%）	388
经管类	238（39.67%）	362（60.33%）	600
教育类	81（45.76%）	96（54.24%）	177
艺术类	17（58.62%）	12（41.38%）	29
军事类	15（32.61%）	31（67.39%）	46

4. 在原单位从事专业与退休后从事社会工作类型

从原单位从事专业与退休后从事社会工作类型的比较分析看，原单位专业为文史哲法学类、理工农医类、经管类老年人才退休后从事社会公益的比例高于其他社会工作类型，分别约占 38.89%、42.86%、51.26%。教育类和艺术类老年人才从事教育教学的比例高于其他社会工作类型，分别占 56.79%、64.71%。具体见下表。

表 3-30 在原单位从事专业与退休后从事社会工作类型

原单位从事专业	退休后从事社会工作类型					
	文史哲法学类	理工农医类	经管类	教育类	艺术类	军事类
行政管理	9（16.67%）	18（12.86%）	30（12.61%）	16（19.75%）	3（17.65%）	2（13.33%）
科学研究	8（14.81%）	14（10.00%）	5（2.10%）	6（7.41%）	1（5.88%）	0（0%）
专业技术	1（1.85%）	33（23.57%）	22（7.98%）	8（9.88%）	1（5.88%）	2（13.33%）
教育教学	8（14.81%）	26（18.57%）	22（9.24%）	46（56.79%）	11（64.71%）	1（6.67%）
决策咨询	5（9.26%）	5（3.57%）	19（7.98%）	6（7.41%）	0（0%）	0（0%）
社会组织	18（33.33%）	19（13.57%）	44（18.49%）	15（18.52%）	7（41.18%）	4（26.67%）
社区治理	9（16.67%）	24（17.14%）	44（18.49%）	8（9.88%）	1（5.88%）	1（6.67%）
社会公益	21（38.89%）	60（42.86%）	122（51.26%）	33（40.74%）	7（41.18%）	6（40.00%）
其他	8（14.81%）	22（15.71%）	43（18.07%）	10（12.35%）	0（0%）	2（13.33%）

四、小结与建议

（一）研究小结与启示

1. 上海老年人才具备为社会继续做贡献的潜能

从身体状况水平来看，问卷有效的 1367 名老年人才中，退休后身体健康状态处于好、较好水平的有 754 人，约占调查总体的 55.15%。良好的身体素质为老年人才开发和继续发挥作用提供了可能性。从学历层次来看，呈现出高学历特征，大专/本科及以上学历 1095 人，约占 80.10%。以上数据说明，上海地区老年人才具备较高的身体素质和文化素质，具备退休后继续为社会做贡献的潜能。

2. 上海低龄老年人才存在较大开发空间

调查数据显示，70 岁以下的低龄老年人才健康好、较好水平的比例约为 62.97%，70—79 岁年龄段健康状况好、较好的比例约为 48.80%。而低龄老年人才退休后继续工作和参与社会工作的比例较低，中、高龄老年人才退休后继续工作和参与社会工作的比例反而较高。从继续工作的比例来看，80 岁及以上老年人才继续工作的比例约为 66.17%；70—79 岁老年人才退休后继续工作的比例约为 66.33%；60—69 岁老年人才退休后继续工作的比例约为 55.38%；50—59 岁老年人才退休后继续工作的比例约为 45.51%。从社会工作的比例来看，80 岁及以上老年人才退休后从事社会工作的比例约为 40.60%；70—79 岁老年人才退休后从事社会工作的比例约为 46.41%；60—69 岁老年人才退休后从事社会工作的比例约为 37.50%；50—59 岁老年人才退休后从事社会工作的比例约为 26.92%。以上数据表明，上海低龄老年人才具备较高的身体素质、文化素质，是老龄化时代潜在的人力资源，蕴含很大潜能。但是实际开发使用不足，存在较大的开发空间。

3. 内在驱动力是老年人才退休后继续工作的主要因素

调查显示，兴趣爱好、丰富人生和社会奉献是上海市老年人才退休后继续工作的三大动力因素，分别约占 60.79%、55.82%、44.33%。从参与社会工作的类型看，社会公益是上海市老年人才参与比例最高的社会工作类型，约占从事社会工作总人数的 45.69%。以上数据说明，上海市老年人才继续工作主要不再是为了名利、荣誉，内在驱动力是其退休后继续参与社会的主要动力。在老年人才开发过程中要充分考虑老年人才继续工作的动力因素，为他们提供更多的工作机会和平台，以激发他们的内在驱动力，最大限度地激发老年人才潜能。

4. 年龄是影响老年人才作用发挥的重要条件，但不是绝对条件

调查发现，年龄是影响老年人才作用发挥的重要条件，但不是绝对条件。随着年龄的增长会引起身体素质的变化，但不是绝对的。从年龄与身体健康调查数据发现，69 岁及以下的低龄老年人才身体素质明显高于中、高龄老年人

才，当然也有相当比例的中、高龄老年人才身体素质良好，具备继续发挥作用的生理基础。从年龄与退休后继续工作、从事社会工作的比例来看，70 岁及以上的中、高龄老年人才退休后继续工作和从事社会工作的比例明显高于低龄老年人才，分别约为 66.30％、45.20％。这也说明，虽然年龄是影响老年人才作用发挥的一个重要因素，但并不是绝对的。许多中、高龄老年人才仍然能够积极参与到社会活动中来，并为社会做出贡献。因此，我们需要避免将老年人视为弱势群体，而应该充分发掘他们的潜力和作用。

5. 不同职称、岗位老年人才退休后选择的发展途径存在差异

从职称与继续发展的途径分析可以看出，不同职称老年人才退休后选择的发展途径存在差异。自学是高级职称老年人才继续发展的首要途径，其中，正高级职称老年人才约为 52.20％，副高级职称老年人才约为 65.07％。同时，正高级职称老年人才选择参与学术研讨交流和项目研究的比例也较高，分别约为 36.48％和 30.19％。而初级、中级职称和无职称老年人才继续发展的途径首选为老年大学学习。从原单位从事的岗位与继续发展途径的交叉分析发现，不同岗位老年人才退休后继续发展的主要途径也有所不同，管理岗、科研岗、教学岗退休的老年人才多首选自学作为继续发展的主要途径，占比分别约为 64.18％、60.19％、54.68％。技术岗、生产岗及其他岗退休的老年人才多首选老年大学学习作为继续发展主要途径。

由此可见，退休后老年人才开发是以自我开发为主，但不同职称、岗位的老年人才退休后选择的发展途径存在一定差异。我们需要针对不同的人群制定不同的开发策略，以更好地满足他们的需求和期望。

6. 各企事业单位在老年人才再就业中具有不可替代的作用

调查数据发现，上海老年人才退休后继续工作共有 811 人，约占调查总体 59.33％，其中，被原工作单位延聘或返聘的老年人才有 452 人，约占继续工作总人数的 55.73％。这说明，各企事业单位在老年人才再就业中起到不可替代的作用，应在老年人才再就业中，充分发挥原企事业单位的作用。

（二）研究建议

老年人才开发是一项系统工程，需要政府部门、社会团体、企事业单位及老年人才的共同努力，才能更好地挖掘老年人才的潜力，为社会发展做出更大的贡献。

1. 建议政府进一步完善老年人才发挥作用的政策、制度和规定

第一，建立协同推进的领导体制和工作机制。根据党管人才的原则，建立党委领导、组织部门牵头、相关部门配合、社会参与的领导体制和工作机制，从组织上加以根本保障。

第二，政府加强顶层设计，制定老年人才发展规划，并将老年人才开发纳入政府人才发展的整体规划。

第三，探索弹性延迟退休制度，打破“年龄一刀切”规定。一则延迟退休年龄；二则实施柔性退休政策，即退休制度弹性化。对于高层次专业技术老年人才的退休年龄和工作时间给予年龄跨度。

第四，建立健全老年人才再就业的激励政策。鼓励和支持老年人才创新创业，可以提供创业资金、创业培训、创业孵化、税收减免等一系列支持措施，以激发老年人才的创新热情和积极性。对雇佣老年人才的单位给予一定的税收优惠和保险补贴。对于在老年人才再就业方面做出杰出贡献的个人或单位应该进行表彰。这些表彰不仅是对老年人才价值贡献的认可，也能激发老年人才继续发挥作用的内驱力，还能激励更多的老年人才和单位积极参与到老年人才再就业的工作中来。

2. 建议社会积极创造老年人才继续发挥作用的平台和环境

第一，营造“老有所为”的社会氛围。积极挖掘“老有所为”的先进典型和先进事迹，增进社会各界对老年人才价值的认识，更新观念，消除对老年人才的社会排斥和年龄偏见，树立“老有所为”的人才观，从而营造良好的“老有所为”的社会氛围。

第二，建立老年人才信息库和就业服务平台，设立老年人才交流市场，举办老年人才专场招聘会，为老年人才智能发挥牵线搭桥。同时，对老年人才进行分类管理，出台各类老年人才继续发挥作用的指导性方案，因材施策。

第三，积极发挥各类社会组织在老年人才开发中的作用。在老年人才资源开发中，专业协会、志愿者组织、社会团体等各类社会组织扮演着不同的角色也拥有不同职责，可以为老年人才提供多元化、个性化的服务。

第四，将老年教育纳入终身教育体系，加强老年继续教育，针对老年人才的特点和各类老年人才的多样化需求，开展专业技能培训、知识更新和素质提升等继续教育活动，提高老年人才的综合素质和专业技能水平。

3. 建议企事业单位在老年人才再开发中发挥主阵地作用

第一，各企事业单位建立和完善老年人才开发制度，制定老年人才开发办法。实施柔性退休政策，明确老年人才的延聘、返聘等方面的规定，为老年人才的开发提供制度保障。

第二，各单位成立专门老年人才开发部门，或拓展老龄办的职能，实行一套人马，两块牌子。通过调查摸底，了解本单位老年人才的种类、数量、特长和需求，建立完善的老年人才库，为单位的老年人才开发服务。

第三，定期举办形式多样的研讨会、座谈会、讲座等，发挥老年人才“传帮带”作用。老年人才在长期工作中积累了丰富的专业知识和实践经验，这些经验和知识对于年轻一代是一笔宝贵的财富。

4. 老年人才要树立积极的老年观，积极发挥自身优势和特长

第一，老年人才应不断学习和更新自己的知识和技能，调节自身智能结构，提高自身素质，以更好地适应参与社会发展的需要。

第二，老年人才还要把握机遇，顺势而为。国家出台了《关于进一步加强和改进离退休干部工作的意见》《高校银龄教师支援西部计划实施方案》《关于加强新时代老龄工作的意见》《“十四五”国家老龄事业发展和养老服务体系规划》《国家银龄教师行动计划》等一系列鼓励老年人才继续发挥作用的指导性文件，老年人才可以对照自己的实际情况，把握机遇，积极参与社会发展。

上海高校老年人才开发调查报告

——以华东师范大学为例

执笔人 黄 莹*

老年人才开发是我国人才强国战略的重要组成部分。高校老年人才是我国老年人口中文化层次最高、科技人才最集中的人群，在高等院校开展老年人才的调查研究对应对人口老龄化，落实人才强国战略，贯彻中共中央、国务院印发的《国家积极应对人口老龄化中长期规划》和《加强新时代老龄工作的意见》具有十分重要的意义。本研究以华东师范大学为例，通过华东师范大学老龄办和华东师范大学老教授协会重点向具有中级以上职称的退休教职员发放问卷，共回收有效问卷290份。

一、总体分析

（一）基本信息

基本信息主要对退休教职员的性别、年龄、学历、身体状况、退休后的去向等方面进行调查。

1. 性别

此次调查者中，男性156人，占比约53.79%；女性134人，占比约46.21%，男女比例相当。

---

* 执笔人系华东师范大学助理研究员。

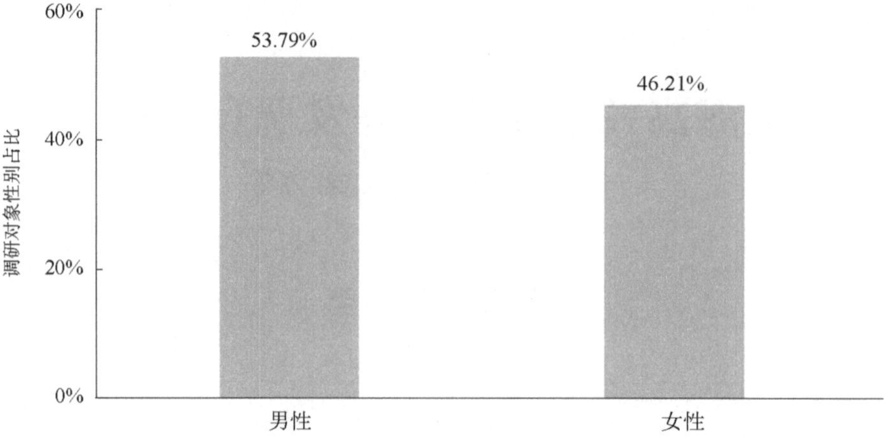

图 3-18 性别比例

2. 年龄

从年龄数据分布来看，60 岁以下的退休教职员 8 人，占比约 2.80%；60—69 岁 84 人，占比约 29.00%；70—79 岁 138 人，占比约 47.60%；80 岁及以上的高龄老人有 60 人，占比约 20.70%。此次调查中 60—69 岁和 70—79 岁的中低龄老人占比较大，共计约 76.60%，说明在华东师大退休教职员中进行老年人才开发具有年龄优势。

表 3-31 年龄分布

年龄段	频率（人）	百分比	有效百分比	累计百分比
60 岁以下	8	2.80	2.80	2.80
60—69 岁	84	29.00	29.00	31.70
70—79 岁	138	47.60	47.60	79.30
80 岁及以上	60	20.70	20.70	100.00
总计	290	100.00	100.00	

3. 学历

从学历构成来看，被调查者中大专/本科学历占比约 75.17%；硕士及以上占比约 19.31%。老年人才学历层次较高，符合高校高知群体集中的特征，具有可开发的智力优势。

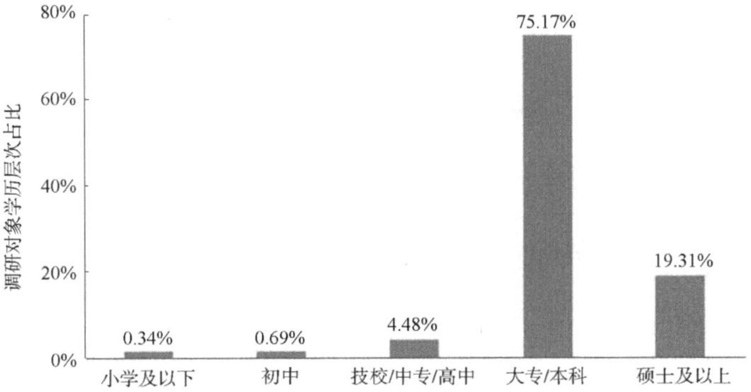

图 3-19 学历分布

4. 身体状况

被调查者身体状况水平反映好和较好的占比约 41.72%；认为身体状况水平一般的占比约 48.28%；较差和差的占比约 10.00%。说明大部分退休教职员总体身体状况良好，具有继续发挥作用的身体条件。

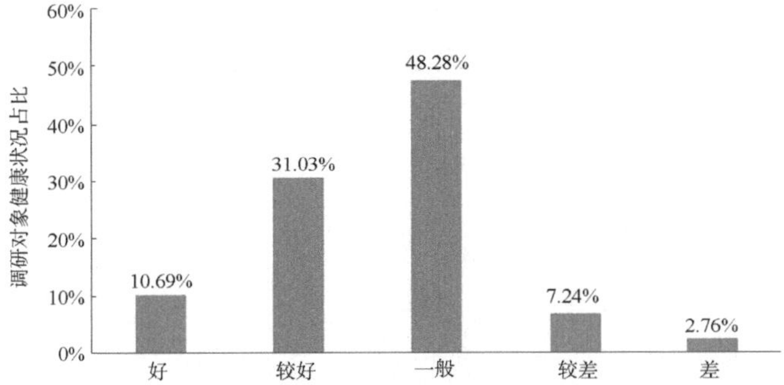

图 3-20 身体状况

5. 退休后的去向

被调查者中，退休后仍通过延聘、返聘、外聘等方式继续工作的退休教职员约占 64.48%；其他选项中填写的多为退休在家，也有少数填写参加社会公益活动。说明大部分退休教职员退休后仍愿意继续工作发挥作用。

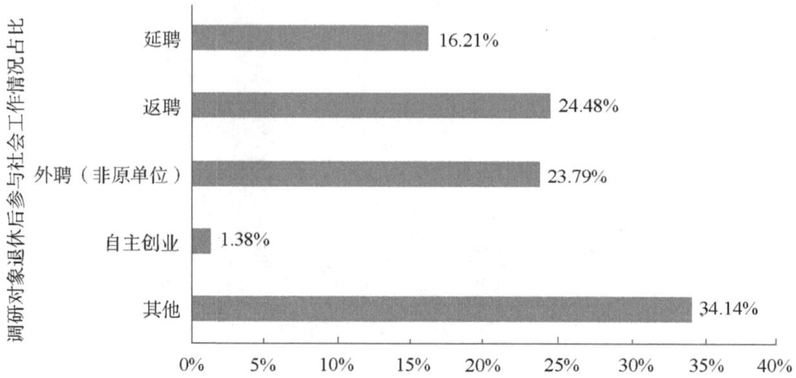

图 3-21　退休后的去向

（二）退休前原工作情况

退休前工作情况的调查主要包括被调查者在退休前原单位从事的岗位、专业、职务、职称以及退休后从事的专业情况。

1. 原单位从事的岗位

调查中排前三位的分别是教学岗位占比约 50.69%、管理岗位占比约 30.34%、科研岗位占比约 8.97%，这也体现了高校教学育人的主要功能。

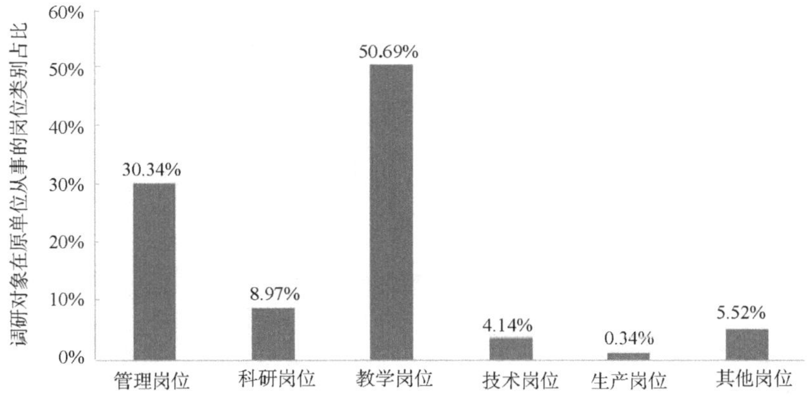

图 3-22 原单位从事的岗位

2. 原单位从事的专业

被调查者中，原单位从事的专业排前三位的分别是理工农医类专业约占 37.93%、教育类约占 30.34%、经管类约占 15.17%。华东师范大学作为一所以师范教育见长的综合性大学，具有教育类专业的老年人才可以发挥其专业优势，为教育事业继续发光发热。

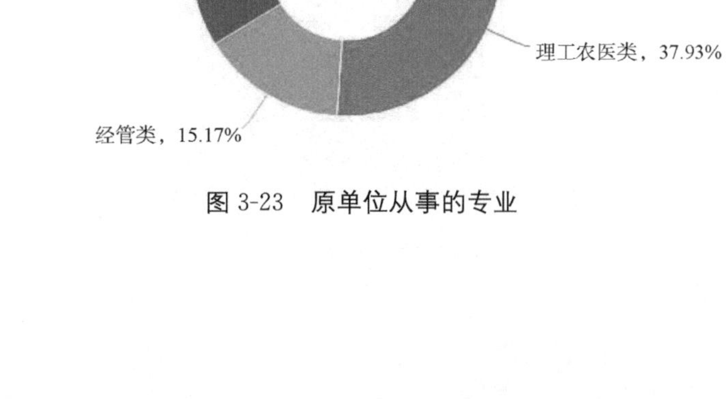

图 3-23 原单位从事的专业

3. 原单位职务

被调查者中，具有中高级职务的约占 61.72%。其中，科级约占 21.38%；处级约占 40.34%；厅局级约占 1.03%。

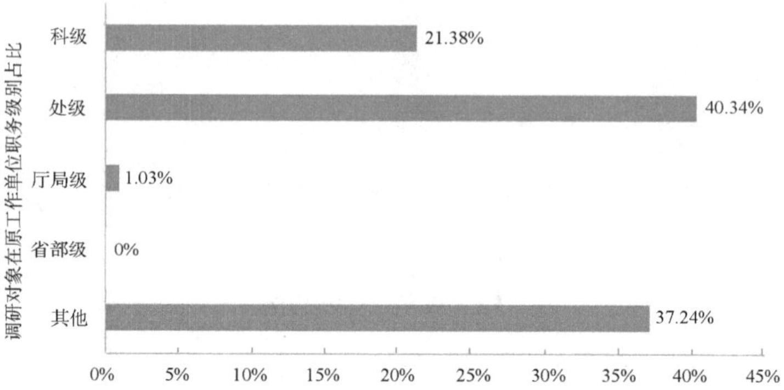

图 3-24　原单位职务

4. 原单位职称

被调查者中，中级职称占比约 21.72%；副高级职称占比约 44.14%；正高级职称占比约 27.59%。具有副高级及以上职称的占比约 71.73%，体现了高校具有较强的人才资源优势。

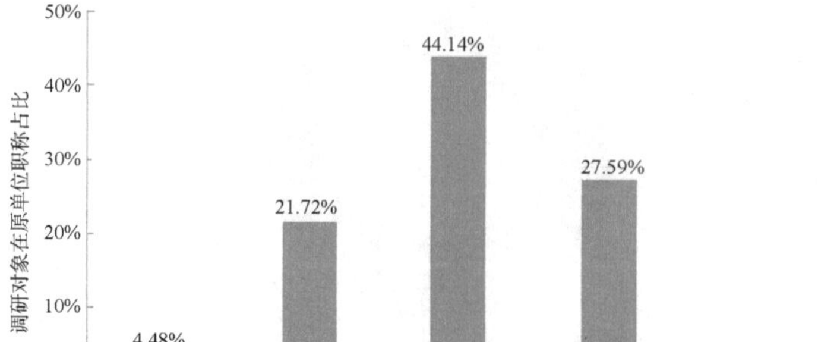

图 3-25　原单位职称

5. 退休后从事的专业

退休后从事的专业中，教育类约占 25.86％；理工农医类约占 17.24％；经管类和文史哲法学类相同，都各占约 9.31％。同时，选择其他选项的约 34.83％，他们退休后不再从事专业性的工作，多为安享晚年，以兴趣爱好丰富退休生活。

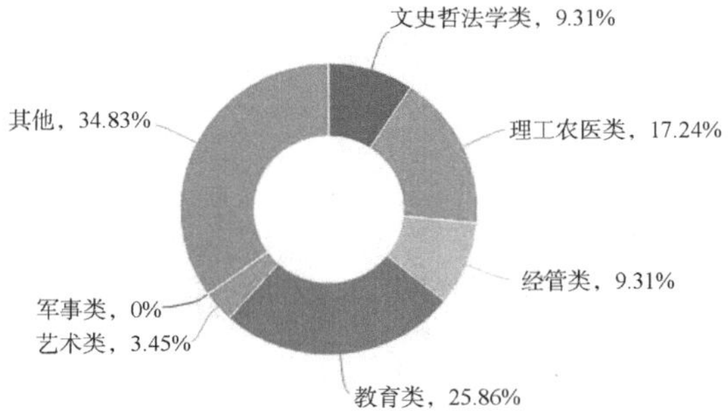

图 3-26　退休后从事的专业

（三）退休后的社会参与情况

老年人退休后除以返聘、延聘、外聘继续发挥作用外，也有老年人选择从事志愿服务、社区治理等社会公益活动进行社会参与，实现自我价值。通过调查，退休后没有从事社会工作的退休教职员约达 55.86％；从事社会工作的约有 44.14％。

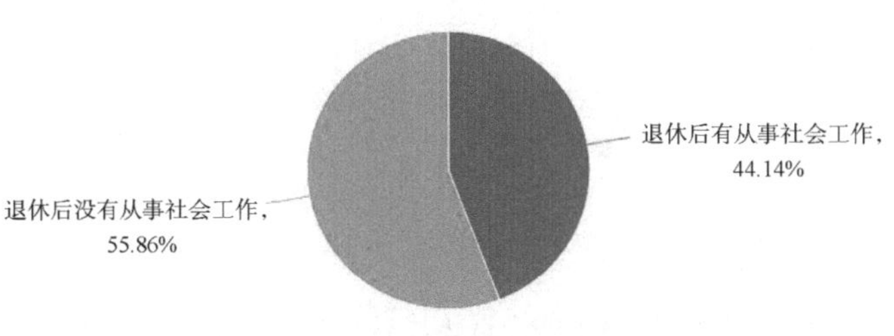

图 3-27　退休后有无从事社会工作

在选择从事社会工作的退休教职员中，他们主要参与到教育教学、社会公益、社会组织、科学研究、行政管理、专业技术、社区治理、决策咨询等社会工作中。其中，从事教育教学的人最多，占比约 41.41%；从事科学研究和专业技术的占比和约 32.03%，从事社会公益的占比约 28.91%。

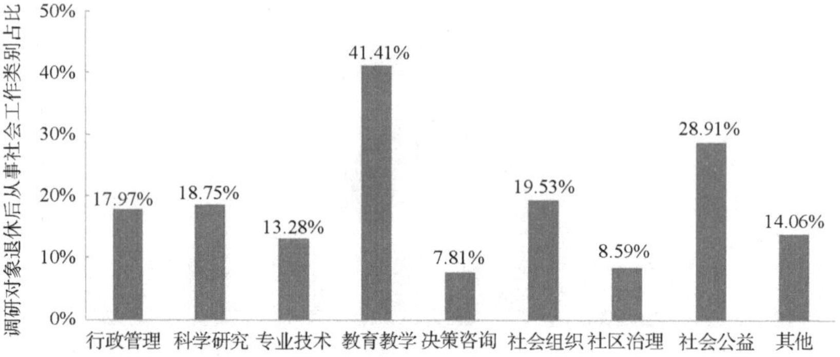

图 3-28 从事社会工作的类型

（四）退休后的写作情况

退休后的写作情况包括有无写作行为、最大写作年龄、写作类型和写作成果。被调查者中，退休教职员退休后无写作的占比约 70.34%，有写作的占比约 29.66%。

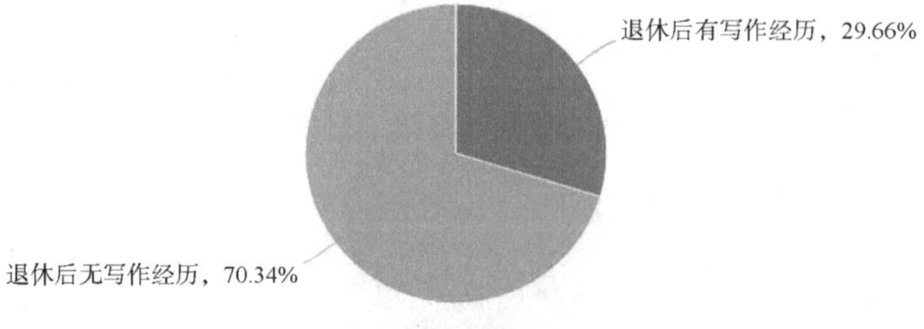

图 3-29 退休后有无写作

退休后仍有写作经历的 85 位退休教职员中，最小年龄 57 岁，最大年龄 99 岁。写作的不同年龄段的分布情况为 60 岁以下 2 人，约占 0.70%；60—69 岁 18 人，约占 6.20%；70—79 岁 50 人，约占 17.20%；80 岁及以上 15 人，占比约 5.20%。

表 3-32　最大写作年龄分布

年龄段	频率（人）	百分比	有效百分比	累计百分比
无写作	205	70.70	70.70	70.70
60 岁以下	2	0.70	0.70	71.40
60—69 岁	18	6.20	6.20	77.60
70—79 岁	50	17.20	17.20	94.80
80 岁及以上	15	5.20	5.20	100.00
总计	290	100.00	100.00	

写作类型中以论文、著作和研究报告为主，论文占比约 52.33%、著作占比约 46.51%、研究报告占比约 24.42%，这反映了高校退休人员具有丰富的专业科研能力。同时可以看到 70—79 岁为出成果最多的年龄段，也说明了年龄的增长虽然会带来神经系统的退化，但并不必然就造成认知、语言和思维等脑功能的明显下降，同样可以进行创新创造、做出成果。其他选项中，退休教职员以写生活类的游记、随笔和编写教材为主要写作类型。参与教材的编写也很好发挥了高校教师教育的作用。

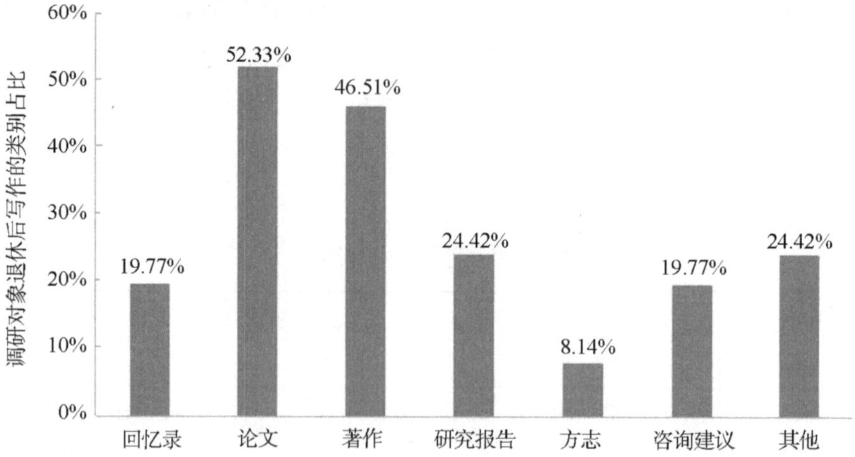

图 3-30 写作类型分布

（五）退休后承担、参与科技工程项目情况

该部分的调查主要包括退休后有无承担项目、退休后承担项目的最大年龄、所承担项目的层级、在项目中担任的角色情况。

通过调查，退休后承担项目的老年人才较少，仅有 42 人，占比约 14.50%。退休后承担项目的老年人才中，最小年龄 60 岁，最大年龄 84 岁。承担项目的不同年龄段的分布情况为 60—69 岁 17 人，约占 5.90%；70—79 岁 21 人，约占 7.20%；80 岁及以上 3 人，占比约 1.00%。

表 3-33 退休后有无承担项目

是否承担项目	频率（人）	百分比	有效百分比	累计百分比
有	42	14.50	14.50	14.50
无	248	85.50	85.50	100.00
总计	290	100.00	100.00	

表 3-34 承担项目最大年龄分布

年龄段	频率（人）	百分比	有效百分比	累计百分比
不承担项目	249	85.90	85.90	85.90
60—69 岁	17	5.90	5.90	91.70
70—79 岁	21	7.20	7.20	99.00
80 岁及以上	3	1.00	1.00	100.00
总计	290	100.00	100.00	

承担项目的退休教职员中，承担省部级项目最多，有 58 项；其次是本单位项目，有 41 项；第三位的是专业研究团队项目，有 22 项。国家级和地区级较少，分别有 19 项和 17 项。

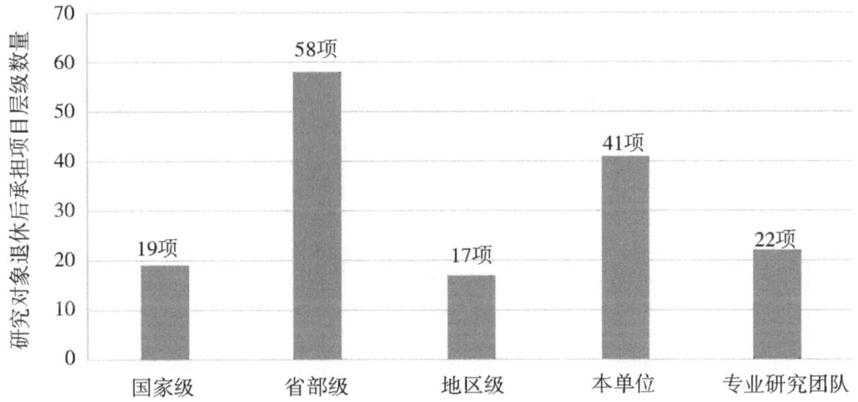

图 3-31 承担项目的层级

作为主持人承担项目最多，为 58 项，其次是作为申请人，有 47 项，作为主要成员的有 41 项。作为一般成员和顾问的分别有 22 项和 19 项。可以看出，高校中教师作为项目的申请人和主持人进行项目研究的为大多数，充分发挥了他们的专业优势。

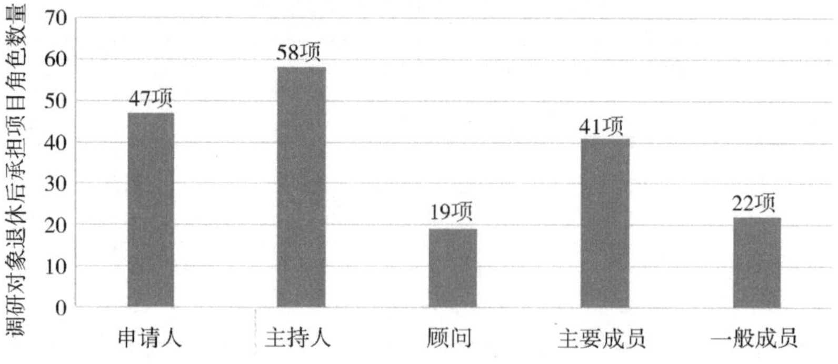

图 3-32 承担项目的角色

（六）退休后的被表彰情况

这部分是对退休后表彰情况的调查，包括有无表彰奖励、表彰奖励的次数和名称。调查显示，退休后被表彰奖励的老人比较少，占比约 16.21%。

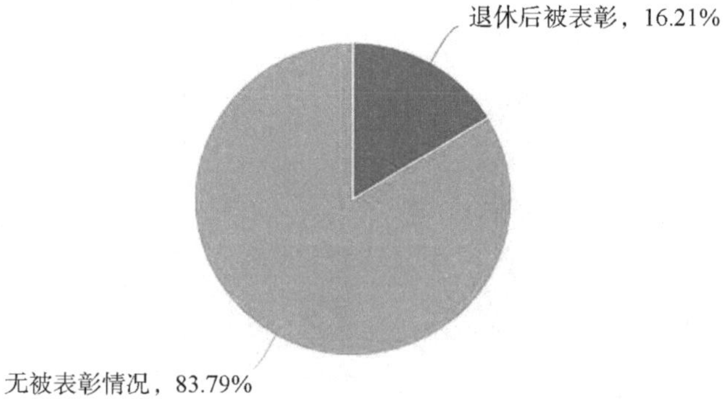

图 3-33 有无被表彰奖励

在获得奖励的被调查者中，获得单位级别奖励的次数最多，为 47 次，获得全国社团和省市社团的并列第二，都为 29 次，位列第三的为省部级，有 28 次。被表彰的名称中，较多的是“先进工作者”和“关心下一代”等方面。

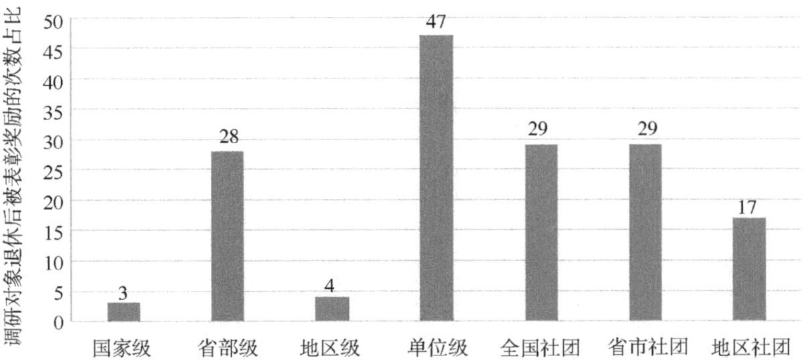

图 3-34 被表彰奖励的次数

（七）退休后参与社会的动力

该部分主要调查退休教职员参与社会的主要动力以及继续发展的途径和举措。调查显示，退休教职员参与社会的主要动力排前三位的分别是兴趣爱好约占 50.69%，社会奉献约占 42.41%，丰富人生约占 40.34%。其次是扶持后辈约占 22.76%，工作需要约占 20.00%，发展学科（专业）约占 19.66%，完善自我约占 19.66%。为国争光和增加收入所占比重较小。

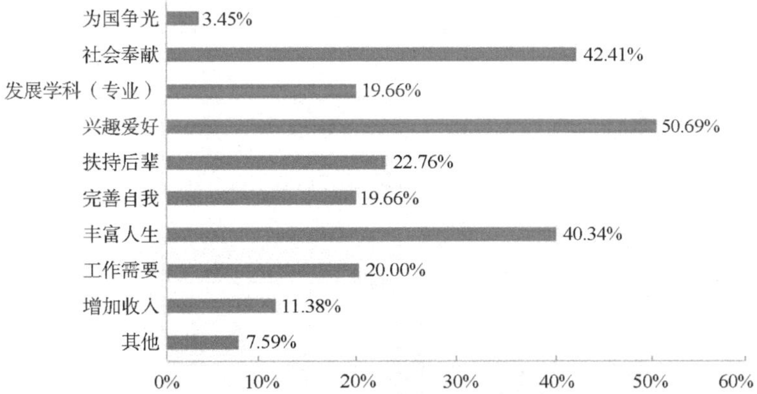

图 3-35 退休后参与社会的主要动力

在对社会参与动力的排序调查中，排名第一的为社会奉献，其次为兴趣爱好，第三是丰富人生。说明高校退休教职员具有强烈的社会责任感，愿意继续为社会做贡献的愿望，同时也具有基于兴趣爱好不断丰富晚年生活，完善人生的价值追求。

表 3-35 主要动力的排序

选项	综合得分	第 1 位	第 2 位	小计
社会奉献	3.89	101（88.60%）	13（11.40%）	114
兴趣爱好	3.59	68（62.96%）	40（37.04%）	108
丰富人生	2.66	25（30.12%）	58（69.88%）	83
发展学科（专业）	1.5	29（64.44%）	16（35.56%）	45
工作需要	1.21	19（51.35%）	18（48.65%）	37
完善自我	1.09	10（29.41%）	24（70.59%）	34
扶持后辈	1.08	15（45.45%）	18（54.55%）	33
其他	0.66	11（55.00%）	9（45.00%）	20
增加收入	0.36	4（36.36%）	7（63.64%）	11
为国争光	0.31	8（88.89%）	1（11.11%）	9

调查显示，高校教职员退休后继续发展的最主要途径是自学，占比约 56.55%，进入老年大学学习占比约 27.24%。除此以外，参与学术研究也是高校退休教师选择较多的一种继续发展举措，占比约 21.38%。

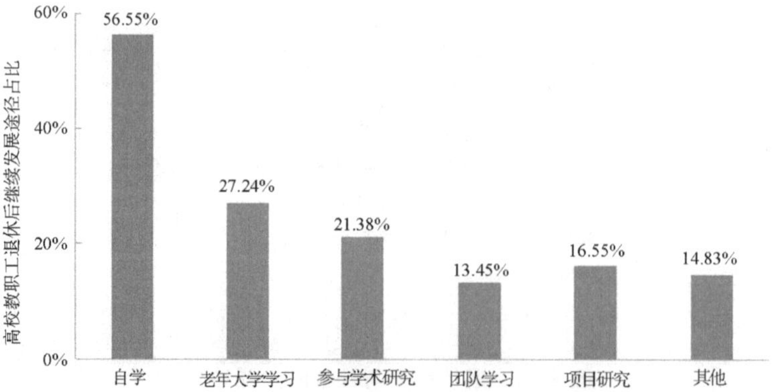

图 3-36 退休后继续发展的主要途径和举措

二、交叉分析

当统计变量不是连续变量，而是以频数统计为主的定类变量时，应采用交叉列联表分析。交叉列联表分析主要包括两个基本任务：一是根据收集的样本数据产生二维或多维交叉列联表；二是在交叉列联表的基础上，对两个变量间是否存在相关性进行检验。① 卡方检验是非参数统计的一种，常用于检验行列变量之间是否相关。具体原理：首先，定义零假设为行列变量之间相互独立，不存在显著的相关关系；其次，根据 SPSS 检验后得出的相伴概率 p 来判断是否存在相关关系。如果相伴概率 p 小于显著性水平 0.05，那么拒绝零假设，行列变量之间彼此相关；如果相伴概率 p 大于显著性水平 0.05，那么接受零假设，行列变量之间彼此独立。

本研究是以频数统计为主的定类变量，因此主要采用了交叉列联表分析方法对变量之间进行两两交叉分析，并采用卡方检验来验证变量间是否存在相关性。重点从学历、身体状况、原职称、原岗位、原专业五方面，分别与退休后是否继续工作、有无从事社会工作、写作情况、承担项目情况以及社会参与的动力和途径进行两两相关分析。

（一）学历与退休后是否继续工作、有无从事社会工作的关系

1. 学历与退休后是否继续工作的关系

表 3-36　学历与退休后是否继续工作统计表

		退休后是否继续工作					总计
		延聘	返聘	外聘（非原单位）	自主创业	其他	
学历	小学及以下	0	0	1	0	0	1
	初中	0	1	1	0	0	2
	技术/中专/高中	1	2	5	0	5	13
	大专/本科	30	57	54	4	73	218
	硕士及以上	16	11	8	0	21	56
合计		47	71	69	4	99	290

① 赖国毅，陈超：《SPSS17 中文版统计分析典型实例精粹》，电子工业出版社 2010 年版，第 78 页。

表 3-37 卡方检验

	值	自由度	p
皮尔逊卡方	18.191[a]	16	0.313
似然比	19.012	16	0.268
线性关联	0.499	1	0.480
有效个案数	290		

注：a 为 17 个单元格（68.00%）的期望计数小于 5。最小期望计数为 0.01。

从上表可知，相伴概率的 p 值为 0.313>0.05，因此学历对于退休后是否继续工作没有显著性差异。

2. 学历与退休后有无从事社会工作的关系

表 3-38 学历与退休后有无从事社会工作统计表

		退休后有无从事社会工作		总计
		有	无	
学历	小学及以下	0	1	1
	初中	0	2	2
	技校/中专/高中	6	7	13
	大专/本科	100	118	218
	硕士及以上	22	34	56
总计		128	162	290

表 3-39 卡方检验

	值	自由度	p
皮尔逊卡方	3.192[a]	4	0.526
似然比	4.320	4	0.364
线性关联	0.001	1	0.980
有效个案数	290		

注：a 为 4 个单元格（40.00%）的期望计数小于 5。最小期望计数为 44。

从上表可知，相伴概率的 p 值为 0.526>0.05，因此学历对于退休后有无从事社会工作没有显著性差异。

（二）身体状况与退休后是否继续工作、有无从事社会工作的关系

1. 身体状况与退休后是否继续工作的关系

表 3-40 身体状况与退休后是否继续工作统计表

		退休后是否继续工作					总计
		延聘	返聘	外聘（非原单位）	自主创业	其他	
身体状况	好	6	10	4	4	7	31
	较好	20	20	21	0	29	90
	一般	20	37	34	0	49	140
	较差	1	3	9	0	8	21
	差	0	1	1	0	6	8
合计		47	71	69	4	99	290

表 3-41 卡方检验

	值	自由度	p
皮尔逊卡方	52.015[a]	16	0.000
似然比	37.362	16	0.002
线性关联	6.636	1	0.010
有效个案数	290		

注：a 为 11 个单元格（44.00%）的期望计数小于 5。最小期望计数为 11。

从上表可知，$p=0.000<0.05$，因此身体状况对于退休后是否继续工作具有显著性差异。

2. 身体状况与退休后有无从事社会工作的关系

表 3-42 身体状况与退休后有无从事社会工作统计表

		退休后有无从事社会工作		总计
		有	无	
身体状况	好	15	16	31
	较好	46	44	90
	一般	61	79	140
	较差	5	16	21
	差	1	7	8
总计		128	162	290

表 3-43 卡方检验

	值	自由度	p
皮尔逊卡方	8.787[a]	4	0.067
似然比	9.524	4	0.049
线性关联	6.075	1	0.014
有效个案数	290		

注：a 为 2 个单元格（20.00%）的期望计数小于 5。最小期望计数为 3.53。

从上表可知，$p=0.067>0.05$，因此身体对于退休后有无从事社会工作没有显著性差异。

（三）职称与退休后是否继续工作、有无从事社会工作、从事何项工作、有无写作、从事何种写作、有无承担项目、参与社会的主要动力、继续发展的途径和举措的关系。

1. 职称与退休后是否继续工作的关系

表 3-44 职称与退休后是否继续工作统计表

		退休后是否继续工作					总计
		延聘	返聘	外聘（非原单位）	自主创业	其他	
原单位的职称	初级	0	4	4	1	4	13
	中级	5	18	15	1	24	63
	副高级	12	37	33	2	44	128
	正高级	30	10	17	0	23	80
	其他	0	2	0	0	4	6
合计		47	71	69	4	99	290

表 3-45 卡方检验

	值	自由度	p
皮尔逊卡方	48.343[a]	16	0.000
似然比	47.769	16	0.000
线性关联	3.797	1	0.051
有效个案数	290		

注：a 为 13 个单元格（52.00%）的期望计数小于 5。最小期望计数为 0.08。

从上表可知，$p=0.000<0.05$，因此退休前原单位的职称对于退休后是否继续工作具有显著性差异。

2. 职称与退休后有无从事社会工作的关系

表 3-46 职称与退休后有无从事社会工作统计表

		退休后有无从事社会工作		总计
		有	无	
原单位的职称	初级	6	7	13
	中级	22	41	63
	副高级	51	77	128
	正高级	46	34	80
	其他	3	3	6
总计		128	162	290

表 3-47 卡方检验

	值	自由度	p
皮尔逊卡方	9.026[a]	4	0.060
似然比	9.027	4	0.060
线性关联	5.133	1	0.023
有效个案数	290		

注：a 为 2 上单元格（20.00%）的期计数小于 5。最小期望计数为 2.65。

从上表可知，$p=0.060>0.05$，因此职称对于退休后有无从事社会工作没有显著性差异。

3. 职称与退休后从事何项工作的关系

表 3-48 职称与退休后从事何项工作统计表

选项	状态	原单位的职称					总计	p
		初级	中级	副高级	正高级	其他		
行政管理	否	4	17	41	40	3	105	0.591
	是	2	5	10	6	0	23	
科学研究	否	6	22	46	27	3	104	0.000*
	是	0	0	5	19	0	24	
专业技术	否	5	21	45	37	3	111	0.455
	是	1	1	6	9	0	17	
教育教学	否	5	15	29	23	3	75	0.204
	是	1	7	22	23	0	53	
决策咨询	否	6	22	47	40	3	118	0.358
	是	0	0	4	6	0	10	
社会组织	否	5	21	44	32	1	103	0.017*
	是	1	1	7	14	2	25	
社区治理	否	5	19	44	46	3	117	0.111
	是	1	3	7	0	0	11	
社会公益	否	2	16	34	36	3	91	0.133
	是	4	6	17	10	0	37	
其他	否	5	17	43	43	2	110	0.331
	是	1	5	8	3	1	18	

注：* $p<0.05$ ** $p<0.01$

从上表可知，利用卡方检验（交叉分析）去研究职称对于行政管理、科学研究、专业技术、教育教学、决策咨询、社会组织、社区治理、社会公益、其他共 9 项的差异关系。从检验结果可看出，原单位的职称对于科学研究和社会组织，呈现出显著性（$p<0.05$），意味着不同的职称对于科学研究和社会组

织两项均呈现出差异性。

4. 职称与退休后有无写作的关系

表 3-49 职称与退休后有无写作统计表

		退休后有无写作		总计
		有	无	
原单位的职称	初级	0	13	13
	中级	6	57	63
	副高级	26	102	128
	正高级	53	27	80
	其他	1	5	6
总计		86	204	290

表 3-50 卡方检验

	值	自由度	p
皮尔逊卡方	74.917[a]	4	0.000
似然比	76.055	4	0.000
线性关联	50.497	1	0.000
有效个案数	290		

注：a 为 3 个单元格（30.00%）的期望计数小于 5。最小期望计数为 1.78。

从上表可知，$p=0.000<0.05$，因此职称对于退休后有无写作具有显著性差异。

5. 职称与退休后从事何种写作的关系

表 3-51 职称与退休后从事何种写作统计表

选项	状态	原单位的职称				总计	p
		中级	副高级	正高级	其他		
回忆录	否	4	18	47	0	69	0.028*
	是	2	8	6	1	17	
论文	否	6	15	20	0	41	0.014*
	是	0	11	33	1	45	
著作	否	6	19	20	1	46	0.002*
	是	0	7	33	0	40	
研究报告	否	4	21	40	0	65	0.292
	是	2	5	13	1	21	
方志	否	6	24	48	1	79	0.862
	是	0	2	5	0	7	
咨询建议	否	6	19	44	0	69	0.084
	是	0	7	9	1	17	
其他	否	2	20	42	1	65	0.088
	是	4	6	11	0	21	

注：* $p<0.05$ ** $p<0.01$

从表中数据可以看出，初级职称中没有写作。中级及以上职称对于研究报告、方志、咨询建议、其他共 4 项写作类型不会表现出显著性（$p>0.05$），而对于回忆录、论文、著作共 3 项呈现出显著性（$p<0.05$）。

6. 职称与退休后有无承担项目的关系

表 3-52 职称与退休后有无承担项目统计表

		退休后有无承担项目		总计
		有	无	
原单位的职称	初级	0	13	13
	中级	2	61	63
	副高级	5	123	128
	正高级	34	46	80
	其他	1	5	6
总计		42	248	290

表 3-53 卡方检验

	值	自由度	*p*
皮尔逊卡方	70.993[a]	4	0.000
似然比	65.439	4	0.000
线性关联	41.400	1	0.000
有效个案数	290		

注：a 为 2 个单元格（20.00%）的期望计数小于 5. 最小期望计数为 0.87。

从上表可知，$p=0.000<0.05$，因此职称对于退休后有无承担项目具有显著性差异。

7. 职称与退休后参与社会的主要动力的关系

表 3-54　职称与退休后参与社会的主要动力统计表

选项	状态	原单位的职称					总计	p
		初级	中级	副高级	正高级	其他		
为国争光	否	13	61	126	75	5	280	0.142
	是	0	2	2	5	1	10	
社会奉献	否	7	47	71	39	3	167	0.033 *
	是	6	16	57	41	3	123	
发展学科（专业）	否	13	61	113	40	6	233	0.000 *
	是	0	2	15	40	0	57	
兴趣爱好	否	7	40	57	35	4	143	0.089
	是	6	23	71	45	2	147	
扶持后辈	否	11	51	99	60	3	224	0.045 *
	是	2	12	29	20	3	66	
完善自我	否	8	53	99	69	4	233	0.153
	是	5	10	29	11	2	57	
丰富人生	否	3	40	70	57	3	173	0.009 *
	是	10	23	58	23	3	117	
工作需要	否	12	51	108	56	5	232	0.098
	是	1	12	20	24	1	58	
增加收入	否	11	57	109	76	4	257	0.09
	是	2	6	19	4	2	33	
其他	否	13	54	120	76	5	268	0.142
	是	0	9	8	4	1	22	

注：* $p<0.05$　* * $p<0.01$

从表中数据可以看出，不同职称对于为国争光、兴趣爱好、完善自我、增加收入、其他共 5 项社会参与动力不会表现出显著性差异。而对于社会奉献

p＝0.033、发展学科（专业）p＝0.000，扶持后辈 p＝0.045，丰富人生 P＝0.009 呈现出显著差异。

8. 职称与退休后继续发展的途径和举措的关系

表 3-55 职称与退休后继续发展的途径和举措统计表

选项	状态	原单位的职称					总计	p
		初级	中级	副高级	正高级	其他		
自学	否	6	26	48	43	3	126	0.234
	是	7	37	80	37	3	164	
老年大学学习	否	9	37	85	76	4	211	0.000
	是	4	26	43	4	2	79	
参与学术研讨交流	否	13	60	111	38	6	228	0.000
	是	0	3	17	42	0	62	
团队学习	否	10	58	109	70	4	251	0.288
	是	3	5	19	10	2	39	
项目研究	否	12	61	117	46	6	242	0.000
	是	1	2	11	34	0	48	
其他	否	10	54	107	71	5	247	0.773
	是	3	9	21	9	1	43	

注：* $p<0.05$ ** $p<0.01$

从表中数据可以看出，不同职称对于自学、团队学习、其他共 3 项不会表现出显著性（$p>0.05$）。而职称对于老年大学学习、参与学术研讨交流、项目研究共 3 项呈现出显著性（$p=0.000<0.01$）。职称级别越高，通过参与学术研讨交流和项目研究继续发展的比例就越大。这也体现了高校知识分子的继续发展大多沿袭了原来所从事的学术及项目研究的传统。

（四）原岗位与退休后是否继续工作、有无从事社会工作、从事何项社会工作、有无写作、有无承担项目、参与社会的主要动力、继续发展的途径和举措的关系

1. 原岗位与退休后是否继续工作的关系

表 3-56 原岗位与退休后是否继续工作统计表

		原单位从事的岗位						总计
		管理	科研	教学	技术	生产	其他	
退休后是否继续工作	延聘	10	11	23	2	0	1	47
	返聘	34	5	29	2	1	0	71
	外聘（非原单位）	17	5	41	4	0	2	69
	自主创业	2	0	2	0	0	0	4
	其他	25	5	52	4	0	13	99
总计		88	26	147	12	1	16	290

表 3-57 卡方检验

	值	自由度	p
皮尔逊卡方	46.950[a]	20	0.001
似然比	44.970	20	0.001
线性关联	11.540	1	0.001
有效个案数	290		

注：a 为 18 个单元格（60.00%）的期望计数小于 5。最小期望计数为 0.01。

从上表可知，$p=0.001<0.05$，因此原岗位对于退休后是否继续工作具有显著性差异。

2. 原岗位与退休后有无从事社会工作的关系

表 3-58 原岗位与退休后有无从事社会工作统计表

		原单位从事的岗位						总计
		管理	科研	教学	技术	生产	其他	
退休后是否继续工作	有	37	16	65	5	0	5	128
	无	51	10	82	7	1	11	162
总计		88	26	147	12	1	16	290

表 3-59 卡方检验

	值	自由度	p
皮尔逊卡方	5.247[a]	5	0.386
似然比	5.626	5	0.343
线性关联	0.579	1	0.447
有效个案数	290		

注：a 为 2 个单元格（16.70%）的期望计数小于 5。最小期望计数为 0.44。

从上表可知，$p=0.386>0.05$，因此原岗位对于退休后有无从事社会工作不具有显著性差异。

3. 原岗位与退休后从事何项社会工作的关系

表 3-60 原岗位与退休后从事何项社会工作统计表

选项	状态	原单位从事的岗位					总计	p
		管理	科研	教学	技术	其他		
行政管理	否	25	15	55	5	5	105	0.056
	是	12	1	10	0	0	23	

续表

选项	状态	原单位从事的岗位					总计	p
		管理	科研	教学	技术	其他		
科学研究	否	36	6	53	5	4	104	0.000*
	是	1	10	12	0	1	24	
专业技术	否	33	13	58	2	5	111	0.024*
	是	4	3	7	3	0	17	
教育教学	否	31	10	24	5	5	75	0.000*
	是	6	6	41	0	0	53	
决策咨询	否	36	11	61	5	5	118	0.006*
	是	1	5	4	0	0	10	
社会组织	否	34	8	53	5	3	103	0.004*
	是	3	8	12	0	2	25	
社区治理	否	31	15	62	4	5	117	0.244
	是	6	1	3	1	0	11	
社会公益	否	20	14	48	4	5	91	0.044*
	是	17	2	17	1	0	37	
其他	否	33	16	55	4	2	110	0.018*
	是	4	0	10	1	3	18	

注：$*p<0.05$　$**p<0.01$

从上表可知，退休教职工原从事的岗位对于退休后从事行政管理、社区治理共2项无显著性差异。而对于科学研究、教育教学共2项呈现出显著性（$p=0.000<0.01$）；专业技术、决策咨询、社会组织、社会公益、其他共5项则呈现出显著性差异性。

4. 原岗位与退休后有无写作的关系

表 3-61　原岗位与退休后有无写作统计表

		原单位从事的岗位						总计
		管理	科研	教学	技术	生产	其他	
退休后有无写作	有	14	19	47	3	0	3	86
	无	74	7	100	9	1	13	204
总计		88	26	147	12	1	16	290

表 3-62　卡方检验

	值	自由度	p
皮尔逊卡方	33.307[a]	5	0.000
似然比	32.007	5	0.000
线性关联	0.431	1	0.511
有效个案数	290		

注：a 为 4 个单元格（33.30%）的期望计数小于 5。最小期望计数为 0.30。

从上表可知，$p=0.000<0.05$，因此原岗位对于退休后是否写作具有显著性差异。

5. 原岗位与退休后有无承担项目的关系

表 3-63　原岗位与退休后有无承担项目统计表

		原单位从事的岗位						总计
		管理	科研	教学	技术	生产	其他	
退休后有无承担项目	有	3	14	24	1	0	0	42
	无	85	12	123	11	1	18	248
总计		88	26	147	12	1	16	290

表 3-64 卡方检验

	值	自由度	p
皮尔逊卡方	44.888[a]	5	0.000
似然比	40.120	5	0.000
线性关联	0.028	1	0.867
有效个案数	290		

注：a 为 5 个单元格（41.70%）的期望计数小于 5。最小期望计数为 0.41。

从上表可知，$p=0.000<0.05$，因此原岗位对于退休后是否承担项目具有显著性差异。

6. 原岗位与退休后参与社会的主要动力的关系

表 3-65 原岗位与退休后参与社会的主要动力统计表

选项	状态	原单位从事的岗位						总计	p
		管理	科研	教学	技术	生产	其他		
为国争光	否	86	23	143	11	1	16	280	0.208
	是	2	3	4	1	0	0	10	
社会奉献	否	52	14	82	7	1	11	167	0.852
	是	36	12	65	5	0	5	123	
发展学科（专业）	否	83	11	115	9	1	14	233	0.000 *
	是	5	15	32	3	0	2	57	
兴趣爱好	否	47	12	72	6	1	5	143	0.576
	是	41	14	75	6	0	11	147	
扶持后辈	否	69	19	111	12	0	13	224	0.177
	是	19	7	36	0	1	3	66	
完善自我	否	68	22	119	11	1	12	233	0.796
	是	20	4	28	1	0	4	57	

续表

选项	状态	原单位从事的岗位						总计	p
		管理	科研	教学	技术	生产	其他		
丰富人生	否	44	21	90	8	1	9	173	0.095
	是	44	5	57	4	0	7	117	
工作需要	否	75	21	112	10	1	13	232	0.670
	是	13	5	35	2	0	3	58	
增加收入	否	78	26	127	10	1	15	257	0.423
	是	10	0	20	2	0	1	33	
其他	否	84	24	135	11	1	13	268	0.526
	是	4	2	12	1	0	3	22	

注：$^{*}p<0.05$　$^{**}p<0.01$

从上表可知，退休教职工原从事的岗位对于退休后参与社会的动力中发展学科（专业）呈现显著性（$p=0.000<0.01$），其余动力则无显著性差异。

7. 原岗位与退休后继续发展的途径和举措的关系

表 3-66　原岗位与退休后继续发展途径和举措统计表

选项	状态	原单位从事的岗位						总计	p
		管理	科研	教学	技术	生产	其他		
自学	否	34	12	67	5	1	7	126	0.777
	是	54	14	80	7	0	9	164	
老年大学学习	否	60	24	111	9	1	6	211	0.005*
	是	28	2	36	3	0	10	79	
参与学术研讨交流	否	83	15	106	9	1	14	228	0.000*
	是	5	11	41	3	0	2	62	
团队学习	否	77	25	123	11	1	14	251	0.607
	是	11	1	24	1	0	2	39	

续表

选项	状态	原单位从事的岗位						总计	p
		管理	科研	教学	技术	生产	其他		
项目研究	否	81	12	121	11	1	16	242	0.000*
	是	7	14	26	1	0	0	48	
其他	否	75	23	123	10	0	16	247	0.107
	是	13	3	24	2	1	0	43	

注：* $p<0.05$　** $p<0.01$

从表中数据可以看出，不同岗位对于自学、团队学习、其他共3项不会表现出显著性（$p>0.05$）。而对于参与学术研讨交流、项目研究、老年大学学习共3项呈现出显著性（$p=0.000<0.01$，$p=0.005<0.01$），且从事教学岗位的调查者中通过参与学术研讨交流和项目研究继续发展的比例较大。

（五）原单位从事的专业与退休后是否继续工作、退休后从事何种专业、有无从事社会工作、从事何项社会工作的关系

1. 原专业与退休后是否继续工作的关系

表3-67　原专业与退休后是否继续工作统计表

		原单位从事的何种专业						总计
		文史哲法学类	理工农医类	经管类	教育类	艺术类	军事类	
退休后是否继续工作	延聘	9	22	4	10	2	0	47
	返聘	8	23	13	26	1	0	71
	外聘（非原单位）	7	28	10	20	4	0	69
	自主创业	0	1	0	3	0	0	4
	其他	14	36	17	29	2	1	99
总计		38	110	44	88	9	1	290

表 3-68 卡方检验

	值	自由度	p
皮尔逊卡方	17.003[a]	20	0.653
似然比	17.759	20	0.603
线性关联	0.418	1	0.518
有效个案数	290		

注：a 为 14 个单元格（46.70%）的期望计数小于 5。最小期望计数为 0.01。

从上表可知，$p=0.653>0.05$，因此原单位从事的专业对于退休后是否继续工作不具有显著性差异。

2. 原专业与退休后从事何种专业的关系

表 3-69 原专业与退休后从事何种专业统计表

		原单位从事的何种专业						总计
		文史哲法学类	理工农医类	经管类	教育类	艺术类	军事类	
退休后从事何种专业	文史哲法学类	24	2	0	1	0	0	27
	理工农医类	0	49	1	0	0	0	50
	经管类	0	3	22	2	0	0	27
	教育类	1	19	3	52	0	0	75
	艺术类	1	2	0	1	6	0	10
	其他	12	35	18	32	3	1	101
总计		38	110	44	88	9	1	290

表 3-70 卡方检验

	值	自由度	p
皮尔逊卡方	473.260[a]	25	0.000
似然比	321.052	25	0.000
线性关联	29.919	1	0.000
有效个案数	290		

注：a 为 20 个单元格（55.60%）的期望计数小于 5。最小期望计数为 0.03。

从上表可知，$p=0.000<0.05$，因此原单位从事的专业对于退休后从事的专业具有显著性差异。

3. 原专业与退休后有无从事社会工作的关系

表 3-71　原专业与退休后有无从事社会工作统计表

		原单位从事的何种专业						总计
		文史哲法学类	理工农医类	经管类	教育类	艺术类	军事类	
退休后有无从事社会工作	有	18	49	18	37	5	1	128
	无	20	61	26	51	4	0	162
总计		38	110	44	88	9	1	290

表 3-72　卡方检验

	值	自由度	p
皮尔逊卡方	2.252[a]	5	0.813
似然比	2.619	5	0.759
线性关联	0.011	1	0.916
有效个案数	290		

注：a 为 3 个单元格（25.00%）的期望计数小于 5。最小期望计数为 0.44。

从上表可知，$p=0.813>0.05$，因此原专业对于退休后有无从事社会工作不具有显著性差异。

4. 原专业与退休后从事何项社会工作的关系

表 3-73 原专业与退休后从事的何项社会工作统计表

选项	状态	原单位从事的何种专业						总计	p
		文史哲法学类	理工农医类	经管类	教育类	艺术类	军事类		
行政管理	否	17	40	15	29	3	1	105	0.534
	是	1	9	3	8	2	0	23	
科学研究	否	12	41	15	31	4	1	104	0.678
	是	6	8	3	6	1	0	24	
专业技术	否	17	41	16	32	4	1	111	0.882
	是	1	8	2	5	1	0	17	
教育教学	否	12	33	13	15	1	1	75	0.033
	是	6	16	5	22	4	0	53	
决策咨询	否	17	45	16	34	5	1	118	0.969
	是	1	4	2	3	0	0	10	
社会组织	否	12	42	15	31	3	0	103	0.115
	是	6	7	3	6	2	1	25	
社区治理	否	18	43	18	32	5	1	117	0.314
	是	0	6	0	5	0	0	11	
社会公益	否	14	33	11	27	5	1	91	0.535
	是	4	16	7	10	0	0	37	
其他	否	15	43	13	33	5	1	110	0.501
	是	3	6	5	4	0	0	18	

注：$*p<0.05$　$**p<0.01$

从上表可知，退休教职工原从事的专业对于退休后从事的工作只有教育教学存在显著性（$p=0.033<0.05$），其余工作均无显著性差异。说明高校教师，特别是师范院校的教师，退休后从事较多与教育有关的社会工作。

三、小结与启示

（一）研究小结

1. 高校老年人才的开发具有多方面客观优势及主观意愿

通过调查可以看到，华东师范大学退休教职员的身体状况水平良好，且以60—69岁和70—79岁的中低龄老人居多，占比约76.60%。学历以大专/本科学历占比最大，约75.20%。具有副高级及以上职称的共有208人，占比约71.13%。说明在华东师范大学退休教职员中进行老年人才开发具有很好基础，在身体、年龄、学历、职称等方面具有较强的人才资源开发优势。同时，退休后是否继续工作的调查显示，通过延聘、返聘、外聘等方式继续工作的退休教职员约占64.48%，说明大部分教职员退休后仍有继续工作发挥作用的意愿。

2. 高校老年人才退休后继续发挥作用多基于原岗位和原专业

高校退休教职员原工作以教学、科研、管理为主，具有较强的专业性。调查显示：退休后从事的专业排前三位的分别是教育类（约25.86%），理工农医类（约17.24%），经管类和文史哲法学类（各占约9.31%）；退休后从事社会工作的人中，从事教育教学（约41.41%），从事科学研究和专业技术（约32.03%），从事社会公益（约28.91%）位列前三位。通过对退休前后从事的岗位和专业做进一步相关分析发现，大部分退休教职员退休后的作用发挥大多与原岗位和原专业存在一定延续性，从事较多的是与教育有关的社会工作。这也体现了高校，特别是师范院校，充分发挥教育优势、专业优势进行社会参与的特色。

3. 中低龄高校老年人才科研创造表现突出

调查显示，退休后仍然写作的退休教职员约有29.66%（85人），最小年龄57岁，最大年龄99岁，主要集中在70—79岁，共50人，写作类型以论文、著作和研究报告为主。退休后承担项目的退休教职员有42人，占比约14.50%，最小年龄60岁，最大年龄84岁，主要集中在60—69岁（共17人，约占5.90%）和70—79岁（约21人，约占7.20%），所承担项目的层级主要以省部级和本单位的为主。通过相关分析研究发现，职称越高，写作人数越多，承担项目人数也越多，通过与学术研讨交流和项目研究继续发展的比例就越大。说明高校老年人才退休后仍具有相当水平的创造力，可以继续从事科学研究，并且能够取得丰硕的科研成果。

4. 内驱力是高校老年人才退休后社会参与的主要动力

调查显示，退休教职员参与社会的主要动力来源于兴趣爱好（共 147 人，约占 50.69%）、社会奉献（共 123 人，约占 42.41%）、丰富人生（共 117 人，约占 40.34%）。社会参与动力的排序中，社会奉献、兴趣爱好、丰富人生同样位列前三位，可见高校老年人才社会参与的主要动因是基于内在因素。说明高校退休教职员具有强烈的社会责任感，希望能继续为社会做贡献，同时也具有基于兴趣爱好不断丰富晚年生活，完善人生的价值追求。

5. 高校老年人才的社会参与还有较大发展空间

通过调查，退休后没有从事社会工作的退休教职员约 55.90%，从事社会工作的约有 44.10%。他们主要参与到教育教学、社会公益、社会组织、科学研究、行政管理、专业技术、社区治理、决策咨询等社会工作中。其中，从事教育教学的最多有 53 人，占比约 41.41%，从事科学研究和专业技术的共计 41 人，占比约 32.03%，从事社会公益的 37 人，占比约 28.91%。说明高校老年人才更愿意继续发挥自己的专业特长从事有关社会工作。另一方面，也有近一半的高校退休教职员没有从事社会工作，是人才资源的极大浪费。对这部分人才资源进行合理有效开发还有较大空间。

6. 自学是高校老年人才继续发展的主要途径和举措

通过调查，自学是高校教职员退休后继续发展的最主要途径，占比约 56.55%，其次是进入老年大学学习，占比约 27.24%。除此以外，参与学术研究约占 21.38%，也是高校退休教师选择较多的一种继续发展举措。调查显示，一方面，高校老年人才习惯于自主学习的模式，偏向于自由度高的学习方式；另一方面，其他的学习模式和途径很难对高校老年人才产生吸引。比如，目前老年大学的课程多为休闲娱乐类，缺乏专业性的前沿课程，很难吸引到高校老年人才参与。并且很多项目和活动也以年龄限制为由，将老年人才排除在外。

7. 学历高低并不影响高校老年人才的社会参与

调查显示，学历对退休后是否工作以及是否从事社会工作没有显著性差异，即学历高低不会影响高校老年人才作用的发挥。社会参与涉及方方面面，需要不同学历层次，不同能力特长的老年人才广泛参与，才能更好促进社会和谐发展。

8. 身体状况是高校老年人才发挥作用的条件，但不是绝对条件

身体状况对于退休后是否继续工作具有显著性差异，但对退休后有无从事社会工作没有显著性差异。继续工作因考虑到聘用双方利益与安全的问题，身体状况较好的高校老年人才能更好地满足继续工作的条件，但对其进行社会参与则不会有太大影响。换句话说，社会参与的内容和形式丰富多样，只要老年人才有意愿，在身体状况允许的情况下，都可以继续发挥作用实现人生价值。

（二）研究启示

1. 国家需完善高校老年人才继续发挥作用的制度和规定

首先，实施弹性退休政策。随着生活和健康水平的提高以及国民平均寿命的延长，再按年龄采取“一刀切”的退休制度，显然已不合时宜。而且相对于体力劳动者而言，专业型人才即使到了退休年龄，积累的知识和技术并没有消失，所内化的晶体智力不但不会随着年龄衰退，往往还会有所增长。通过调查也可看到，高校中低龄老年人才在科研创造方面仍然具有较强活力，他们不但具有身体、学历、专业等方面的优势，也具有继续工作主观意愿。因此，对身体条件允许且具有继续工作意愿的高校老年人才可适度放宽退休年限。

其次，采用灵活的就业制度和较为弹性的工作制度。注重以人为本，坚持自愿、适度、有序开发原则，既发挥作用，又量力而行。

最后，建立鼓励高校老年人才创新创造的激励机制。如设立高校老年人才特殊贡献专项奖、放宽高校老年人才申报课题的年龄限制要求、允许做出新贡献的退休高校老年人才申请晋升职称资格等。

2. 高校要勇于承担起开发老年人才的主体责任

首先，高校领导应充分重视对本校老年人才的开发工作。高校对本校退休老年人才情况最为了解，开发工作的推进更有针对性和实效性，也体现了学校

对老同志的尊重和关心。学校要树立老年人才是宝贵资源的思想，将老年人才开发和发挥作用纳入学校发展总体规划，与学校学科建设、人才培养、科学研究结合起来。

其次，高校应成立专门机构负责本校老年人才工作。可由老龄办牵头，联合人事处、学工部、科技处、社科处等部门共同成立老年人才开发管理机构。加强高校老年人才资源的开发工作，形成有专人负责，各部门协同推进的长效机制，更好地发挥高校老年人才作用。

最后，通过多种举措为老年人才发挥作用提供指导和帮助。高校应对本校老年人才的基本情况进行统计，建立老年人才信息库，全面掌握本校老年人才的专业特长、再就业及社会参与意愿等信息。调查显示，高校老年人才退休后继续发挥作用多基于原岗位和原专业。因此，应充分发挥高校老年人才在育人、科研、管理方面的特长和经验，为学校专业学科发展、校园文化传承、青年学生培养、青年教师传帮带、提供咨询建议等方面多做贡献。同时，加强与社会人才市场的联动，实现高校老年人才信息共享，为高校老年人才进行广泛的社会参与搭建沟通桥梁。

3. 社会要为高校老年人才开发提供多方位的支持

首先，转变社会上存在的消极老龄观。让人们认识到退休后的社会再参与是人追求全面自由发展的需要，且老年人退休后仍具有继续发挥作用的条件和潜力，特别是高校老年人才更是人才资源的富矿。

其次，多渠道为高校老年人才发挥作用创造条件。面向社会建立多渠道、多形式的高校老年人才开发机制，定期举办大型高校老年人才交流会，成立高校老年人才交流服务中心或技术交易市场，等等。人力资源部门和招聘组织尽可能为有劳动意愿的老年人提供职业介绍、职业技能培训和创新创业指导服务。鼓励企事业单位使用高校老年人才资源，并辅导和扶持社会组织创办有关高校老年人才资源开发的服务项目。

最后，为高校老年人才社会参与提供智能更新的机会。调查显示，自学是高校老年人才继续发展的主要途径和举措，很多高校老年人才不愿参与老年大学的学习，原因在于目前的老年大学更多提供的是休闲娱乐类的课程，无法满足他们更高层次的需求。因此，要尽可能丰富老年大学的课程设置，在课程中增设“老有所为”的技能和就业导向的培训课程，并开发一些专业性的前沿课程，以满足不同层次老年人的多元需求。

4. 高校老年人才安享晚年的同时也应积极“老有所为”

首先，高校老年人才作为老年人口中的“尖子”群体，在“老有所为”方面应起到引领作用。党和国家不仅对老年人深切关爱，同时也寄予热切期望，出台的系列政策文件中都提到要鼓励老年人继续发挥作用。习近平总书记指出：老年是人的生命的重要阶段，是仍然可以有作为、有进步、有快乐的重要人生阶段。但调查发现仍有约 55.90%（162 人）的退休教职员没有从事社会工作，他们大多赋闲在家，做一些家务或从事一些跟兴趣爱好相关的工作，更多是人才资源的浪费。

其次，高校老年人才社会参与大有空间、大有可为。高校老年人才可以继续发挥教书育人和科学技术研究的作用，如教育部《高校银龄教师支援西部计划》鼓励高校退休教师为新时代西部高等教育振兴做贡献。也可以积极参与基层民主监督、移风易俗、民事调解、文教卫生等活动。近期农业农村部等九部门印发了《“我的家乡我建设”活动实施方案》，鼓励引导退休干部、退休教师、退休医生、退休技术人员、退役军人等回乡定居，当好产业发展指导员、村级事务监督员、社情民意信息员、村庄建设智囊员。

最后，有条件的高校老年人才可创办各种社会团体和经济实体，依靠组织实现“老有所为”，带动更多的高校老年人才实现社会参与。

上海科研院所老年人才开发调查报告

——以上海科学院、上海社会科学院为例

执笔人　庄　文*

为贯彻落实中央关于发挥老年人作用的指示精神，全面、客观了解上海科研系统老年人才开发的实际情况，评估总结科研系统老年人才开发工作取得的成绩、经验及存在的问题，了解老年人才开发的意见和建议，全面分析老年人才开发的需求动态，为上海市老年人才开发工作奠定基础，华东师范大学老年人才开发课题组在前期调研的基础上设计电子问卷对上海科研系统老年人才开发状况进行了调查。

一、调查基本情况分析

作为老年人才开发研究项目的一部分，本次调查选取上海科学院、上海社会科学院的退休老年人才为主要调查对象，调查问卷回收 246 份，其中有效问卷为 227 份，问卷有效率为 92.28％。

（一）性别比例基本平衡

此次调查在调查对象性别构成方面基本平衡，女性略多于男性。其中，男性 113 人，约占调查总体的 49.78％；女性 114 人，约占调查总体的 50.22％。

---

* 执笔人系上海开放大学讲师、硕士。

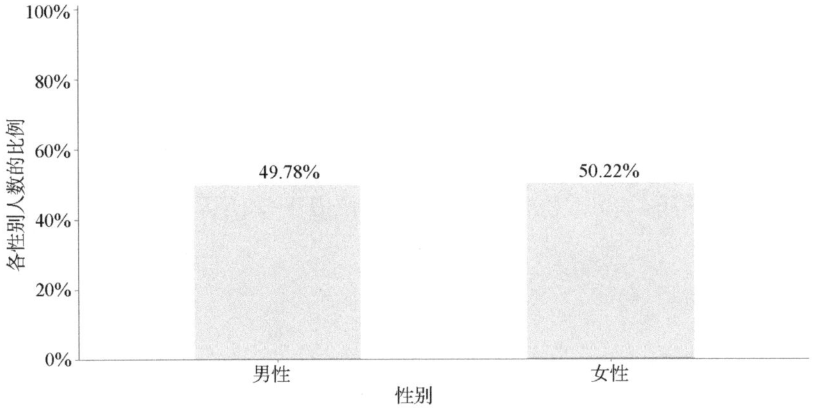

图 3-37 性别比例

（二）年龄结构基本均衡

本次调查问卷发放对象涉及 50 岁及以上各个年龄段，平均年龄为 71 岁，最小年龄为 55 岁，最大年龄为 93 岁。各年龄段人数比例基本均衡。其中 60—69 岁与 70—79 岁持平，各约占 33.92％。50—59 岁，共 20 人，约占 8.81％。80 岁及以上有 53 人，约占 23.35％。

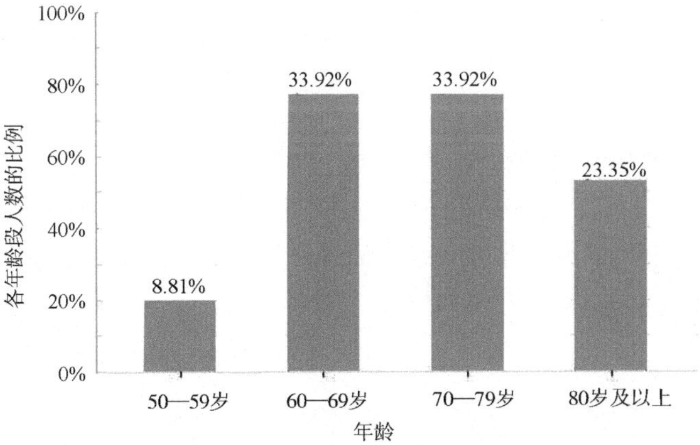

图 3-38 年龄分布

（三）学历层次较高

本次调查对象的学历层次呈现出较高学历特征，大专/本科学历层次人数最多。大专/本科学历和硕士研究生学历比例高达约 71.36%，其中大专/本科学历约占 68.28%，硕士及以上学历约占 3.08%。技校/中专/高中学历约占 23.35%，初中学历约占 5.29%，没有小学及以下学历人员。

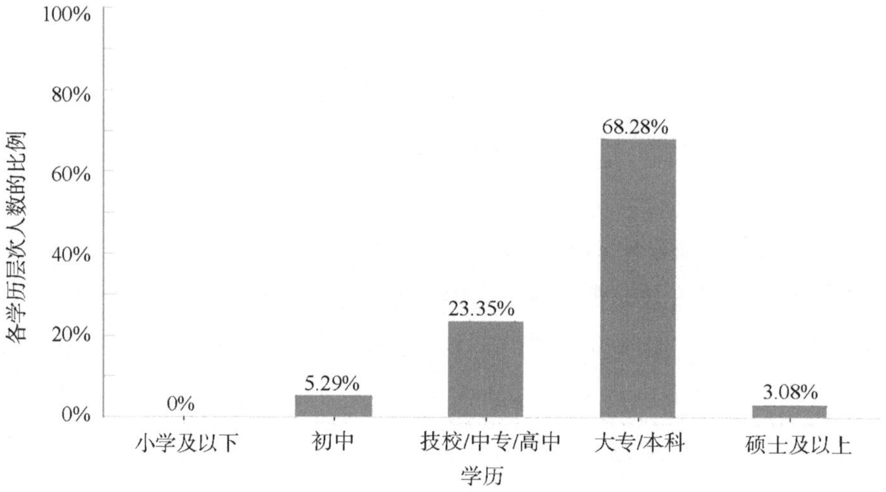

图 3-39　学历结构

（四）整体健康状况尚佳

从调查数据看，身体水平处于好、较好状态的人员约占总调查对象的 45.81%，其中身体状况选择好的约占 11.45%，身体状况选择较好的占 34.36%。身体状况处于一般水平的约占 47.58%，仅约 6.61%的老年人才表示身体水平差或者较差。

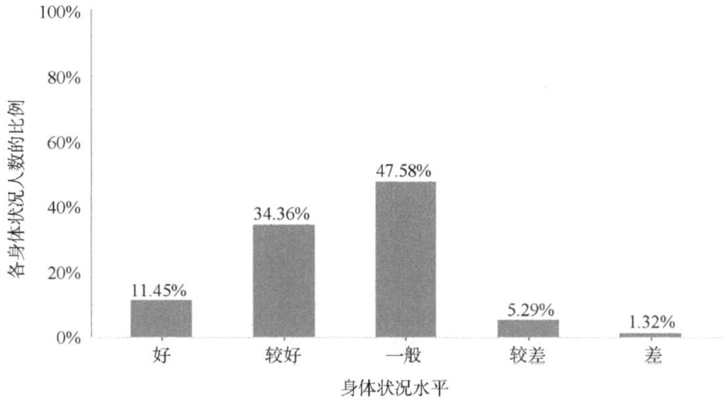

图 3-40　**身体状况水平**

（五）相当数量的科研系统老年人才仍在科研岗位发挥作用

根据调查数据显示，科研院所老年人才退休后被延聘的约占 8.81%，被返聘的约占 37.44%，被外聘（非原单位）的约占 22.47%，自主创业的约占 2.20%，退休在家没有参加任何工作的约占 29.07%。由此可见，尽管没有国家相应的政策支持和保障，科研系统仍有约 70.92%的老年人才活跃在不同的工作岗位上，在参与科研、经济、社会活动中发挥主观能动性和积极作用。原单位的延聘、返聘约占退休后继续工作总数的 46.25%，说明相当数量的科研系统老年人才仍在科研岗位发挥作用。

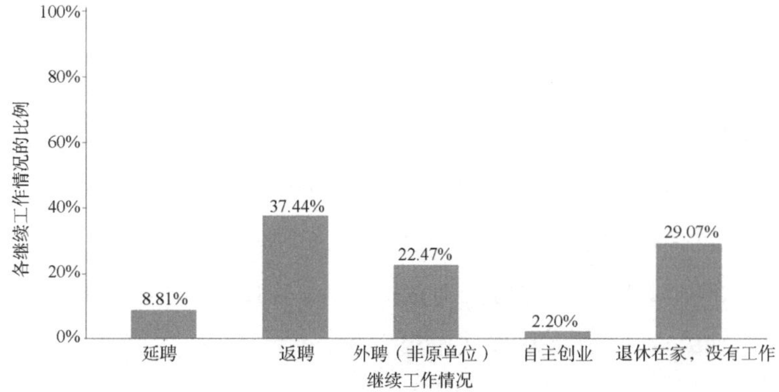

图 3-41　**退休后继续工作情况**

二、总体分析

（一）退休前原工作情况

调查对象原单位从事岗位主要集中在管理岗和科学技术岗。其中管理岗有 96 人，约占调查总体的 42.29%；科学技术岗 98 人，约占 43.17%（包括科研岗 65 人，技术岗 33 人，分别约占 28.63%和 14.54%）；生产岗有 18 人，约占 7.93%；其他岗位 15 人，约占 6.61%。

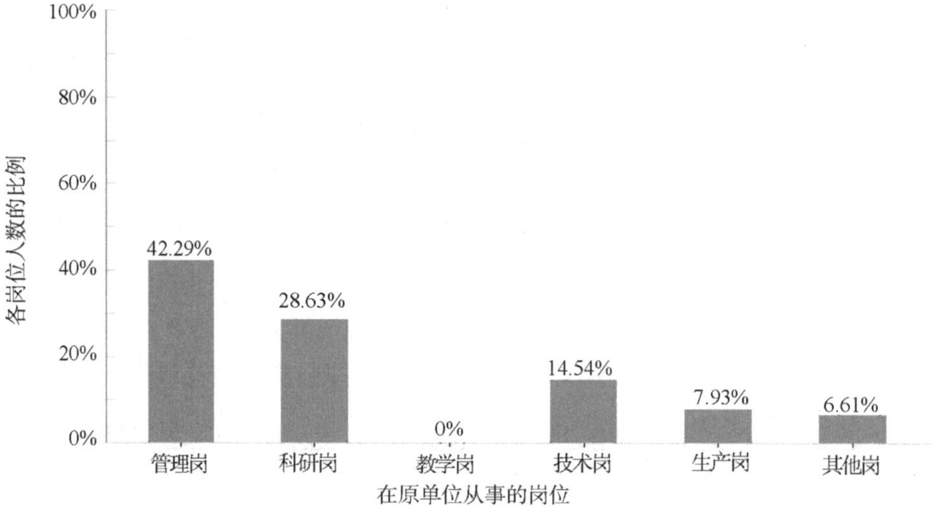

图 3-42　在原单位从事的岗位

调查对象在原单位从事的主要专业是理工农医类和经管类专业。此次参与调查的老年人才中，在原单位从事理工农医类专业的有 95 人，约占调查总体的 41.85%；退休前从事经管类专业有 81 人，约占 35.68%。文史哲法学类专业有 11 人，约占 4.85%；教育类专业有 6 人，约占 2.64%；军事类专业有 34 人，约占 14.98%；没有人从事艺术类专业。

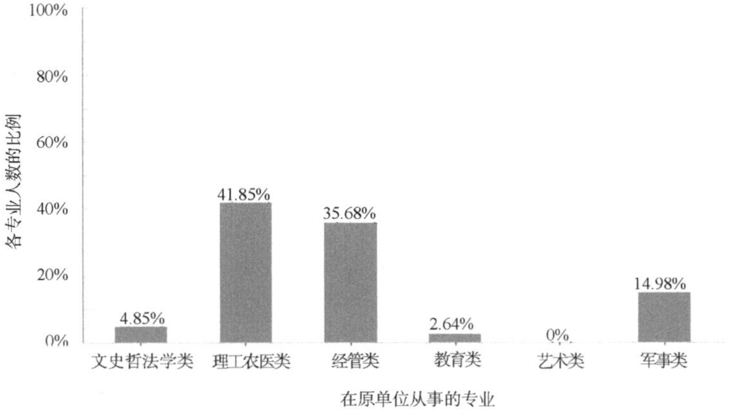

图 3-43 在原单位从事的专业

从在原单位的职务来看，参与本次调查的老年人才行政级别主要为处级及以下。其中处级老年人才约占 33.92%，科级老年人才约占 23.79%，而其他无行政职务老年人才所占比例约为 37.89%。厅局级老年人才约占 4.41%。此外，我们对原单位职务的其他选项进行分析，在没有行政职务的人员中，主要是专业科技人才，如高级工程师、高级技师、副主任医师、高级工、科研人员、技术人员等。

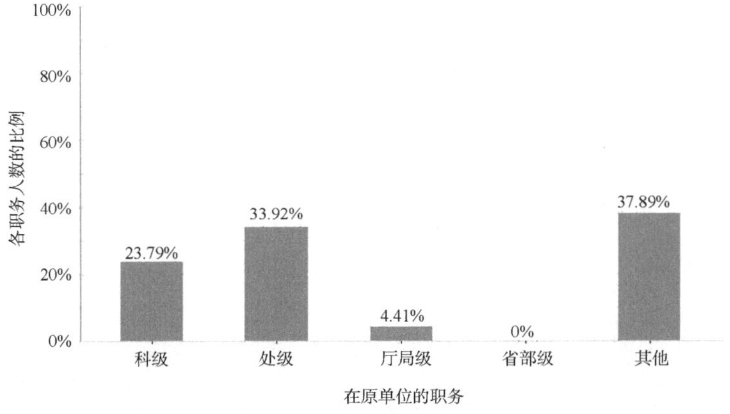

图 3-44 在原单位的职务

本次被调查对象中副高级及以上职称老年人才超过一半，约占调查总体的62.55％，其中副高级职称老年人才比例最高，约占调查总体的44.93％，正高级职称老年人才约占17.62％。中级职称老年人才约占23.79％，初级职称老年人才约占4.85％。其他类别老年人才约占8.81％，其中还不乏不评职称的工作性质。

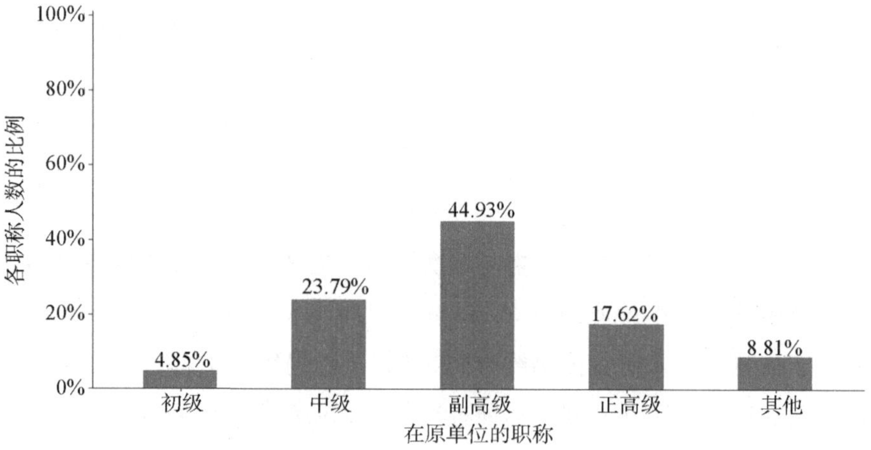

图3-45 在原单位的职称

科研院所老年人才退休后从事专业相关工作比例较高。根据调查数据显示，退休后从事理工农医类和经管类专业的比例最高，分别约占调查总体的41.48％和34.81％。从事军事类专业的约占10.37％，艺术类约占5.19％，教育类约占4.44％，文史哲法学类约占3.70％。

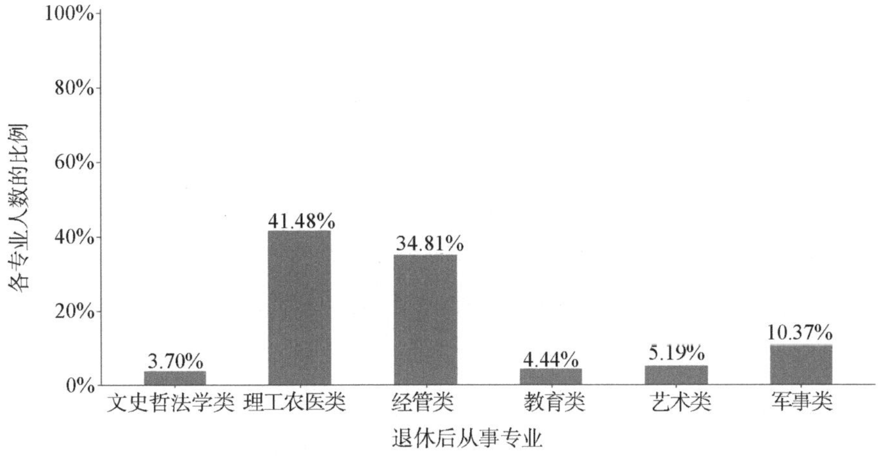

图 3-46　退休后从事专业

（二）退休后社会参与情况

据调查数据显示，在此次有效问卷的 227 人中，退休后仍然从事社会工作的有 62 人，约占调查总体的 27.31%。165 人退休后没有参与社会工作，约占 72.69%。

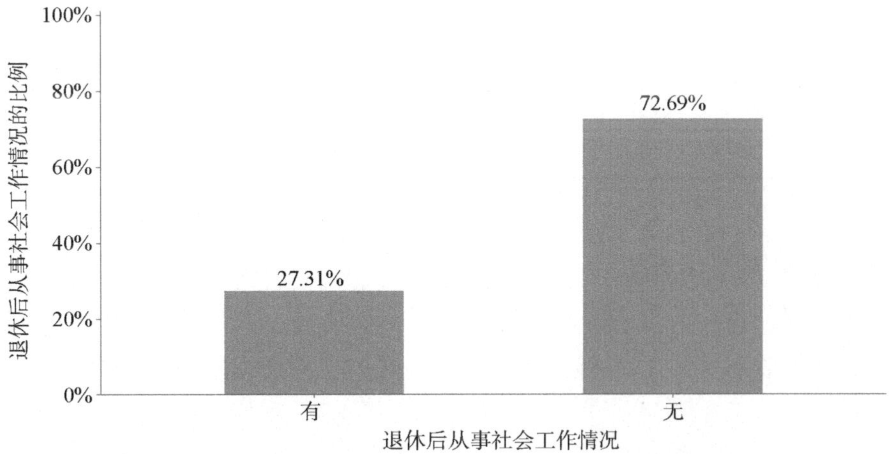

图 3-47　退休后从事社会工作情况

老年人才退休后从事的社会工作中，从事社会公益的比例最高，其次为行政管理和专业技术。调查数据显示，老年人才退休后广泛参与到社会公益、行政管理、专业技术、科学研究、社会组织、教育教学、决策咨询等社会各项工作中，其中从事社会公益的占比最高，约占到退休后从事社会工作人数的38.71％；其次为专业技术和行政管理，分别约占退休后从事社会工作人数的19.35％；再次为社会组织，约占退休后从事社会工作人数的16.13％。从事科学研究的约占9.68％。教育教学和决策咨询分别占比约6.45％，社区治理约占4.84％。

表3-74　退休后从事社会工作类型

选项	小计（人）	比例（％）
行政管理	12	19.35
科学研究	6	9.68
专业技术	12	19.35
教育教学	4	6.45
决策咨询	4	6.45
社会组织	10	16.13
社区治理	3	4.84
社会公益	24	38.71
其他	10	16.13
本题有效填写人数	62	

（三）退休后写作情况

调查结果显示，参与本次调查的调查对象退休后，仍有28人保持写作的状态，约占调查总体的12.33％，约87.67％的调查对象退休后没有写作经历。

表 3-75 退休后写作情况

选项	小计（人）	比例（%）
有	28	12.33
无	199	87.67

70—79 岁是老年人退休后写作最大的年龄段。调查数据显示，本次调查人员中有 28 人有写作经历，退休后写作最大年龄为 82 岁，写作年龄以 70—79 岁最多，共 12 人，约占写作人数的 44.44%。50—59 岁为 0；60—69 岁，约占 33.33%；80 岁及以上约 22.22%。

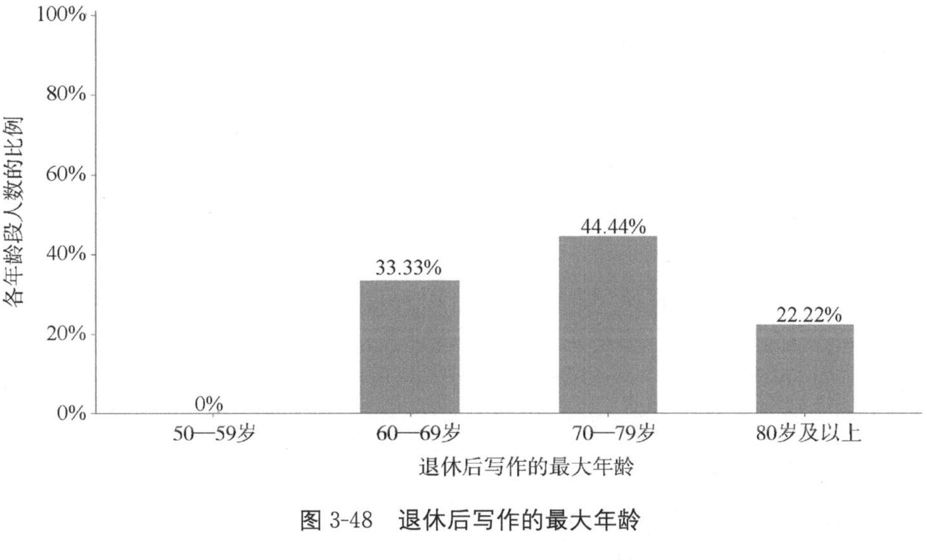

图 3-48 退休后写作的最大年龄

退休后写作成果颇丰，写作以学术论文、研究报告、咨询建议居多。学术论文、研究报告和咨询建议等学术性研究分别约占 21.15%、15.38% 和 15.38%；撰写回忆录也是老年人才比较偏好的写作内容，约占 11.54%；著作约占 7.69%，方志约占 5.77%。

表 3-76 退休后从事写作类型

	人次（人）	占比（%）
回忆录	6	11.54
学术论文	11	21.15
著作	4	7.69
研究报告	8	15.38
方志	3	5.77
咨询建议	8	15.38
其他	12	23.08

（四）退休后承担、参与社科科技工程项目情况

本次调查数据显示，有 29 名老年人才在退休后仍然承担项目研究，约占总调查人数的 12.78%，约 87.22%的老年人才没有承担项目。

表 3-77 退休后承担项目情况

选项	小计（人）	比例（%）
有	29	12.78
无	198	87.22

退休后承担项目最大年龄集中在 60—69 岁。本次调查数据显示，60—69 岁承担科研项目人数最多，18 人曾承担过研究项目，约占承担项目人数的 62.07%。70—79 岁承担项目人数 8 人，出现一定程度下滑，约占 27.59%。50—59 岁和 80 岁及以上承担科研项目的人数较少，明显低于 60—69 岁和 70—79 岁，分别约为 6.90%和 3.45%。

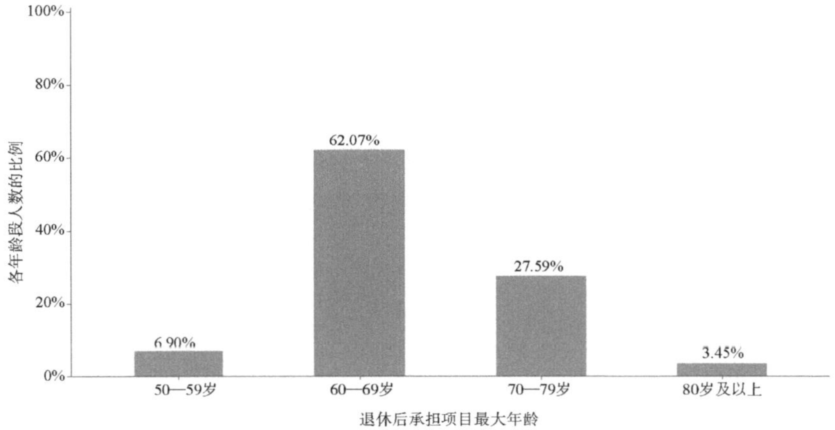

图 3-49 退休后承担项目最大年龄

项目总体层级水平较高。调查结果显示，本次调查对象退休后承担各类项目层级整体水平较高，省部级及以上层级科研项目 32 项，约占本次参与调查科研项目的 38.56%，其中国家级项目 10 项，省部级项目 22 项，分别约占 12.05%、26.51%。另外，地区级项目 11 项，约占 13.25%；本单位 25 项，约占 30.12%；专业研究团体项目 9 项，约占 10.84%；其他项目 6 项，约占 7.23%。

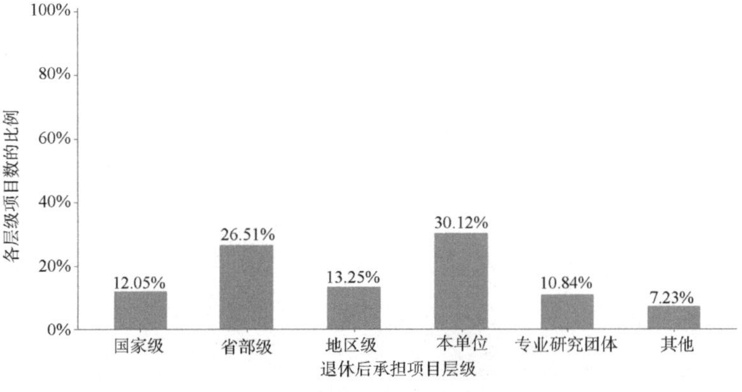

图 3-50 退休后承担项目层级

作为项目申请人、主持人的角色的比例较低，担任顾问角色的比例最为突出。调查结果显示，退休后在各类研究项目中，担任顾问角色的有 44 项，约占承担项目数的 36.67%，角色特点明显。担任项目申请人角色的有 12 项，约占 10.00%；担任项目主持人角色的有 20 项，约占 16.67%；担任主要成员的有 32 项，约占 26.67%；担任项目一般成员的有 12 项，约占 10.00%。

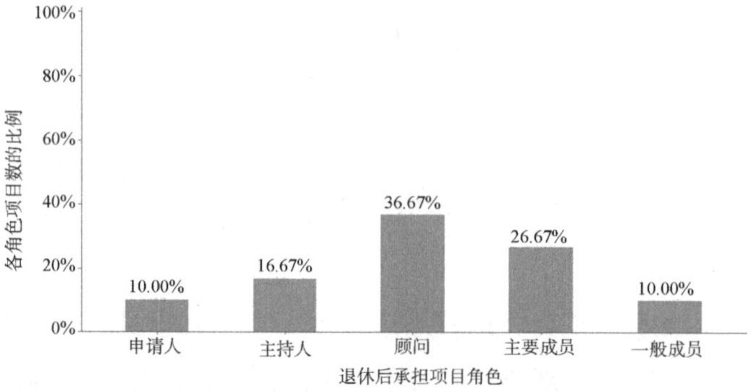

图 3-51 退休后承担项目角色

（五）退休后被表彰奖励情况

在本次调查问卷有效的 227 名调查对象中，有 28 人退休后获得过各类表彰奖励，约占调查总体的 12.33%，有 199 人没有获得过奖励，约占调查总体的 87.67%。

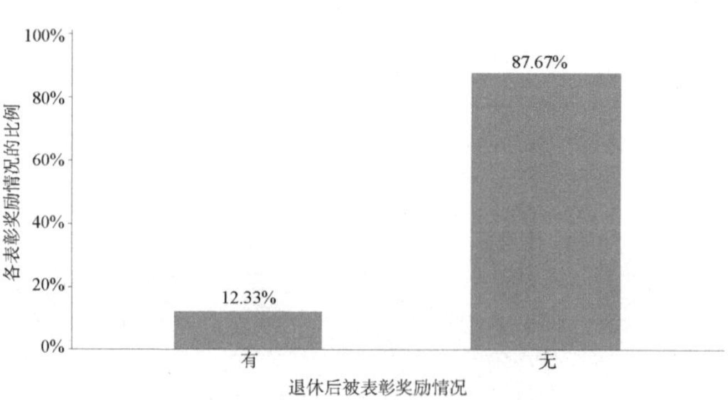

图 3-52 退休后被表彰奖励情况

各类社团表彰奖励占比最高。从调查数据中可以看出，退休后共获各类表彰奖励 78 次。国家级表彰奖励 1 次，约占 1.28％；省部级表彰奖励 8 次，约占 10.26％；地（区）级表彰奖励 5 次，约占 6.41％；单位级表彰奖励 20 次，约占 25.64％；全国社团级表彰奖励 6 次，约占 7.69％；省市社团表彰奖励 19 次，约占 24.36％；地（区）社团表彰奖励 19 次，约占 24.36％。其中全国、省市、地（区）各类社团表彰奖励过半，共 44 项，约占 56.41％。

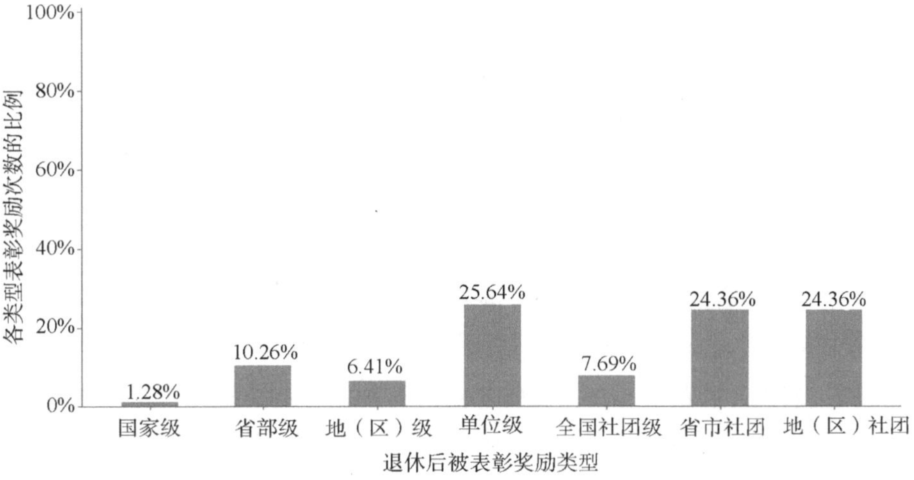

图 3-53　退休后被表彰奖励情况

（六）退休后参与社会的主要动力

兴趣爱好和丰富人生是老年人才退休后参与社会的主要动力。据调查显示，问卷有效的 227 人中，选择兴趣爱好和丰富人生的人数都已超过调查人数的一半，分别约占 57.27％和 56.39％。其次为社会奉献，约占 44.49％。完善自我、扶持后辈、增加收入、发展学科（专业）、为国争光也是退休后参与社会考虑的重要因素，分别约占 31.28％、26.43％、15.42％、12.78％、5.73％。

表 3-78 退休后参与社会的主要动力

选项	小计（人）	占比（%）
为国争光	13	5.73
社会奉献	101	44.49
发展学科（专业）	29	12.78
兴趣爱好	130	57.27
扶持后辈	60	26.43
完善自我	71	31.28
丰富人生	128	56.39
增加收入	35	15.42
其他	18	7.93
本题有效填写人数	227	

（七）退休后继续发展的途径和举措

自学和老年大学学习是退休后继续发展的主要途径和措施。调查显示，退休后继续发展的主要途径和举措是自学和老年大学学习，分别约占 58.15%和 33.92%。另外，团队学习、参与学术研讨交流和项目研究也是科研系统老年人才继续发展的重要途径，分别约占 18.94%、16.74%、和 12.78%。

表 3-79 退休后继续发展的主要途径和举措

选项	小计（人）	占比（%）
自学	132	58.15
老年大学学习	77	33.92
参与学术研讨交流	38	16.74
团队学习	43	18.94
项目研究	29	12.78
其他	33	14.54
本题有效填写人数	227	

三、交叉分析

(一)年龄与退休后身体状况水平、退休后继续工作、退休后有无从事社会工作、退休后写作的最大年龄、有无承担项目

1. 年龄与退休后身体状况水平

50—59岁、60—69岁年龄段身体健康水平处于好、较好水平的人比例较高，其中50—59岁约占70%，60—69岁约占58.44%。70—79岁身体处于好、较好的约占36.36%；80岁及以上约占32.08%。这也说明低龄老年人才身体状况较好，有很大的开发利用空间。

表3-80 年龄与退休后身体状况水平统计表

	好	较好	一般	较差	差	合计人数(人)
50—59岁	4人(20.00%)	10人(50.00%)	6人(30.00%)	0人(0%)	0人(0%)	20
60—69岁	14人(18.18%)	31人(40.26%)	31人(40.26%)	1人(1.30%)	0人(0%)	77
70—79岁	5人(6.49%)	23人(29.87%)	44人(57.14%)	4人(5.19%)	1人(1.30%)	77
80岁及以上	3人(5.66%)	14人(26.42%)	27人(50.94%)	7人(13.21%)	2人(3.77%)	53

2. 年龄与退休后继续工作

通过年龄与退休后继续工作的交叉分析发现，较高年龄段老年人才退休后继续工作的比例反而越高，低年龄段的老年人才退休后继续工作比例相对较低，低龄老年人才开发利用率低。70—79岁继续工作人数最多，共55人，约占调查总体的24.23%，约占本年龄段调查人数的71.43%。60—69岁继续工作人数48人，占调查总体的21.15%，约占本年龄段调查人数的62.34%。80岁及以上继续工作人数37人，约占调查总体的16.30%，约占本年龄段调查人数的69.82%。具体见表3-81。

表 3-81　年龄与退休后继续工作统计表

	延聘	返聘	外聘（非原单位）	自主创业	其他	合计 人数（人）
50—59 岁	0 人（0%）	7 人（35.00%）	5 人（25.00%）	0 人（0%）	8 人（40.00%）	20
60—69 岁	8 人 10.39%）	26 人（33.77%）	12 人（15.58%）	2 人（2.60%）	29 人（37.66%）	77
70—79 岁	6 人（7.79%）	33 人（42.86%）	15 人（19.48%）	1 人（1.30%）	22 人（28.57%）	77
80 岁及以上	4 人（7.55%）	17 人（32.08%）	14 人（26.42%）	2 人（3.77%）	16 人（30.19%）	53

从退休后参加工作的形式上，原单位的延聘、返聘是退休后老年人才工作的主要渠道，各个年龄段都保持在 40%左右，其中 70—79 岁原单位的延聘、返聘比例最高，共 39 人，约占该年龄段的 50.56%。延聘比例上来看，60—69 岁延聘比例最高，约占 10.39%；70—79 岁延聘占比约为 7.79%；80 岁以上延聘比例约为 7.55%，随着年龄段增加而减少。从返聘比例来看，70—79 岁返聘比例最高，约为 42.86%，其他 3 个年龄段都超过 30%，分别为 50—59 岁约占 35%、60—69 岁约占 33.77%、80 岁以上约占 32.08%。外聘也是退休后工作的主要形式之一。80 岁以上外聘比例最高，占 26.42%，其次为 50—59 岁的约 25%、70—79 岁的约 19.48%、60—69 岁的约 15.58%。总之，从上述可知，退休并不意味着退出工作舞台，老年人才保持着积极的工作热情和意愿。具体见表 3-82。

表 3-82　年龄与退休后继续工作统计表

	延聘、返聘、外聘、自主创业			其他			合计
	人数（人）	占总人数的百分比（%）	占本年龄段的百分比（%）	人数（人）	占总人数的百分比（%）	占本年龄段的百分比（%）	总人数（人）
50—59 岁	12	5.29	60.00	8	3.52	40.00	20
60—69 岁	48	21.15	62.34	29	12.78	37.66	77
70—79 岁	55	24.23	71.43	22	9.69	28.57	77
80 岁及以上	37	16.30	69.81	16	7.05	30.19	53

3. 年龄与退休后有无从事社会工作

根据年龄与退休后有无从事社会工作的对比发现，科研系统老年人才参与社会工作比例并没有因年龄增长而出现明显变化。60—69 岁和 80 岁及以上两个年龄段参与社会工作的比例明显高于其他年龄段，分别约为 33.77%和 33.96%；70—79 岁略低，约为 23.38%；50—59 岁没有人参与社会工作。

表 3-83　年龄与退休后有无从事社会工作统计表

	有	无	合计人数（人）
50—59 岁	0 人（0%）	20 人（100.00%）	20
60—69 岁	26 人（33.77%）	51 人（66.23%）	77
70—79 岁	18 人（23.38%）	59 人（76.62%）	77
80 岁及以上	18 人（33.96%）	35 人（66.04%）	53

4. 年龄与退休后写作的最大年龄

通过被调查人员的现实年龄与退休后写作的最大年龄的交叉分析发现，有写作经历的 28 人中，有 12 人写作最大年龄和现实年龄重合。这也说明，这些人的写作年龄并没有终止，而是随着年龄的增长仍然可能会继续保持写作的状态。

5. 年龄与退休后有无承担项目

通过年龄与退休后有无承担项目的交叉分析发现，退休后承担项目的人数共有 29 人，其中 70 岁及以上有 24 人。具体数据分布如下：80 岁及以上承担项目的有 13 人，约占本年龄段的 24.53%；70—79 岁有 11 人，约占本年龄段的 14.29%；60—69 岁有 4 人，约占本年龄段的 5.19%；50—59 岁有 1 人，约占本年龄段的 5.00%。

表 3-84　年龄与退休后有无承担项目统计表

	有	无	合计人数（人）
50—59 岁	1 人（5.00%）	19 人（95.00%）	20
60—69 岁	4 人（5.19%）	73 人（94.81%）	77
70—79 岁	11 人（14.29%）	66 人（85.71%）	77
80 岁及以上	13 人（24.53%）	40 人（75.47%）	53

(二) 学历与退休后继续工作、有无从事社会工作

1. 学历与退休后继续工作

从学历与退休后继续工作的交叉分析看，大专/本科及以上学历继续工作的比例最高，共115人，约占本学历层次的70.99%。大专/本科及以上在延聘、返聘中的人数和比例也明显高于其他学历层次，共77人，约占本学历层次的47.53%，具体见下表。

表3-85 学历与退休后继续工作统计表

	延聘	返聘	外聘(非原单位)	自主创业	其他	合计人数(人)
小学及以下	0人(0%)	0人(0%)	0人(0%)	0人(0%)	0人(0%)	0
初中	1人(8.33%)	4人(33.33%)	3人(25%)	0人(0%)	4人(33.33%)	12
技校/中专/高中	3人(5.66%)	16人(30.19%)	6人(11.32%)	4人(7.55%)	24人(45.28%)	53
大专/本科及以上	14人(8.64%)	63人(38.89%)	37人(22.84%)	1人(0.62%)	47人(29.01%)	162

2. 学历与退休后有无从事社会工作

从学历与退休后有无从事社会工作的交叉分析，可以看出，从事社会工作的比例随着学历的提高而提高。在参与调查的人员中，大专/本科及以上学历从事社会工作的比例最高，共有47人，约占本学历层次的29.01%，其中硕士及以上退休后从事社会工作的比例约为57.14%，大专/本科约为27.74%，具体见下表。

表3-86 学历与退休后有无从事社会工作统计表

	有	无	合计人数(人)
小学及以下	0人(0%)	0人(0%)	0
初中	1人(8.33%)	11人(91.67%)	12
技校/中专/高中	14人(26.42%)	39人(73.58%)	53
大专/本科	43人(27.74%)	112人(72.26%)	155
硕士及以上	4人(57.14%)	3人(42.86%)	7

（三）身体健康水平与退休后继续工作、从事社会工作

1. 身体健康水平与退休后继续工作

从身体健康水平与退休后继续工作的交叉分析看，健康水平对退休后继续工作情况有一定影响，健康水平处于好、较好水平的老年人才退休后继续工作的比例较高。参与调查的人员中，身体健康水平好、较好状态的老年人才，退休后继续工作的比例最高，共 76 人，约占 73.08％。身体健康水平一般的老年人才，继续工作的有 66 人，约占 61.11％。

表 3-87　身体健康水平与退休后继续工作统计表

身体健康水平	延聘、返聘、外聘（非原单位）、自主创业		合计人数（人）
	人数（人）	占比（％）	
好、较好	76	73.08	104
一般	66	61.11	108
较差	8	66.67	12
差	2	66.67	3

2. 身体健康水平与退休后从事社会工作

从身体健康水平与退休后从事社会工作的交叉分析看，身体状况越好，退休后从事社会工作的比例相对越高。健康水平处于好、较好水平的老年人退休后从事社会工作明显高于身体健康状况一般、较差和差的人。参与调查的人员中，身体健康水平处于好、较好的共 104 人，参与社会工作的 36 人，约占同水平的 34.62％。健康水平处于一般、较差、差的老年人，退休后从事社会工作的比例分别约为 20.37％、33.33％。身体状态差的 3 人没有参加社会工作。

表 3-88 身体健康水平与退休后从事社会工作统计表

	有	无	合计人数（人）
好、较好	36 人（34.62%）	68 人（65.38%）	104
一般	22 人（20.37%）	86 人（79.63%）	108
较差	4 人（33.33%）	8 人（66.67%）	12
差	0 人（0%）	3 人（100.00%）	3

（四）职称与退休后是否继续工作、退休后是否从事社会工作、退休后从事社会工作类型、退休后有无从事写作、退休后从事何种写作、退休后有无承担项目、参与社会的主要动力、继续发展的途径

1. 职称与退休后是否继续工作

从职称与退休后继续工作的比例看，初级职称的老年人才退休后继续工作的比例最高，约占 90.91%。其次为正高级职称，退休后继续工作的比例约为 80.00%；再次为副高职称，约占 70.59%；中级职称退休后继续工作的比例约为 55.56%。没有技术职称的老年人才中退休后继续工作的比例最低，约占 40.00%。

从职称和退休后继续工作的形式交叉分析可以看出，延聘比例方面，正高级延聘比例明显高于其他层级，约占同级职称人数的 15.00%，其次为初级约占 9.09%、副高级约占 7.84%、中级约占 5.56%。

返聘比例方面，正高级返聘比例最高，约占 45.00%，其次为副高级约占 40.20%，中级略低约为 35.19%，初级返聘比例最低，仅约为 9.09%。

外聘（非原单位）方面，初级职称外聘比例最高，约为 45.45%，其次为副高级约占 22.55%，正高级约占 17.5%，中级最低约为 12.96%。

自主创业方面，整体自主创业比例较低，初级职称的老年人才自主创业比例最高，约为 27.27%。

总之，延聘和返聘的比例都是随着职级升高而提高。正高级职称在原单位延聘、返聘中的比例较高，达到约 60%。其次为副高级约占 48.04%，中级约占 40.75%，初级约占 18.18%。原单位的延聘、返聘与职称级别高低成正比。而初级职称则在外聘（非原单位）和自主创业两种退休后继续工作的形式中所

占比例最高，分别约占 45.45%、27.27%。受聘于非原单位的外聘是初级职称老年人才最主要的再就业形式。

表 3-89 职称与退休后继续工作统计表

	延聘	返聘	外聘（非原单位）	自主创业	其他	合计人数（人）
初级	1 人（9.09%）	1 人（9.09%）	5 人（45.45%）	3 人（27.27%）	1 人（9.09%）	11
中级	3 人（5.56%）	19 人（35.19%）	7 人（12.96%）	1 人（1.85%）	24 人（44.44%）	54
副高级	8 人（7.84%）	41 人（40.20%）	23 人（22.55%）	0 人（0%）	30 人（29.41%）	102
正高级	6 人（15.00%）	18 人（45.00%）	7 人（17.50%）	1 人（2.50%）	8 人（20.00%）	40
其他	0 人（0%）	4 人（20.00%）	4 人（20.00%）	0 人（0%）	12 人（60.00%）	20

2. 职称与退休后是否从事社会工作

从职称与退休后是否从事社会工作的交叉分析看，职称与退休后是否从事社会工作无明显差别，各职级退休后从事社会工作的比例在 25%—30%，正高级退休后从事社会工作的比例略高于其他职级，约占 30%。其他无职级的人员退休后参与社会工作的比例最低，约占 25%。

表 3-90 职称与退休后是否从事社会工作

	有	无	合计人数（人）
初级	3 人（27.27%）	8 人（72.73%）	11
中级	15 人（27.78%）	39 人（72.22%）	54
副高级	27 人（26.47%）	75 人（73.53%）	102
正高级	12 人（30.00%）	28 人（70.00%）	40
其他	5 人（25.00%）	15 人（75.00%）	20

3. 职称与退休后从事社会工作类型

从职称与退休后从事社会工作类型的比较分析，可以看出科研系统中老年人才退休后参加社会工作比例整体较低。在社会工作类型中，副高级及以下职称老年人才退休后参与社会公益的比重明显高于其他社会工作类型，其中初级职称老年人才参与社会公益的比例约为66.67%，中级职称约为53.33%，副高级职称约为40.74%，无职称老年人才参与社会公益的比例约为40.00%。副高级老年人才参与行政管理和专业技术的比例明显高于其他社会工作类型，分别约占同职称人数的22.22%。正高级职称参与社会工作的类型以科学研究和专业技术比例最高，分别约占33.33%，其次正高级职称参与社会组织的比例也相对较高，约为25.00%，具体见下表。

表3-91 职称与退休后从事社会工作类型统计表

	初级（%）	中级（%）	副高级（%）	正高级（%）	其他（%）
行政管理	0	33.33	22.22	8.33	0
科学研究	0	0	7.41	33.33	0
专业技术	33.33	6.67	22.22	33.33	0
教育教学	0	0	7.41	8.33	20.00
决策咨询	0	6.67	11.11	0	0
社会组织	0	13.33	14.81	25.00	20.00
社区治理	0	0	3.70	0	40.00
社会公益	66.67	53.33	40.74	16.67	40.00
其他	33.33	6.67	18.52	8.33	20.00

4. 职称与退休后有无从事写作

从职称与退休后有无从事写作的交叉分析来看，参与调查的老年人才退休后从事写作的比例整体偏低。副高级和正高级退休后写作比例基本持平，明显高于其他职级。正高级和副高级老年人才退休后从事写作占比分别约为17.50%、17.65%；中级职称老年人才退休后从事写作的比例为5.56%。初级及以下职称没有人在退休后从事写作。

表 3-92 职称与退休后有无从事写作统计表

	有	无	合计人数（人）
初级	0（0%）	11 人（100.00%）	11
中级	3 人（5.56%）	51 人（94.44%）	54
副高级	18 人（17.65%）	84 人（82.35%）	102
正高级	7 人（17.50%）	33 人（82.50%）	40
其他	0 人（0%）	20 人（100.00%）	20

5. 职称与退休后从事承担何种写作

通过职称与退休后从事何种写作的交叉分析发现，副高级和正高级是退休后写作的主要力量，职称不同写作侧重点有所不同。正高级职称老年人才退休后撰写论文和研究报告的比例最高，分别达到约 57.14%；其次为咨询建议，约占 42.86%，再次为回忆录，约占 28.57%，撰写著作有 1 人，约占 57.14%。副高级职称撰写其他成果的比例最高，约占 55.56%；其次为撰写论文，约占 38.89%；再次为撰写研究报告和咨询建议，约占同级职称写作人数的 22.22%；撰写著作和方志各约占 16.67%。中级职称主要撰写回忆录、咨询建议和其他题材，各约占 33.33%。

表 3-93 职称与退休后从事何种写作统计表

	初级	中级	副高级	正高级	其他
回忆录	0 人（0%）	1 人（33.33%）	3 人（16.67%）	2 人（28.57%）	0 人（0%）
论文	0 人（0%）	0 人（0%）	7 人（38.89%）	4 人（57.14%）	0 人（0%）
著作	0 人（0%）	0 人（0%）	3 人（16.67%）	1 人（14.29%）	0 人（0%）
研究报告	0 人（0%）	0 人（0%）	4 人（22.22%）	4 人（57.14%）	0 人（0%）
方志	0 人（0%）	0 人（0%）	3 人（16.67%）	0 人（0%）	0 人（0%）
咨询建议	0 人（0%）	1 人（33.33%）	4 人（22.22%）	3 人（42.86%）	0 人（0%）
其他	0 人（0%）	1 人（33.33%）	10 人（55.56%）	1 人（14.29%）	0 人（0%）
合计	0 人	3 人	18 人	7 人	0 人

6. 职称与退休后有无承担项目

从职称与退休后有无承担项目的交叉分析看，老年人才退休后承担项目的整体人数较少，退休后承担项目的主要为正高级和副高级职称，中级及以下职称老年人才没有承担项目。其中正高级职称老年人才承担项目的比例最高，约为42.50%；副高级职称老年人才承担项目的比例约为11.76%。

表3-94 职称与退休后有无承担项目统计表

	有	无	合计人数（人）
初级	0人（0%）	11人（100.00%）	11
中级	0人（0%）	54人（100.00%）	54
副高级	12人（11.76%）	90人（88.24%）	102
正高级	17人（42.50%）	23人（57.50%）	40
其他	0人（0%）	20人（100.00%）	20

7. 职称与退休后参与社会的主要动力

通过职称与退休后参与社会的主要动力的交叉分析发现，社会奉献和兴趣爱好是科研系统老年人才继续参与社会的排名前两位的动力因素。社会奉献是科研系统老年人才参与社会的第一动力，其中初级职称和副高级职称老年人才选择此项的比例最高，分别约为45.45%和38.24%。兴趣爱好居于第二位。第三位的参与社会的动力表现出比较大的差异：初级和中级职称倾向于扶持后辈，约占18.18%；副高级倾向于丰富人生，约占9.80%；正高级倾向于发展学科（专业），约占20.00%；而无技术职称的退休人员则倾向于自我完善，约占20.00%。这说明不同职称老年人才工作的动力因素，既有相同之处，也有不一致的地方，需要采取不同的激励措施进行人力资源的开发。

表 3-95 职称与退休后参与社会的主要动力

	初级	中级	副高级	正高级	其他
社会奉献	5 人（45.45%）	18 人（33.33%）	39 人（38.24%）	13 人（32.50%）	5 人（25.00%）
兴趣爱好	2 人（18.18%）	15 人（27.78%）	24 人（23.53%）	9 人（22.50%）	5 人（25.00%）
完善自我	1 人（9.09%）	2 人（3.70%）	6 人（5.88%）	0 人（0%）	4 人（20.00%）
丰富人生	1 人（9.09%）	4 人（7.41%）	10 人（9.80%）	3 人（7.50%）	2 人（10.00%）
其他	0 人（0%）	2 人（3.70%）	4 人（3.92%）	1 人（2.50%）	2 人（10.00%）
扶持后辈	2 人（18.18%）	7 人（12.96%）	6 人（5.88%）	1 人（2.50%）	1 人（5.00%）
增加收入	0 人（0%）	2 人（3.70%）	2 人（1.96%）	0 人（0%）	1 人（5.00%）
发展学科人（专业）	0 人（0%）	0 人（0%）	5 人（4.90%）	8 人（20.00%）	0 人（0%）
为国争光	0 人（0%）	2 人（3.70%）	3 人（2.94%）	4 人（10.00%）	0 人（0%）
工作需要	0 人（0%）	2 人（3.70%）	3 人（2.94%）	1 人（2.50%）	0 人（0%）
合计	11 人	54 人	102 人	40 人	20 人

8. 职称与退休后继续发展的途径

从职称与退休后继续发展的途径分析可以看出，自学是各职级退休老年人才后继续发展的主要途径，不同职级老年人才退休后继续发展途径有所不同。其中，初级职称人员退休后继续发展途径主要为自学，约占 72.73%；中级职称继续发展途径自学、老年大学学习和团队学习比重相对较高，占比分别约为 51.85%、42.59%和 22.22%；副高级职称继续发展途径广泛涉及自学、老年大学学习、参与学术研讨交流、团队学习和项目研究，占比分别约为 61.76%、35.29%、22.55%、22.55%和 15.69%；正高级职称则选择自学、参与学术研讨交流和项目研究作为继续发展的途径的比例明显高于其他途径，分别约占同职称人数的 52.50%、35.00%、32.50%。

这说明老年人才开发途径不能一概而论，而是需要针对不同职级老年人才采取不同有针对性的政策和措施。

表 3-96 职称与退休后继续发展的途径统计表

	初级	中级	副高级	正高级	其他
自学	8 人（72.73%）	28 人（51.85%）	63 人（61.76%）	21 人（52.50%）	12 人（60.00%）
老年大学学习	2 人（18.18%）	23 人（42.59%）	36 人（35.29%）	9 人（22.50%）	7 人（35.00%）
参与学术研讨交流	0 人（0%）	1 人（1.85%）	23 人（22.55%）	14 人（35.00%）	0 人（0%）
团队学习	2 人（18.18%）	12 人（22.22%）	23 人（22.55%）	2 人（5.00%）	4 人（20.00%）
项目研究	0 人（0%）	0 人（0%）	16 人（15.69%）	13 人（32.50%）	0 人（0%）
其他	1 人（9.09%）	9 人（16.67%）	11 人（10.78%）	6 人（15.00%）	4 人（20.00%）
合计	11 人	54 人	102 人	40 人	20 人

（五）在原单位从事的岗位与退休后继续工作、有无从事社会工作、从事社会工作类型、有无写作、有无承担项目、从事何种写作、继续发展途径

1. 在原单位从事的岗位与退休后继续工作

从原单位从事岗位与退休后继续工作的交叉分析来看，从事管理岗和科研技术岗的人员退休后重返工作岗位的人数和比例最高，分别达到约 72.45%和 69.39%，管理岗比例略高于科研技术岗。具体而言，从原单位的延聘、返聘数据来看，管理岗和科研技术岗延聘、返聘比例明显高于其他岗位，其中在管理岗的 96 人中，在原单位的延聘和返聘有 50 人，约占 52.08%，比例最高；其次为科研技术岗，有 46 人在原单位的延聘和返聘，约占 46.94%。从外聘比例来看，科研技术岗的外聘比例，略高于管理岗，分别约占 21.43%和 19.79%。从自主创业比例来看，自主创业的比例总体偏低。

表 3-97 在原单位从事的岗位与退休后继续工作统计表

	延聘	返聘	外聘（非原单位）	自主创业	其他	合计
管理	13（13.54%）	37（38.54%）	19（19.79%）	2（2.08%）	25（26.04%）	96
科研技术岗（科研岗、技术岗）	5（5.10%）	41（41.84%）	21（21.43%）	1（1.02%）	30（30.61%）	98
教学	0（0%）	0（0%）	0（0%）	0（0%）	0（0%）	0
生产	0（0%）	3（16.67%）	2（11.11%）	1（5.56%）	12（66.67%）	18
其他	0（0%）	2（13.33%）	4（26.67%）	1（6.67%）	8（53.33%）	15

2. 在原单位从事的岗位与退休后有无从事社会工作

从原单位从事岗位与退休后有无从事社会工作分析可以看出，各岗位从社会工作的比例整体偏低，管理岗从事社会工作比例最高。从高到低依次是管理岗约占 32.29%、科研岗约占 27.69%、技术岗约占 21.21%、生产岗约占 11.11%、教学岗没有继续工作人员。

表 3-98　在原单位从事的岗位与退休后有无从事社会工作统计表

	有	无	合计人数（人）
管理岗	31 人（32.29%）	65 人（67.71%）	96
科研岗	18 人（27.69%）	47 人（72.31%）	65
教学岗	0 人（0%）	0 人（0%）	0
技术岗	7 人（21.21%）	26 人（78.79%）	33
生产岗	2 人（11.11%）	16 人（88.89%）	18
其他岗	4 人（26.67%）	11 人（73.33%）	15

3. 在原单位从事的岗位与退休后从事社会工作的类型

从原单位从事岗位与退休后从事社会工作类型来看，管理岗退休后从事行政管理和社会公益的比例最高，各约占 35.48%；科研岗从事专业技术的比例最高，约占 33.33%，其次为科学研究和社会公益，分别达到约 27.78%；技术岗从事社会公益的比例最高，约占 85.71%，其次为专业技术岗，约占 28.57%。生产岗 2 人，退休后均参与社会公益。

表 3-99　在原单位从事的岗位与退休后从事社会工作的类型统计表

	管理岗	科研岗	教学岗	技术岗	生产岗	其他
行政管理	11 人（35.48%）	1 人（5.56%）	0 人（0%）	0 人（0%）	0 人（0%）	0 人（0%）
科学研究	0 人（0%）	5 人（27.78%）	0 人（0%）	1 人（14.29%）	0 人（0%）	0 人（0%）
专业技术	4 人（12.9%）	6 人（33.33%）	0 人（0%）	2 人（28.57%）	0 人（0%）	0 人（0%）
教育教学	2 人（6.45%）	1 人（5.56%）	0 人（0%）	0 人（0%）	1 人（50.00%）	0 人（0%）
决策咨询	4 人（12.90%）	0 人（0%）	0 人（0%）	0 人（0%）	0 人（0%）	0 人（0%）
社会组织	8 人（25.81%）	2 人（11.11%）	0 人（0%）	0 人（0%）	0 人（0%）	0 人（0%）
社区治理	2 人（6.45%）	0 人（0%）	0 人（0%）	0 人（0%）	1 人（50.00%）	0 人（0%）
社会公益	11 人（35.48%）	5 人（27.78%）	0 人（0%）	6 人（85.71%）	2 人（100.00%）	1 人（25.00%）
其他	3 人（9.68%）	2 人（11.11%）	0 人（0%）	1 人（14.29%）	0 人（0%）	3 人（75.00%）

4. 在原单位从事的岗位与退休后有无写作

从原单位从事岗位与退休后有无写作的交叉分析可以看出，各岗位退休后写作的比例整体偏低。科研岗老年人才退休后有写作经历的有 12 人，约占 18.46%；管理岗退休后有写作经历的 11 人，约占 11.46%；技术岗有 3 人，约占 9.09%；其他岗位有 2 人，约占 13.33%；生产岗 18 人中退休后没有任何写作经历。

表 3-100　在原单位从事的岗位与退休后有无写作统计表

	有	无	合计人数（人）
管理岗	11 人（11.46%）	85 人（88.54%）	96
科研岗	12 人（18.46%）	53 人（81.54%）	65
教学岗	0 人（0%）	0 人（0%）	0
技术岗	3 人（9.09%）	30 人（90.91%）	33
生产岗	0 人（0%）	18 人（100.00%）	18
其他岗	2 人（13.33%）	13 人（86.67%）	15

5. 在原单位从事的岗位与退休后有无承担项目

从原单位从事岗位与退休后承担项目的比较分析可以看出，退休后承担科研项目的主要是科研技术岗老年人才，管理岗和技术岗也有一定比例老年人才承担项目。其中科研岗老年人才退休后承担项目的比例最高，共 220 人，约占 30.77%；管理岗老年人才退休后承担项目的比例约占 7.29%；技术岗老年人才退休后承担项目的比例约占 6.06%；教学岗和生产岗退休后无人承担项目。

表 3-101 原单位从事岗位与退休后有无承担项目统计表

	有	无	合计人数（人）
管理岗	7 人（7.29%）	89 人（92.71%）	96
科研岗	20 人（30.77%）	45 人（69.23%）	65
教学岗	0 人（0%）	0 人（0%）	0
技术岗	2 人（6.06%）	31 人（93.94%）	33
生产岗	0 人（0%）	18 人（100.00%）	18
其他岗	0 人（0%）	15 人（100.00%）	15

6. 在原单位从事的岗位与退休后从事何种写作

从原单位从事岗位与退休后从事何种写作的交叉分析发现，科研技术岗写作成果丰富。在调查的写作成果中，科研技术岗老年人才在各形式的成果中贡献最为突出，共有成果 683 篇/部，其中回忆录约占 3.66%，发表论文约占 10.69%，出版著作约占 1.17%，研究报告约占 3.81%，方志约占 1.32%，咨询建议约占 1.02%，诗歌等其他形式约占 78.33%。管理岗在出版著作中的成果比例最高，约占 21.43%；此外，撰写回忆录约占 8.33%，发表论文约占 10.71%，撰写研究报告约占 5.95%，撰写方志约占 2.38%，撰写咨询建议约占 8.33%，撰写诗歌等其他形式成果约占 42.86%。

表 3-102 原单位从事岗位与退休后从事何种写作统计表

	回忆录	发表论文	出版著作	研究报告	方志	咨询建议	其他	合计（篇）
管理岗	7 篇（8.33%）	9 篇（10.71%）	18 篇（21.43%）	5 篇（5.95%）	2 篇（2.38%）	7 篇（8.33%）	36 篇（42.86%）	84
科研、技术岗	25 篇（3.66%）	73 篇（10.69%）	8 篇（1.17%）	26 篇（3.81%）	9 篇（1.32%）	7 篇（1.02%）	535 篇（78.33%）	683
教学岗	0 篇（0%）	0 篇（0%）	0 篇（0%）	0 篇（0%）	0 篇（0%）	0 篇（0%）	0 篇（0%）	0
生产岗	0 篇（0%）	0 篇（0%）	0 篇（0%）	0 篇（0%）	0 篇（0%）	0 篇（0%）	0 篇（0%）	0
其他岗	2 篇（15.38%）	1 篇（7.69）	5 篇（38.46%）	0 篇（0%）	2 篇（15.38%）	0 篇（0%）	3 篇（23.08%）	13

7. 在原单位从事的岗位与退休后继续发展途径

从原单位从事的岗位与退休后继续发展途径的交叉分析可以看出，自学和老年大学学习是各岗位老年人才退休后继续发展的主要途径。除自学和老年大学学习，其他途径各个岗位老年人才的选择倾向又有所不同。其中管理岗老年人才倾向于团队学习，约占28.13%；科研岗老年人才则倾向于项目研究和参加学术研讨交流，各约占26.15%；技术岗老年人才倾向于参加学术交流，约占21.21%；生产岗老年人才则更倾向于其他发展途径，约占22.22%。这也说明，目前科研系统老年人才退休后继续发展除了自学和老年学习，还依赖于一定的项目研究、学术交流活动和团队学习，可以根据不同人才类型进行针对性开发。

表3-103 在原单位从事的岗位与退休后继续发展途径统计表

	管理岗	科研岗	教学岗	技术岗	生产岗	其他岗
自学	58人（60.42%）	39人（60.00%）	0人（0%）	15人（45.45%）	10人（55.56%）	10人（66.67%）
老年大学学习	34人（35.42%）	18人（27.69%）	0人（0%）	13人（39.39%）	6人（33.33%）	6人（40.00%）
参加学术研讨交流	13人（13.54%）	17人（26.15%）	0人（0%）	7人（21.21%）	0人（0%）	1人（6.67%）
团队学习	27人（28.13%）	6人（9.23%）	0人（0%）	4人（12.12%）	3人（16.67%）	3人（20.00%）
项目研究	7人（7.29%）	17人（26.15%）	0人（0%）	5人（15.15%）	0人（0%）	0人（0%）
其他	15人（15.63%）	4人（6.15%）	0人（0%）	4人（12.12%）	4人（22.22%）	4人（26.67%）

（六）原单位从事专业与退休后继续工作、退休后从事专业、退休后有无从事社会工作、退休后从事社会工作类型

1. 原单位从事专业与退休后继续工作

从原单位从事专业与退休后继续工作的比例看，理工农医类老年人才退休后继续工作的比例最高，约占73.68%；教育类约占66.67%；文史哲法学类约占63.64%；经管类约占61.73%；军事类约占61.76%。

表 3-104　原单位从事专业与退休后继续工作统计表

原单位从事专业	延聘、返聘、外聘、自主创业	其他	合计人数（人）
文史哲法学类	7 人（63.64%）	4 人（36.36%）	11
理工农医类	70 人（73.68%）	25 人（26.32%）	95
经管类	50 人（61.73%）	31 人（38.27%）	81
教育类	4 人（66.67%）	2 人（33.33%）	6
艺术类	0 人（0%）	0 人（0%）	0
军事类	21 人（61.76%）	13 人（38.24%）	34

2. 原单位从事专业与退休后从事专业

从原单位从事专业与退休后从事专业的交叉分析来看，除了文史哲法学类和教育类老年人才退休后从事专业与原单位从事专业相符，其他各类专业都有一定数量的老年人才退休后从事与原专业无关的专业类型。理工农医类老年人才退休后从事原专业的比例约占 86.67%；经管类老年人才从事原专业的比例约占 91.11%；军事类老年人才退休后从事原专业的比例约占 63.64%。

表 3-105　原单位从事专业与退休后从事专业统计表

	文史哲法学类	理工农医类	经管类	教育类	艺术类	军事类	合计人数（人）
文史哲法学类	5 人（100.00%）	0 人（0%）	0 人（0%）	0 人（0%）	0 人（0%）	0 人（0%）	5
理工农医类	0 人（0%）	52 人（86.67%）	5 人（8.33%）	1 人（1.67%）	2 人（3.33%）	0 人（0%）	60
经管类	0 人（0%）	1 人（2.22%）	41 人（91.11%）	1 人（2.22%）	2 人（4.44%）	0 人（0%）	45
教育类	0 人（0%）	0 人（0%）	0 人（0%）	3 人（100.00%）	0 人（0%）	0 人（0%）	3
艺术类	0 人（0%）	0 人（0%）	0 人（0%）	0 人（0%）	0 人（0%）	0 人（0%）	0
军事类	0 人（0%）	3 人（13.64%）	1 人（4.55%）	1 人（4.55%）	3 人（13.64%）	14 人（63.64%）	22

3. 原单位从事专业与退休后有无从事社会工作

从原单位从事专业与退休后有无从事社会工作的分析，可以看出文史哲法学类老年人才参与社会工作的比例最高，约占 36.36%；其次为教育类老年人才约占 33.33%，经管类老年人才约占 29.63%；军事类老年人才约占

26.47%。理工农医类老年人才退休后继续从事社会工作的比例最低，约占24.21%。

表3-106 原单位从事专业与退休后有无从事社会工作统计表

	有	无	合计人数（人）
文史哲法学类	4人（36.36%）	7人（63.64%）	11
理工农医类	23人（24.21%）	72人（75.79%）	95
经管类	24人（29.63%）	57人（70.37%）	81
教育类	2人（33.33%）	4人（66.67%）	6
艺术类	0人（0%）	0人（0%）	0
军事类	9人（26.47%）	25人（73.53%）	34

4. 原单位从事专业与退休后从事社会工作类型

从原单位从事专业与退休后从事社会工作类型的比较分析看，参与社会公益最多的两个专业类别是理工农医类和经管类。理工农医类老年人才退休后从事专业技术、社会公益和科学研究的比例相对较高，分别约占39.13%、39.13%和21.74%；经管类老年人才从事社会公益比例明显高于其他社会工作类型，约占41.67%，其次为行政管理比例较高，约占25%。

表3-107 原单位从事专业与退休从事社会工作类型统计表

	文史哲法学类	理工农医类	经管类	教育类	艺术类	军事类
行政管理	2人（50.00%）	1人（4.35%）	6人（25.00%）	2人（100.00%）	0人（0%）	1人（11.11%）
科学研究	0人（0%）	5人（21.74%）	1人（4.17%）	0人（0%）	0人（0%）	0人（0%）
专业技术	0人（0%）	9人（29.13%）	1人（4.17%）	0人（0%）	0人（0%）	2人（22.22%）
教育教学	0人（0%）	1人（4.35%）	0人（0%）	2人（100.00%）	0人（0%）	1人（11.11%）
决策咨询	0人（0%）	1人（4.35%）	2人（8.33%）	1人（50.00%）	0人（0%）	0人（0%）
社会组织	1人（25.00%）	2人（8.70%）	4人（16.67%）	1人（50.00%）	0人（0%）	2人（22.22%）
社区治理	1人（25.00%）	0人（0%）	1人（4.17%）	0人（0%）	0人（0%）	1人（11.11%）
社会公益	1人（25.00%）	9人（39.13%）	10人（41.67%）	1人（50.00%）	0人（0%）	4人（44.44%）
其他	0人（0%）	3人（13.04%）	5人（20.83%）	0人（0%）	0人（0%）	1人（11.11%）

四、小结与建议

（一）研究小结

1. 科研系统有相当数量的老年人才仍在不同岗位上发挥作用

通过调查发现，科研系统中仍有约70.93%的老年人才活跃在不同工作岗位。同时，有约12.33%的老年人才退休后仍然参与社会工作；约12.33%的老年人才退休后继续从事学术论文、研究报告、咨询建议等写作；约12.78%的老年人才退休后继续承担、参与社科科技工程项目。数据说明，科研系统老年人才社会参与的意愿强，在科研、经济、社会活动中发挥积极作用，是社会发展中不可或缺的重要力量。

2. 科研院所在老年人才再就业中发挥至关重要的作用

科研院所在老年人才再就业中起到至关重要的作用，是科研系统老年人才继续发挥作用的主阵地。调查显示，从再就业岗位上来看，科研系统老年人才再就业的主要途径为原单位的延聘、返聘，约占退休后再就业总人数的46.25%。从科研项目来源上看，科研系统老年人才承担科研项目的来源以本单位项目最多，约占各类项目数的30.12%；从被表彰奖励上，科研系统老年人才退休后获得单位的表彰奖励最多，约占25.64%。这些数据说明，在科研系统中，科研院所无论是在提供再就业岗位，还是在科研项目、表彰奖励方面，都对退休老年人才继续发挥作用较为重视，老年人才继续发挥作用的比例较高。

3. 科研系统老年人才具有较强的社会责任感

从科研系统老年人才退休后从事社会工作的类型看，从事社会公益的比例最高，约占38.71%。从社会参与的动力因素看，兴趣爱好、丰富人生和社会奉献是科研系统老年人才退休后继续发挥作用的主要动力，分别约占57.27%、56.39%和44.49%。约有12.78%的老年人才退休后仍然关注和关心学科专业的发展，为学科专业的发展贡献自己的力量。这些数据说明，科研系统老年人才具有较强的社会责任感，继续发挥作用的动力不再是为了名利、荣誉，而是满足自身兴趣爱好和奉献社会的内在驱动力。在老年人才开发过程中要充分考虑老年人才继续工作的动力因素，激发老年人才发挥作用的潜力。

4. 年龄不是科研系统老年人才继续发挥作用的主要依据

从年龄与继续工作的交叉分析看，科研系统70—79岁、80岁及以上两个年龄段老年人才继续工作的比例明显高于其他年龄段，分别约占本年龄段的71.43%和69.81%；从年龄与社会参与的交叉分析看，60—69岁和80岁及以上两个年龄段老年人才参与社会工作的比例明显高于其他年龄段，分别约占33.77%和33.96%；从写作年龄来看，70—79岁是科研系统老年人才写作比较集中的年龄段，约占写作人数的44.44%。在现实年龄与写作年龄的对比发现，不乏有人仍然在继续写作的路上；从年龄与承担项目的交叉分析看，80岁及以上和70—79岁两个年龄段老年人才承担项目的比例明显高于其他年龄段，分别约占本年龄段的24.53%和14.29%。以上数据足以说明，年龄不是科研系统老年人才继续发挥作用的主要依据。科研系统老年人才退休后继续发挥作用并没有随着退休而终结，只要有能力、有意愿，仍可以继续为社会发展做出贡献。

5. 身体健康是科研系统老年人才继续发挥作用的重要条件

调查数据显示，相较于其他健康水平，科研系统身体健康处于好、较好水平的老年人才退休后继续工作的比例最高，约占73.08%；科研系统身体健康处于好、较好水平的老年人才退休后从事社会工作的比例最高，约占34.62%。这说明身体健康是科研系统老年人才继续发挥作用的重要条件，应充分重视健康老年人才的作用发挥。

6. 科研系统老年人才仍存在较大的开发空间

从年龄与继续工作的交叉分析看，科研系统50—59岁和60—69岁两个年龄段的老年人才退休后继续工作的比例约为60.00%和62.34%。调查数据显示，科研系统大专/本科及以上学历的老年人才退休后从事社会工作的只有约29.01%。科研系统身体健康处于好、较好水平的老年人才退休后从事社会工作的只有约34.62%。这说明科研系统中低龄老年人才、高学历老年人才、身体健康的老年人才尚未得到全面开发，仍有较大的开发空间。

7. 老年人才退休后从事原专业相关工作比例较高

调查数据显示，参与本次调查的上海科学院、上海社会科学院的老年人才在原单位从事的主要专业为理工农医类和经管类专业，分别约占调查总体的41.85%和35.68%，而退休后从事理工农医类和经管类专业的比例也很高，分别约占41.48%和34.81%，与原专业比例基本吻合。这说明科研系统老年人才专业优势较为明显，退休后的工作具有一定延续性，从事原专业相关工作有利于老年人才专业优势的进一步发挥。

8. 自学是科研系统老年人才继续发展的主要途径

调查数据显示，科研系统老年人才退休后继续发展的主要途径和举措是自学，约占58.15%。其次选择老年大学学习的约占33.92%。团队学习、参与学术活动和项目研究也是科研系统老年人才选择的发展途径，分别约占18.94%、16.74%和12.78%。自学成为科研系统老年人才继续发展的主要途径，一方面是因为老年大学的学习内容无法满足科研系统老年人才的专业发展需求，另一方面是与面向老年人才的团队学习、学术活动和项目研究不足有较大关系。

9. 科研项目管理规定是影响科研系统老年人才继续承担科研项目的重要因素

调查数据显示，科研系统老年人才退休后承担项目的比例只有约12.78%，其中作为项目顾问角色的比例约占36.67%；项目主要成员的比例约占26.67%；项目主持人的比例约占16.67%；项目申请人的比例最低，约占10.00%。这一方面反映了老年人才承担项目的特色；另一方面也反映了申报项目规定等有制约因素。科研项目申报中通常对年龄有所限制，这也导致很多有前期成果积累的老年人才无法申报课题。60岁正是一个精力旺盛、经验丰富、科研水平高、家庭负担小的科研事业黄金期，这个时候禁止其申报课题，是巨大的人才浪费。同时，当前对老年人才开发政策还不完善，正向激励不足，缺少晋升空间、缺乏薪酬分配激励机制也是调查中提到的影响科研系统老年人才继续发挥作用的重要因素。

（二）研究建议

1. 国家应进一步完善老科技人才发挥作用的政策、制度和规定

第一，探索灵活的弹性退休政策，延长老科技人才的“人才红利”发挥作

用的时间。作为老年人群中高知识、高技能、高素质的特殊群体，老科技人才在专业和专门工作领域发挥着举足轻重的作用。科研院所的老科技人才大多身体健康状况良好，思想觉悟高，社会参与意愿强，对老科技人才进行再开发起点高、潜力大、成本低、效用好、贡献优，能够快速推进我国建设社会主义现代化强国的进程。

第二，优化老科技人才承担科研项目的年龄限制，为科研系统老年人才继续参与科研打通道路。有条件地放宽老年人才在申报科研项目时的年龄限制要求，在科研领域弱化年龄限制，建议课题项目设立老年专项课题，既给青年人才留足发展空间，又使年龄超过 60 岁的老科技人才可以公平地参与科研课题项目的申报，更好地继续发挥自己的力量。

第三，完善老科技人才再就业激励机制。可以设立专门的老科技人才奖励政策，如颁发终身成就奖、提供研究资助等，以激励和表彰他们在科技创新和人才培养方面的贡献。同时，应对继续做出贡献，并符合条件的老科技人才提供职称晋升渠道。

第四，建立健全老科技人才自主创业政策，支持他们灵活就业，为他们提供必要的资金和技术支持，帮助他们将研究成果转化为生产力。

2. 社会各界应该营造老科技人才继续发挥作用的平台和环境

第一，营造“老有所为”的社会环境。通过各种媒体渠道，宣传“老有所为”的重要性和老科技人才的榜样作用，充分宣扬老科技人才的典型事迹，提高社会对老科技人才的重视程度。

第二，充分发挥老科协的桥梁和纽带作用。用好用活老科技人才这一重要人才资源，使其在决策咨询、科技创新、科学普及、推动科技为民服务等方面继续贡献力量。

第三，完善职业培训和技能提升体系，为老科技人才提供更加全面的再就业支持。可以通过建立多元化的培训和技能提升平台，提供针对不同领域和专业的培训课程和技能提升项目，帮助老科技人才更好地适应市场需求和发展。

3. 发挥科研院所在老科技人才作用发挥方面的主阵地作用

第一，科研院所要加强内部管理体制的改革和创新。实施灵活的退休政策，加大延聘和返聘力度，为老科技人才提供更多合适的岗位和就业机会，帮助他们实现职业转型和继续发展。

第二，科研院所可以为老科技人才设立专门基金。鼓励老科技人才参与各类研究项目。这不仅可以提高科研机构的研发水平，还可以为老科技人才提供更广阔的发展空间。

第三，科研院所可以定期组织技术交流和学术研讨活动。老科技人才在长期工作中积累了丰富的专业知识和实践经验，这些知识和经验对于年轻一代是一笔宝贵的财富。邀请退休老科技人才为在职科研人员开展培训和讲座，可以起到很好的“传帮带”作用。同时，定期的交流和研讨，对老科技人才来说，也是不断更新知识技能，完善自我发展的过程。

第四，科研院所应注重高端老科技人才的作用发挥和健康保护。可通过领衔前沿项目研究、承担顾问角色、扶持年轻科技人才、梳理总结出版科技成果等方式发挥高端老科技人才的作用。为此，应建立领导人专职负责制，为高端老科技人才配备助手和数字制作工具。同时，切实关怀高端老科技人才的健康，配备专人医师和护理人员加以看护，可针对性开展护理。

4. 老科技人才需要不断完善自我“老有所为”

第一，老科技人才需要加强学习，不断提高自己的专业技能和素质。可以参加专业培训、学术交流等活动，了解最新的科技动态和趋势，掌握新技术和方法。此外，还可以通过阅读专业书籍、文献等方式，不断扩充自己的知识面，提升综合素质。

第二，老科技人才需要关注专业动态，了解专业（行业）市场需求和发展趋势。这样有助于他们在各自的领域中保持领先地位，为科技创新做出更多有价值的贡献。为此，还需要主动与企业、科研机构保持联系，参与相关活动。

第三，老科技人才可发挥自己的优势，为科技创新做出贡献。他们可以通过再就业、参与志愿者活动、担任咨询顾问、开展科研合作等方式，继续为社会做出贡献。同时，还可以通过传承经验和智慧，培养年轻的科技人才，为科技事业的发展继续贡献自己的力量。

上海市地区老年人才开发调查报告

——以上海市浦东新区、嘉定区、杨浦区为例

执笔人　庄　文*

为贯彻落实中央关于发挥老年人作用的指示精神，全面、客观了解上海老年人才开发的实际情况，评估总结老年人才开发工作取得的成绩、经验及存在的问题，了解老年人才开发的意见和建议，全面分析老年人才开发的需求动态，为上海市老年人才开发工作奠定基础，华东师范大学老年人才开发课题组在前期调研的基础上设计电子问卷对上海老年人才开发状况进行了调查。

一、调查基本情况分析

作为老年人才开发研究项目的一部分，本次调查主要是针对上海市老干部系统老年人才的调查，选取上海市浦东新区、嘉定区、杨浦区党政机关的退休老年人才作为主要调查对象，调查问卷回收 292 份，其中有效问卷为 286 份，问卷有效率为 97.95%。

（一）性别比例略不均衡

此次调查在调查对象性别构成方面男性略多于女性。其中，男性 168 人，约占调查总体的 58.74%；女性 118 人，约占调查总体的 41.26%。

---

* 执笔人系上海开放大学讲师、硕士。

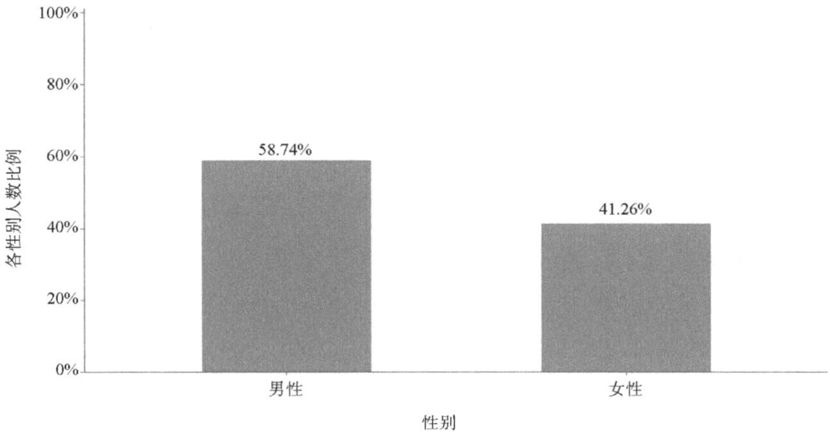

图 3-54 性别比例

（二）年龄结构基本集中在 60—79 岁

本次调查问卷发放对象涉及 50 岁及以上各个年龄段，平均年龄为 69 岁，最小年龄为 50 岁，最大年龄为 87 岁。参与调查的年龄段主要集中在 60—79 岁，其中 60—69 岁 138 人，约占 48.25%；70—79 岁 123 人，约占 43.01%。50—59 岁和 80 岁及以上年龄段参与本次调查的人数较少，约占调查总体的 8.75%，其中 50—59 岁约占 3.85%，80 岁及以上约占 4.90%。

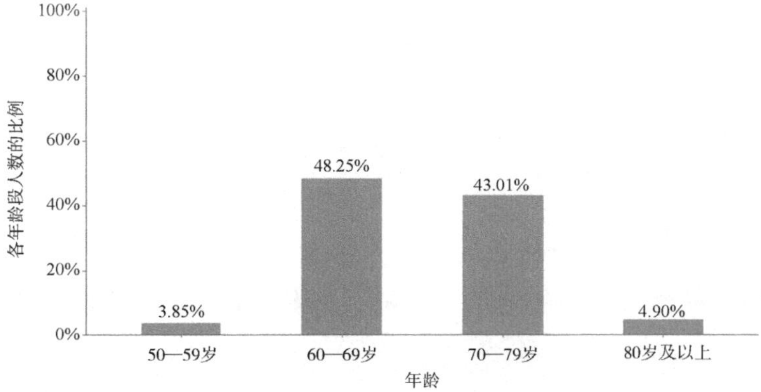

图 3-55 年龄结构

（三）学历层次较高

本次调查对象的学历层次呈现出较高学历特征，大专/本科学历层次人数最多。大专/本科学历和硕士研究生学历比约达 81.12%，其中大专/本科学历 228 人，约占 79.72%，硕士及以上学历仅 4 人，约占 1.40%。技校/中专/高中学历 49 人，约占调查总体的 17.13%。初中学历 4 人，约占 1.40%。小学及以下学历 1 人，约占 0.35%。

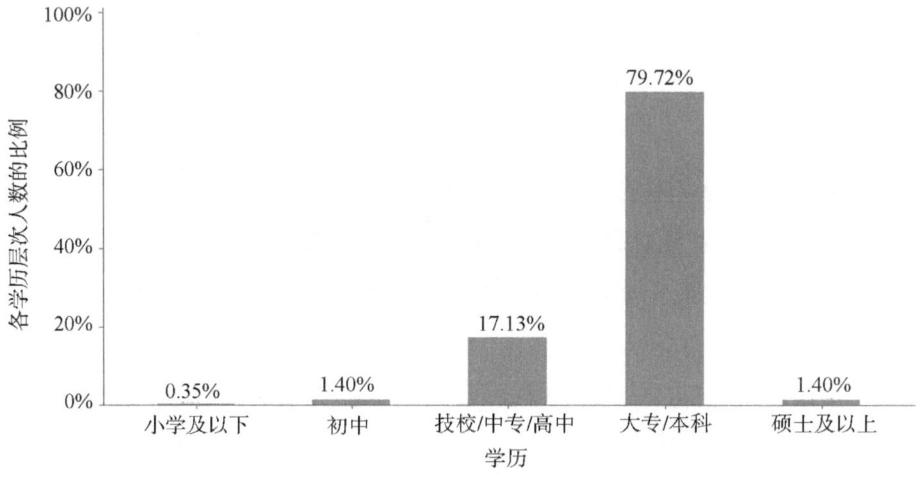

图 3-56 学历结构

（四）整体健康状况较好

从调查数据看，身体水平处于好、较好状态的人员 161 人，约占调查总体的 56.29%，其中身体状况好的有 30 人，约占 10.49%；身体状况较好的有 131 人，约占 45.80%。身体状况处于一般水平的有 114 人，约占 39.86%。老干部系统中仅约 3.85%的老年人才表示身体水平较差，没有人表示身体状况差。

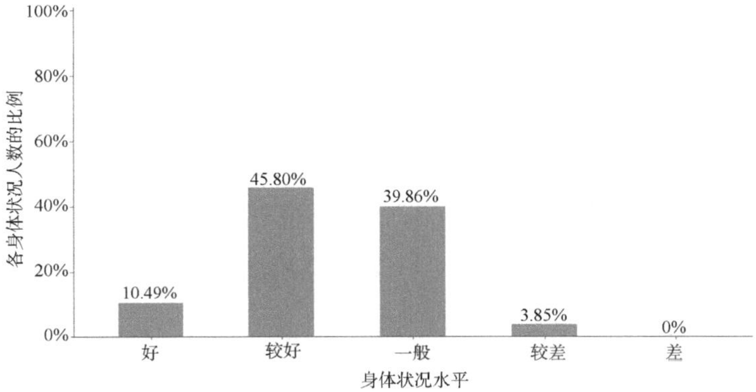

图 3-57 身体状况水平

（五）党政机关老年人才尚有较大开发空间

根据调查数据显示，党政机关老年人才整体开发利用率较低，退休后被延聘、返聘、外聘和自主创业的人共有 130 人，约占调查总体的 45.46%。其中原单位延聘、返聘比例不高，外聘（非原单位）相对较高。仅有 55 位退休老年人才被原工作单位延聘或返聘，约占调查总体的 19.23%，其中延聘 19 人，约占 6.64%，返聘 36 人，约占 12.59%；68 人受聘于非原工作单位，约占 23.78%；约有 2.45%的老年人才退休后选择自主创业。其他有 156 人，约占 54.55%。

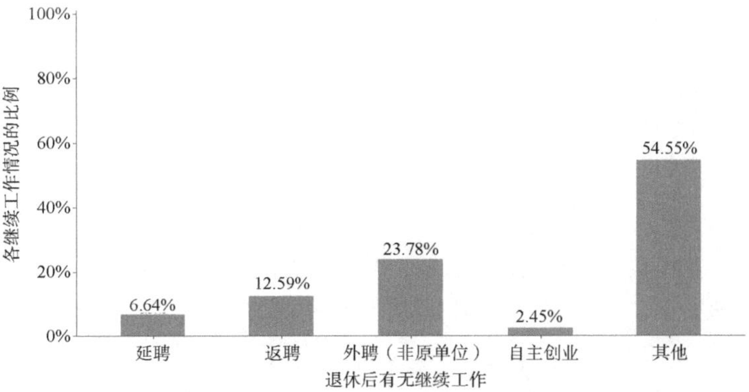

图 3-58 退休后继续工作情况

对调查中退休年龄后是否曾就业的其他选项再分析后发现，143 人退休在家，没有再就业，主要是在家带孙辈、照顾家庭、旅行、休闲、写回忆录等，约占调查总体的 50.35%。还有 12 人退休后在党委、人大、社会组织、社区、协会、老年大学等继续工作，约占 4.20%。也就是说，老干部系统退休后再就业的比例约占 49.65%。这也说明，老干部系统的老年人才资源开发利用率不高，存在很大的开发空间和潜力。

二、总体分析

（一）退休前原工作情况

调查对象原单位从事岗位主要为管理岗。本次调查对象涉及管理岗、科研岗、技术岗、生产岗等各个岗位，以管理岗最多，有 244 人，约占调查总体的 85.31%。科学技术岗 12 人，约占 4.20%（包括科研岗 4 人，技术岗 8 人，分别约占 1.40%和 2.80%）；教学岗 10 人，约占 3.50%；生产岗有 3 人，约占 1.05%；其他岗位 17 人，约占 5.94%。

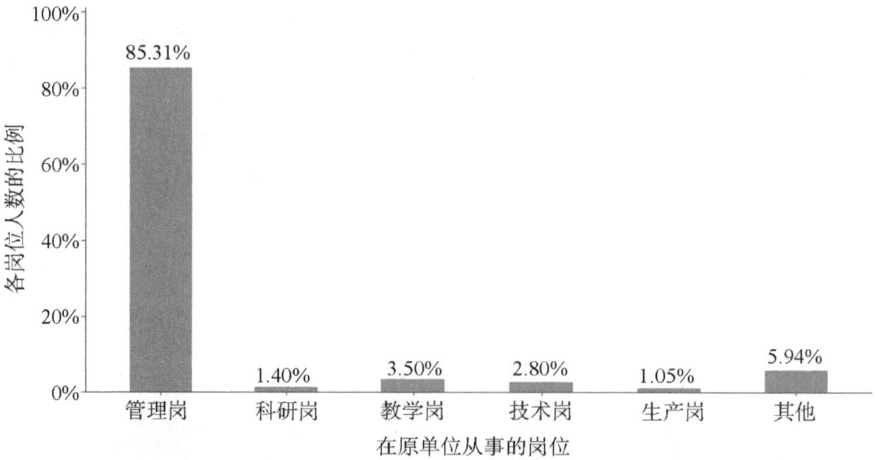

图 3-59 原单位从事的岗位

从在原单位的职务来看，参与本次调查的行政级别主要为科级和处级，约占全部调查人数的94.76%，其中科级退休人员最多，共148人，约占调查总体的51.75%；处级退休人员123人，约占43.01%；厅局级2人，约占0.70%。

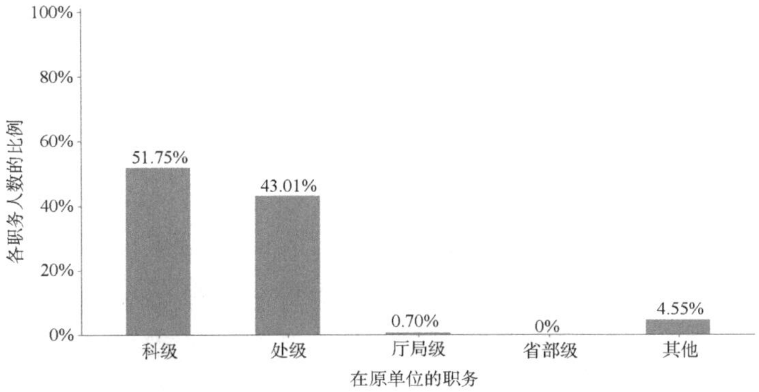

图3-60　在原单位的职务

本次调查的老年人才中中级职称超过半数，有148人，约占调查总体的51.75%；副高级职称29人，约占调查总体的10.14%；正高级职称11人，约占3.85%；初级职称39人，约占13.64%；其他类别59人，约占20.63%，其中还不乏不评职称的工作性质。

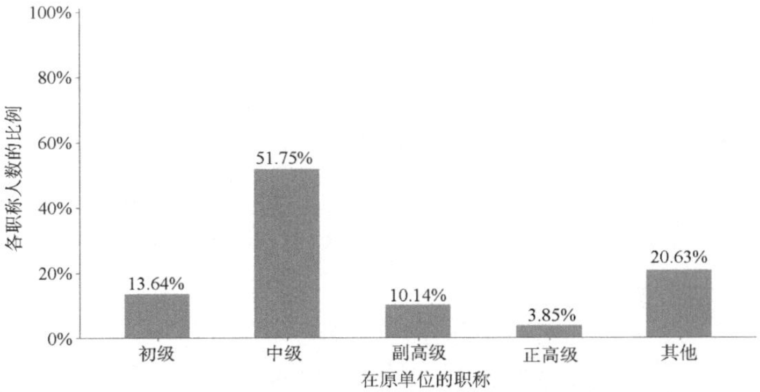

图3-61　在原单位的职称

（二）退休后从事社会工作情况

据调查数据显示，参与此次调查的286人中，退休后仍然从事社会工作的153人，约占调查总体的53.50%。133人退休后没有参与社会工作，约占调查总体的46.50%。

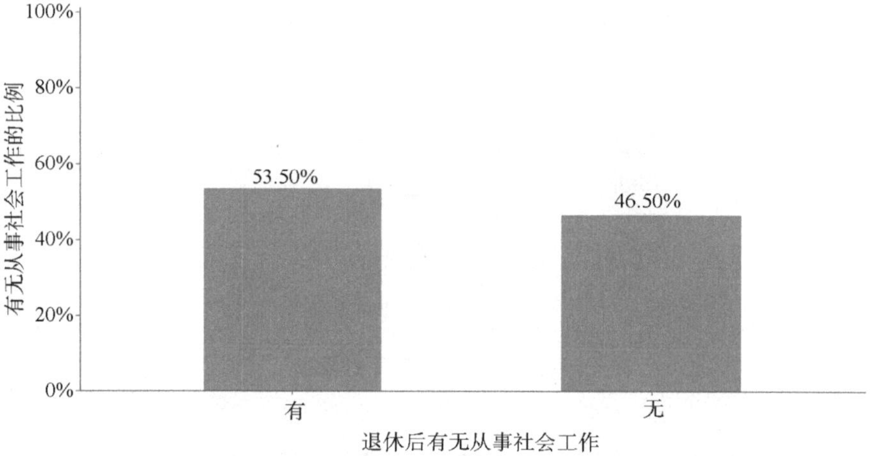

图3-62 退休后从事社会工作情况

社会公益是退休老年人才参与最多的社会工作类型，社区治理类工作次之。调查数据显示，地区党政机关老年人才退休后广泛参与到社会公益、行政管理、专业技术、科学研究、社会组织、教育教学、决策咨询等社会各项工作中，其中从事社会公益的占比最高，约达到退休后从事社会工作人数的65.36%；其次为社区治理，约占退休后从事社会工作人数的26.80%；再次为社会组织，约占退休后从事社会工作人数的18.30%；教育教学约占15.03%；行政管理约占7.84%；专业技术约占3.92%；决策咨询约占4.58%；科学研究约占1.96%。

表 3-108 退休后从事社会工作类型

选项	小计（人）	占比（%）
行政管理	12	7.84
科学研究	3	1.96
专业技术	6	3.92
教育教学	23	15.03
决策咨询	7	4.58
社会组织	28	18.30
社区治理	41	26.80
社会公益	100	65.36
其他	23	15.03
本题有效填写人数	153	

（三）退休后写作情况

调查结果显示，有 31 人保持写作的状态，约占调查总体的 10.84%；约有 89.16%的调查对象退休后没有写作经历。

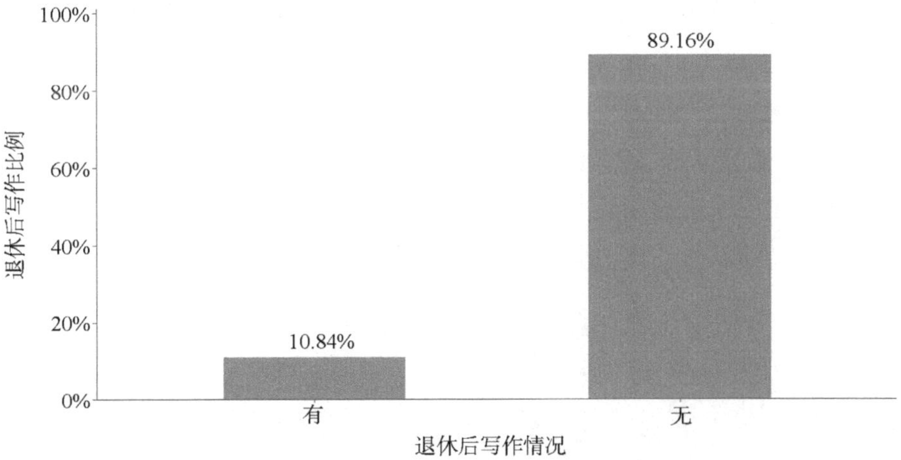

图 3-63 退休后写作情况

写作年龄以 70—79 岁最多。调查数据显示，退休后写作最大年龄为 86 岁。70—79 岁写作的共 16 人，约占退休后写作人数的 51.61%；60—69 岁有 11 人，约占退休后写作人数的 35.48%；55—59 岁和 80 岁及以上年龄段写作人数各有 2 人，各约占退休后写作人数的 6.45%。

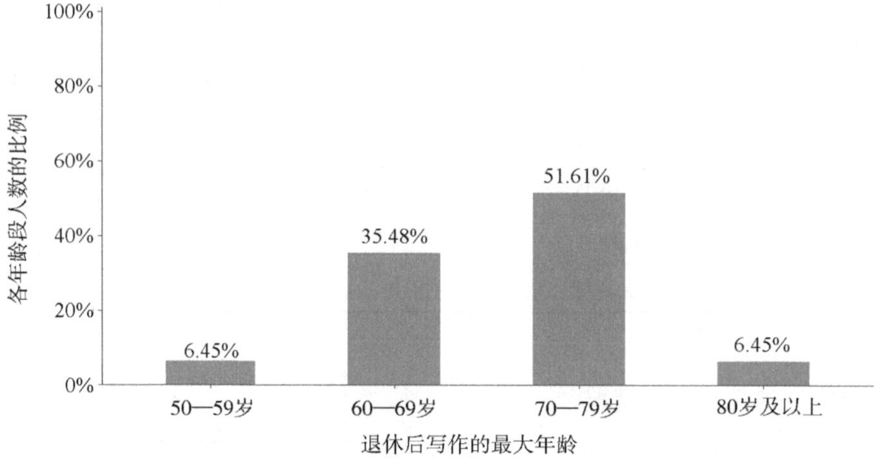

图 3-64　退休后写作的最大年龄

据调查数据显示，退休后写作成果颇丰，回忆录、研究报告和方志成果数量最多。其中撰写回忆录 110 篇，约占各类写作成果的 20.64%；研究报告和方志数量相近，分别为 71 篇和 70 篇，约占各类写作成果的 13.32%和 13.13%；发表论文 35 篇，约占 6.57%；咨询建议 21 篇，约占 3.94%；著作 7 部，约占 1.31%。此外，还有众多的其他写作形式。

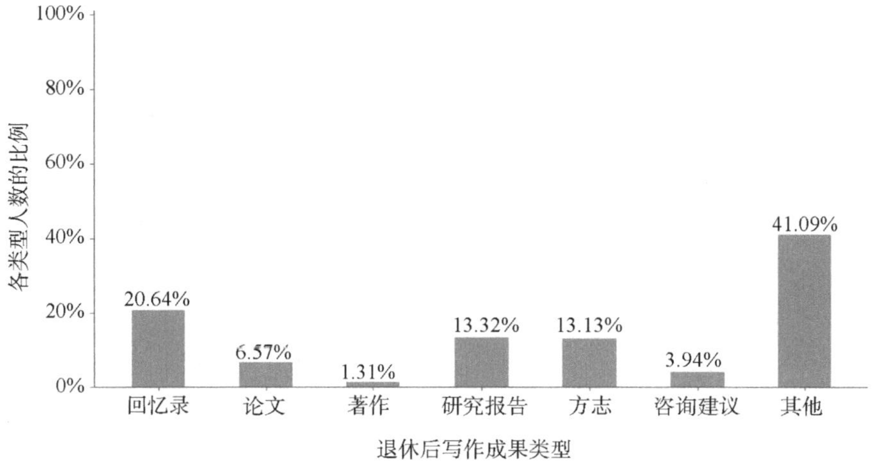

图 3-65　退休后写作成果类型

（四）退休后承担、参与社科科技工程项目情况

本次调查数据显示，老干部系统退休后承担科研项目的比例非常低。在参与本次调查的 286 人中，仅有 8 人在退休后仍然承担项目研究，约占调查总体的 2.80％，约有 97.20％的人在退休后没有承担项目。

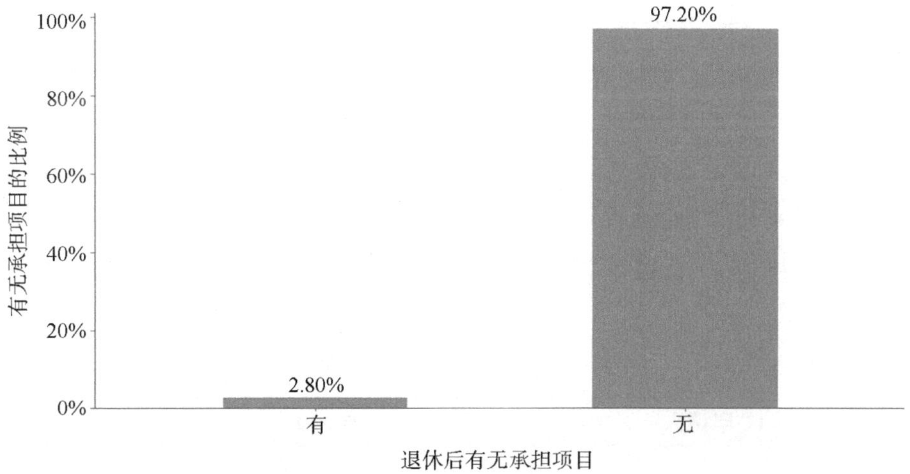

图 3-66　退休后承担项目情况

老干部系统老年人才退休后承担项目人数极少，承担项目的年龄多集中在65—79岁，其中65岁2人，68岁2人，70岁2人，72岁1人，79岁1人。

表3-109 退休后承担项目最大年龄

年龄（岁）	人数（人）
65	2
68	2
70	2
72	1
79	1

项目总体层级水平以本单位、专业研究团体项目居多。调查结果显示，老干部系统老年人才在退休后承担项目层级主要以本单位项目和专业研究团体项目为主，各有5项。其次为地区级项目3项，省部级1项，其他项目2项。

表3-110 退休后承担项目层级

国家级	省部级	地区级	本单位	专业研究团体	其他
0	1	3	5	5	2

老干部系统老年人才退休后承担项目的主要角色是担任项目成员，其中作为项目主要成员的有6项，一般成员4项，项目主持人1项，项目顾问1人。

表3-111 退休后承担项目角色

申请人	主持人	顾问	主要成员	一般成员
0	1	1	6	4

（五）退休后被表彰奖励情况

本次参与调查的 286 名调查对象中，有 48 人退休后获得过各类表彰奖励，约占调查总体的 16.78%，有 238 人没有获得过奖励，约占调查总体的 83.22%。

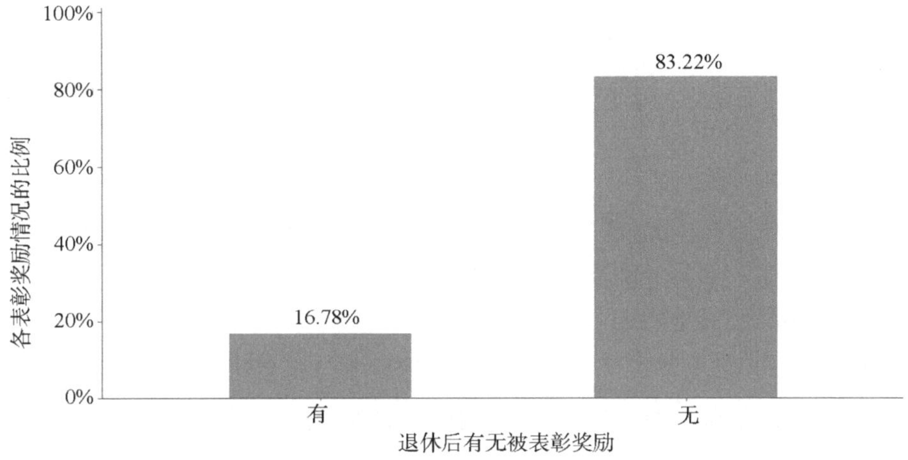

图 3-67　退休后被表彰奖励情况

单位级和地（区）级表彰奖励占七成以上。从调查数据中可以看出，获得表彰奖励的老年人才共获各类表彰奖励 220 项，其中单位级和地（区）级表彰奖励占比最高，分别占表彰奖励总数的约 40.91%和约 34.09%；国家级表彰奖励 6 项，约占 2.73%；省部级表彰奖励 16 项，约占 7.27%；社团类奖励 33 项，约占表彰奖励总数的 15.00%，其中省市社团表彰奖励 13 项，约占 5.91%，地（区）社团表彰奖励 20 项，约占 9.09%，没有全国社团表彰奖励。

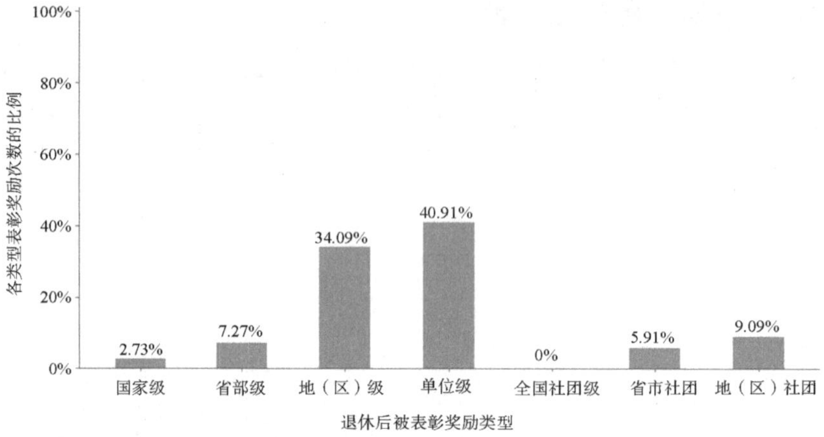

图 3-68 退休后被表彰奖励情况

（六）退休后社会参与的动力

兴趣爱好、社会奉献和丰富人生是退休后参与社会的主要动力。据调查显示，参加调查的 286 人中，选择兴趣爱好、社会奉献和丰富人生的人数都已超过调查人数的六成，分别约占 63.64％、61.19％和 60.84％；其次为完善自我约占 39.16％；扶持后辈约占 19.58％；为国争光、增加收入、发展学科（专业）比重较小，分别约占调查总体的 4.90％、2.80％和 1.40％。

表 3-112 退休后参与社会的主要动力

选项	小计（人）	占比（％）
为国争光	14	4.90
社会奉献	175	61.19
发展学科（专业）	4	1.40
兴趣爱好	182	63.64
扶持后辈	56	19.58
完善自我	112	39.16
丰富人生	174	60.84
增加收入	8	2.80
其他	17	5.94
本题有效填写人数	286	

退休后参与社会的主要动力，按照前两位排序调查数据显示，社会奉献是退休后参与社会的首选因素，约占30.68%；其次为兴趣爱好约占24.64%；丰富人生约占18.38%；完善自我、扶持后辈、为国争光、工作需要、发展学科（专业）比例较低，分别约占11.37%、5.96%、3.40%、2.23%、0.52%；增加收入没有进入调查对象前两位的参与社会的动力因素。

表3-113 退休参与社会的主要动力（按前两位排序）

选项	平均综合得分	综合得分占比（%）
社会奉献	5.83	30.68
兴趣爱好	4.68	24.64
丰富人生	3.49	18.38
完善自我	2.16	11.37
扶持后辈	1.13	5.960
为国争光	0.65	3.40
其他	0.53	2.82
工作需要	0.42	2.23
发展学科（专业）	0.10	0.52
增加收入	0	0

（七）退休后继续发展的途径和举措

自学是退休后继续发展的主要途径和措施。调查显示，退休后继续发展的主要途径和举措是自学，比例高达约75.52%，其次为老年大学学习和团队学习比例也明显高于其他途径，分别约占39.16%和37.76%。另外，老干部系统的老年人才退休后，还会通过参与学术研讨交流、项目研究及其他途径等促进继续发展，分别约占4.90%、2.45%和10.14%。

表 3-114 退休后继续发展的途径

选项	小计（人次）	占比（%）
自学	216	75.52
老年大学学习	112	39.16
参与学术研讨交流	14	4.90
团队学习	108	37.76
项目研究	7	2.45
其他	29	10.14
本题有效填写人数	286	

三、交叉分析

（一）年龄与身体状况水平、退休后继续工作、退休后从事社会工作、退休后有无写作、退休后有无承担项目

1. 年龄与身体状况水平

从年龄与身体状况水平的交叉分析，发现各年龄段身体健康水平处于好、较好的人都在 50.00%以上，特别是 50—59 岁身体健康水平处于好、较好状态的达到约 63.63%，60—69 岁达到约 60.15%。70—79 岁约为 52.03%；80 岁及以上约为 50.00%。这说明老年人才存在很大的开发空间，尤其 70 岁以下的低龄老年人才群体，身体健康水平良好及以上的比例较高，为老年人才开发提供了可能性。

表 3-115 年龄与身体状况水平统计表

	好	较好	一般	较差	差	合计人数（人）
50—59 岁	3 人（27.27%）	4 人（36.36%）	4 人（36.36%）	0 人（0%）	0 人（0%）	11
60—69 岁	17 人（12.32%）	66 人（47.83%）	52 人（37.68%）	3 人（2.17%）	0 人（0%）	138
70—79 岁	8 人（6.50%）	56 人（45.53%）	54 人（43.90%）	5 人（4.07%）	0 人（0%）	123
80 岁及以上	2 人（14.29%）	5 人（35.71%）	4 人（28.57%）	3 人（21.43%）	0 人（0%）	14

2. 年龄与退休后继续工作

通过年龄与退休后继续工作的交叉分析，发现参加本次调查的老年人才中，较高年龄段老年人才退休后继续工作的比例反而越高，低年龄段的老年人才退休后继续工作比例相对较低。其中 80 岁及以上老干部系统老年人才继续工作的比例约为 78.57%；70—79 岁的比例约为 56.10%；60—69 岁的比例约为 34.06%；50—59 岁的比例约为 27.27%。这也说明，老干部系统低龄老年人才的开发使用不足。

表 3-116　年龄与退休后继续工作统计表

	延聘、返聘、外聘（非原单位）、自主创业	其他	合计人数（人）
50—59 岁	3 人（27.27%）	8 人（72.73%）	11
60—69 岁	47 人（34.06%）	91 人（65.94%）	138
70—79 岁	69 人（56.10%）	54 人（43.90%）	123
80 岁及以上	11 人（78.57%）	3 人（21.43%）	14

3. 年龄与退休后从事社会工作

从年龄与退休后从事社会工作的交叉分析发现，参加本次调查的老年人才中，较高年龄段老年人才退休后参加社会工作的比例反而越高，低年龄段老年人才退休后参加社会工作的比例相对较低。其中 80 岁及以上退休后从事社会工作的比例约为 64.29%；70—79 岁的比例约为 59.35%；60—69 岁的比例约为 47.83%；50—59 岁的比例约为 45.45%。这些数据也说明，老干部系统老年人才，尤其是低龄老年人才仍有较大的开发潜力和空间。

表 3-117　年龄与退休后从事社会工作统计表

	有	无	合计人数（人）
50—59 岁	5 人（45.45%）	6 人（54.55%）	11
60—69 岁	66 人（47.83%）	72 人（52.17%）	138
70—79 岁	73 人（59.35%）	50 人（40.65%）	123
80 岁及以上	9 人（64.29%）	5 人（35.71%）	14

4. 年龄与退休后有无写作

通过年龄与退休后有无写作的交叉分析发现，70—79 岁年龄段写作的比例最高，约为 14.63%；70 岁及以上仍在坚持写作的比例约有 13.87%，这也说明，老干部系统老年人才写作年龄并没有完全终止，而是随着年龄的增长，有部分老年人才仍然保持写作的习惯。

表 3-118　年龄与退休后有无写作统计表

	有	无	合计人数（人）
50—59 岁	1 人（9.09%）	10 人（90.91%）	11
60—69 岁	11 人（7.97%）	127 人（92.03%）	138
70—79 岁	18 人（14.63%）	105 人（85.37%）	123
80 岁及以上	1 人（7.14%）	13 人（92.86%）	14

5. 年龄与退休后有无承担项目

通过年龄与退休后承担项目的交叉分析发现，老干部系统老年人才退休后承担项目的数量总体较低。调查中，在退休后承担项目的年龄段中，都集中在 60—79 岁，其中 60—69 岁约占 1.45%，70—79 岁约占 4.88%。

表 3-119　年龄与退休后承担项目统计表

	有	无	合计人数（人）
50—59 岁	0 人（0%）	11 人（100.00%）	11
60—69 岁	2 人（1.45%）	136 人（98.55%）	138
70—79 岁	6 人（4.88%）	117 人（95.12%）	123
80 岁及以上	0 人（0%）	14 人（100.00%）	14

（二）学历与退休后继续工作、退休后从事社会工作

1. 学历与退休后继续工作

从学历与退休后继续工作的交叉分析看，各学历层次继续工作比例都低于 50.00%，大专/本科及以上学历老年人才退休后继续工作的有 104 人，约占同学历层次人数的 44.83%，外聘比例明显高于其他类型。从原单位的延聘、返聘来看，大专/本科被原单位延聘或返聘的比例高于其他学历层次，约占本学历层次的 20.17%；其次为技校/中专/高中学历层次，延聘或返聘的比例约为 16.33%。从外聘比例看，初中、技校/中专/高中、大专/本科外聘比例分别约为 50.00%、26.53%和 23.25%。

表 3-120　学历与退休后继续工作统计表

	延聘	返聘	外聘（非原单位）	自主创业	其他	合计人数（人）
小学及以下	0 人（0%）	0 人（0%）	0 人（0%）	0 人（0%）	1 人（100.00%）	1
初中	0 人（0%）	0 人（0%）	2 人（50.00%）	0 人（0%）	2 人（50.00%）	4
技校/中专/高中	1 人（2.04%）	7 人（14.29%）	13 人（26.53%）	3 人（6.12%）	25 人（51.02%）	49
大专/本科	18 人（7.89%）	28 人（12.28%）	53 人（23.25%）	3 人（1.32%）	126 人（55.26%）	228
硕士以上	0 人（0%）	1 人（25.00%）	0 人（0%）	1 人（25.00%）	2 人（50.00%）	4

2. 学历与退休后从事社会工作

从学历与退休后从事社会工作的交叉分析，可以看出，技校/中专/高中学

历退休后从事社会工作的比例最高，约占本学历层次的 63.27%。其次为大专/本科学历退休后参加社会工作的有 119 人，约占本学历层次的 52.19%；硕士及以上学历退休后参与社会工作比例约为 50.00%；初中学历退休后参与社会工作比例约为 25.00%。

表 3-121 学历与退休后从事社会工作统计表

	有	无	合计人数（人）
小学及以下	0 人（0%）	1 人（100.00%）	1
初中	1 人（25.00%）	3 人（75.00%）	4
技校/中专/高中	31 人（63.27%）	18 人（36.73%）	49
大专/本科	119 人（52.19%）	109 人（47.81%）	228
硕士及以上	2 人（50.00%）	2 人（50.00%）	4

（三）身体健康水平与退休后继续工作、退休后从事社会工作

1. 身体健康水平与退休后继续工作

通过身体健康水平与退休后继续工作的交叉分析发现，身体健康水平处于好、较好的老年人才利用不足。本次调查显示，身体健康水平处于好、较好的共 161 人，其中退休后继续工作的有 85 人，约占 52.80%。身体健康水平处于一般和较差的人，退休后继续工作比例基本持平，分别约占 35.97% 和 36.36%。

表 3-122 身体健康水平与退休后继续工作统计表

	延聘	返聘	外聘（非原单位）	自主创业	其他	合计人数（人）
好、较好	15 人（9.32%）	22 人（13.66%）	41 人（25.47%）	7 人（4.35%）	76 人（47.20%）	161
一般	4 人（3.51%）	14 人（12.28%）	23 人（20.18%）	0 人（0%）	73 人（64.04%）	114
较差	0 人（0%）	0 人（0%）	4 人（36.36%）	0 人（0%）	7 人（63.64%）	11
差	0 人（0%）	0 人（0%）	0 人（0%）	0 人（0%）	0 人（0%）	0

2. 身体健康水平与退休后从事社会工作

从身体健康水平与退休后从事社会工作的交叉分析看，身体健康水平处于好、较好的老年人才，退休后从事社会工作的比例明显高于身体健康水平处于一般、较差和差的老年人才。本调查显示，身体健康水平处于好、较好的老年人共 161 人，其中退休后参与社会工作的人有 98 人，占比约为 60.87%。身体健康水平处于一般的人退休后参与社会工作的比例约为 44.74%；身体健康水平处于较差的，仍有约 36.36%退休后参与社会工作。

表 3-123　身体健康水平与退休后从事社会工作统计表

	有	无	合计人数（人）
好	14 人（46.67%）	16 人（53.33%）	30
较好	84 人（64.12%）	47 人（35.88%）	131
一般	51 人（44.74%）	63 人（55.26%）	114
较差	4 人（36.36%）	7 人（63.64%）	11
差	0 人（0%）	0 人（0%）	0

（四）职称与退休后继续工作、退休后有无从事社会工作、退休后从事社会工作类型、退休后有无从事写作、退休后承担何种写作、退休后有无承担项目、退休后社会参与的动力、继续发展的途径

1. 职称与退休后继续工作

从职称与退休后继续工作的比例看，副高级职称退休后继续工作的比例最高，约占同职级的 58.62%；其次为中级职称，退休后继续工作的比例约为 52.03%；正高级职称和初级职称退休后继续工作比例相近，分别约为 36.36%和 35.90%；没有技术职称的老年人才退休后继续工作的比例最低，约占 30.51%。

表 3-124　职称与退休后继续工作统计表

	延聘、返聘、外聘(非原单位)、自主创业	其他	合计人数（人）
初级	14 人（35.90%）	25 人（64.10%）	39
中级	77 人（52.03%）	71 人（47.97%）	148
副高级	17 人（58.62%）	12 人（41.38%）	29
正高级	4 人（36.36%）	7 人（63.64%）	11
其他	18 人（30.51%）	41 人（69.49%）	59

2. 职称与退休后有无从事社会工作

从职称与退休后有无从事社会工作的交叉分析看，副高级职称退休后参与社会工作的比例明显高于其他职称，约为 68.97%；初级职称和中级职称参与社会工作的比例也过半，分别约为 56.41%、52.70%；正高级职称和无职称人员，退休后参与社会工作的比例略低，分别约为 45.45%、47.46%。

表 3-125　职称与退休后有无从事社会工作统计表

	有	无	合计人数（人）
初级	22 人（56.41%）	17 人（43.59%）	39
中级	78 人（52.70%）	70 人（47.30%）	148
副高级	20 人（68.97%）	9 人（31.03%）	29
正高级	5 人（45.45%）	6 人（54.55%）	11
其他	28 人（47.46%）	31 人（52.54%）	59

3. 职称与退休后从事社会工作类型

从职称与退休后从事社会工作类型的比较分析，可以看出老干部系统老年人才退休后参加社会工作类型中，社会公益在各职称中比重都明显高于其他社会工作类型，其中初级职称和副高级职称参与社会公益占比较高，超过 80.00%，分别约为 81.82%和 80.00%；中级职称参与社会公益的比例约为

64.10%；正高级职称参与社会公益比例略低，约为 40.00%。除了参与社会公益，初级职称参加社区治理比例较高，约占 22.73%；中级职称参与社区治理、社会组织和教育教学的比例相对较高，分别约占 26.92%、21.79%和 21.79%；副高职称参与社区治理和教育教学的比例相对较高，分别约占 50.00%和 20.00%；正高级参与社会工作的 5 人中各有 1 人参与社区治理、社会组织和教育教学。

表 3-126 职称与退休后从事社会工作类型统计表

	初级	中级	副高级	正高级	其他
行政管理	2 人（9.09%）	7 人（8.97%）	2 人（10.00%）	0 人（0%）	1 人（3.57%）
科学研究	0 人（0%）	3 人（3.85%）	0 人（0%）	0 人（0%）	0 人（0%）
专业技术	0 人（0%）	5 人（6.41%）	1 人（5.00%）	0 人（0%）	0 人（0%）
教育教学	1 人（4.55%）	17 人（21.79%）	4 人（20.00%）	1 人（20.00%）	0 人（0%）
决策咨询	0 人（0%）	4 人（5.13%）	2 人（10.00%）	0 人（0%）	1 人（3.57%）
社会组织	2 人（9.09%）	17 人（21.79%）	1 人（5.00%）	1 人（20.00%）	7 人（25.00%）
社区治理	5 人（22.73%）	21 人（26.92%）	10 人（50.00%）	1 人（20.00%）	4 人（14.29%）
社会公益	18 人（81.82%）	50 人（64.10%）	16 人（80.00%）	2 人（40.00%）	14 人（50.00%）
其他	0 人（0%）	7 人（8.97%）	3 人（15.00%）	1 人（20.00%）	12 人（42.86%）
合计	22 人	78 人	20 人	5 人	28 人

4. 职称与退休后有无从事写作

从职称与退休后有无从事写作的交叉分析来看，参与调查的老年人才退休后从事写作的比例整体偏低，副高级退休后写作比例明显高于其他职级，约为 24.14%；其次为正高级职称，约占 18.18%；中级职称和没有技术职称的退休人员写作比例大致相当，分别约为 10.81%和 10.17%。此次调查中，初级职称没有人在退休后从事写作。

表 3-127 职称与退休后有无从事写作统计表

	有	无	合计人数（人）
初级	0 人（0%）	39 人（100.00%）	39
中级	16 人（10.81%）	132 人（89.19%）	148
副高级	7 人（24.14%）	22 人（75.86%）	29
正高级	2 人（18.18%）	9 人（81.82%）	11
其他	6 人（10.17%）	53 人（89.83%）	59

5. 职称与退休后承担何种写作

通过职称与退休后承担何种写作的交叉分析发现，职称不同写作侧重点有所不同。中级职称老年人才撰写论文和其他各种诗歌、征文等的比例最高，各约占 37.50%；其次为回忆录和研究报告，各约占 31.25%；著作和咨询建议也占相当比例，各约占 18.75%。副高级老年人才撰写方志比例最高，约占 57.14%；其次为咨询建议和其他诗歌征文等各类成果，各约占 42.86%；回忆录和研究报告各约占 28.57%；有 1 人仍在撰写论文。正高级写作人数较少，2 人主要撰写回忆录、著作、研究报告和其他成果。无职称退休人员写作内容主要为各类征文等其他成果，约占 83.33%。

表 3-128 职称与退休后承担何种写作统计表

	初级	中级	副高级	正高级	其他
回忆录	0 人（0%）	5 人（31.25%）	2 人（28.57%）	1 人（50.00%）	1 人（16.67%）
论文	0 人（0%）	6 人（37.50%）	1 人（14.29%）	0 人（0%）	0 人（0%）
著作	0 人（0%）	3 人（18.75%）	0 人（0%）	1 人（50.00%）	0 人（0%）
研究报告	0 人（0%）	5 人（31.25%）	2 人（28.57%）	1 人（50.00%）	0 人（0%）
方志	0 人（0%）	0 人（0%）	4 人（57.14%）	0 人（0%）	2 人（33.33%）
咨询建议	0 人（0%）	3 人（18.75%）	3 人（42.86%）	0 人（0%）	1 人（16.67%）
其他	0 人（0%）	6 人（37.50%）	3 人（42.86%）	1 人（50.00%）	5 人（83.33%）

6. 职称与退休后有无承担项目

从职称与退休后有无承担项目的交叉分析看，退休后承担项目的比例较低。本次调查中，只有副高级职称和中级职称老年人才退休后承担了项目，分别约占 10.34％和 3.38％。

表 3-129 职称与退休后有无承担项目统计表

	有	无	合计人数（人）
初级	0 人（0％）	39 人（100.00％）	39
中级	5 人（3.38％）	143 人（96.62％）	148
副高级	3 人（10.34％）	26 人（89.66％）	29
正高级	0 人（0％）	11 人（100.00％）	11
其他	0 人（0％）	59 人（100.00％）	59

7. 职称与退休后社会参与的动力

通过对职称与退休后社会参与的动力的交叉分析发现，社会奉献和兴趣爱好是老干部系统老年人才继续参与社会的排名前两位的主要动力因，社会奉献是退休后参与社会的第一动力，在各个职级里，社会奉献都明显高于其他动力因素，副高级选择比例约占 65.52％，正高级约占 54.55％，初级约占 53.85％，中级约占 49.32％，其他无职称人员约占 45.76％。兴趣爱好在各级别中都是第二大动力因素，其中初级约占 25.64％，中级约占 25.68％，副高级约占 24.14％，正高级约占 18.18％，其他无职称人员约占 22.03％。除了社会奉献和兴趣爱好，不同职级参与社会还有其他动力因素，正高级选择完善自我的比例相对也较高，约占 18.18％。

表 3-130 职称与退休后参与社会的动力统计表

	初级	中级	副高级	正高级	其他	合计人数（人）
为国争光	2人（5.13%）	9人（6.08%）	1人（3.45%）	0人（0%）	2人（3.39%）	14
社会奉献	21人（53.85%）	73人（49.32%）	19人（65.52%）	6人（54.55%）	27人（45.76%）	146
发展学科人（专业）	0人（0%）	1人（0.68%）	0人（0%）	0人（0%）	0人（0%）	1
兴趣爱好	10人（25.64%）	38人（25.68%）	7人（24.14%）	2人（18.18%）	13人（22.03%）	70
扶持后辈	1人（2.56%）	5人（3.38%）	0人（0%）	1人（9.09%）	2人（3.39%）	9
完善自我	3人（7.69%）	5人（3.38%）	0人（0%）	2人（18.18%）	5人（8.47%）	15
丰富人生	2人（5.13%）	10人（6.76%）	2人（6.90%）	0人（0%）	4人（6.78%）	18
工作需要	0人（0%）	2人（1.35%）	0人（0%）	0人（0%）	2人（3.39%）	4
其他	0人（0%）	5人（3.38%）	0人（0%）	0人（0%）	4人（6.78%）	9
合计	39	148	29	11	59	

8. 职称与继续发展的途径

从职称与继续发展的途径分析可以看出，自学是各职级老年人才退休后继续发展的主要途径，其中初级约为74.36%、中级约为77.03%、副高级约为82.76%、正高级约为81.82%、其他无职称人员约为67.80%。此外，老年大学学习和团队学习也是重要途径。初级职称在老年大学学习和团队学习的比例较高，各约占35.90%；中级职称第二位的发展途径为老年大学学习，约占45.95%，团队学习约占39.19%；副高级排第二的发展途径是团队学习，约占55.17%，再次为老年大学学习，约占27.59%；正高级第二位的是老年大学学习，约占36.36%，再次为团队学习，约占18.18%；其他无职称人员的发展途径主要为老年大学学习和团队学习，分别约占30.51%。参与学术活动和项目研究比例较低。

这说明老干部系统老年人才主要是以自我开发为主，组织性开发较缺乏，需要针对不同职级老年人才退休后继续发展路径的不同采取有针对性的保障政策和措施。

表 3-131 职称与继续发展的途径统计表

	初级	中级	副高级	正高级	其他
自学	29 人（74.36%）	114 人（77.03%）	24 人（82.76%）	9 人（81.82%）	40 人（67.80%）
老年大学学习	14 人（35.90%）	68 人（45.95%）	8 人（27.59%）	4 人（36.36%）	18 人（30.51%）
参与学术研讨交流	1 人（2.56%）	7 人（4.73%）	5 人（17.24%）	0 人（0%）	1 人（1.69%）
团队学习	14 人（35.90%）	58 人（39.19%）	16 人（55.17%）	2 人（18.18%）	18 人（30.51%）
项目研究	0 人（0%）	2 人（1.35%）	3 人（10.34%）	0 人（0%）	2 人（3.39%）
其他	3 人（7.69%）	17 人（11.49%）	0 人（0%）	0 人（0%）	9 人（15.25%）

（五）在原单位从事的岗位与退休后继续工作、退休后从事社会工作、退休后从事社会工作类型、退休后有无写作、退休后有无承担项目、退休后从事何种写作、继续发展的途径

1. 在原单位从事的岗位与退休后继续工作

从原单位从事的岗位与退休后继续工作的交叉分析看，科研技术岗老年人才（包括科研岗、技术岗）退休后继续工作的比例较大，共 8 人，约占 66.67%。管理岗老年人才退休后继续工作的比例约为 45.08%。

从退休后继续工作的类型看，外聘（非原单位）是老干部系统老年人才继续工作的主要形式，其中管理岗老年人才外聘比例约为 22.95%；科研岗老年人才外聘比例约为 75.00%；技术岗老年人才外聘比例约为 37.50%；教学岗老年人才外聘比例约为 50.00%，其他岗位老年人才约为 5.88%。原单位的延聘和返聘比例较低，管理岗老年人才共 49 人，约占该岗位总人数的 20.08%，其中延聘约占 7.38%、返聘约占 12.70%；教学岗老年人才返聘约占 20.00%；技术岗老年人才共返聘 1 人，约占 8.33%；其他岗位老年人才延聘和返聘共 3 人，约占 17.64%。

表 3-132　原单位从事的岗位与退休后继续工作统计表

	延聘	返聘	外聘（非原单位）	自主创业	其他	合计人数（人）
管理	18 人（7.38%）	31 人（12.70%）	56 人（22.95%）	5 人（2.05%）	134 人（54.92%）	244
科研	0 人（0%）	0 人（0%）	3 人（75.00%）	0 人（0%）	1 人（25.00%）	4
教学	0 人（0%）	2 人（20.00%）	5 人（50.00%）	0 人（0%）	3 人（30.00%）	10
技术	0 人（0%）	1 人（12.50%）	3 人（37.50%）	1 人（12.50%）	3 人（37.50%）	8
生产	0 人（0%）	0 人（0%）	0 人（0%）	0 人（0%）	3 人（100.00%）	3
其他	1 人（5.88%）	2 人（11.76%）	1 人（5.88%）	1 人（5.88%）	12 人（70.59%）	17

2. 在原单位从事的岗位与退休后有无从事社会工作

从原单位从事岗位与退休后有无从事社会工作分析可以看出，各岗位从事社会工作的比例整体较高，其中科研岗老年人才参与社会工作比例为 100.00%；教学岗老年人才退休后从事社会工作的比例约为 80.00%；技术岗老年人才退休后从事社会工作的比例约为 87.50%；管理岗老年人才从事社会工作的共有 126 人，约占管理岗总人数的 51.64%。

表 3-133　在原单位从事的岗位与退休后有无从事社会工作统计表

	有	无	合计人数（人）
管理	126 人（51.64%）	118 人（48.36%）	244
科研	4 人（100.00%）	0 人（0%）	4
教学	8 人（80.00%）	2 人（20.00%）	10
技术	7 人（87.50%）	1 人（12.50%）	8
生产	1 人（33.33%）	2 人（66.67%）	3
其他	7 人（41.18%）	10 人（58.82%）	17

3. 在原单位从事的岗位与退休后从事社会工作类型

从原单位从事的岗位与退休后从事社会工作类型的交叉分析，不论什么岗位，在老干部系统老年人才退休后从事社会工作类型中，社会公益所占比重都最高，其中管理岗老年人才约为62.70%、科研岗老年人才约为75.00%、教学岗老年人才约为87.50%、技术岗老年人才约为85.71%、生产岗老年人才约为100.00%、其他岗位老年人才约为57.14%。此外，管理岗老年人才从事社会治理和社会组织的比例相对较高，分别约占26.98%和21.43%；科研岗老年人才4人中有2人退休后从事教育教学，约占50.00%；教学岗老年人才8人中4人退休后从事教育教学工作约占50.00%；技术岗老年人才7人中有3人从事社区治理约占42.86%；生产岗老年人才退休后从事社会工作的2人中，1人从事社会公益，1人从事社会治理；其他岗位老年人才除了社会公益，社会治理也是其退休后从事的社会工作类型。

表3-134　在原单位从事的岗位与退休后从事社会工作的类型统计表

	管理	科研	教学	技术	生产	其他
行政管理	11人（8.73%）	1人（25.00%）	0人（0%）	0人（0%）	0人（0%）	0人（0%）
科学研究	3人（2.38%）	0人（0%）	0人（0%）	0人（0%）	0人（0%）	0人（0%）
专业技术	6人（4.76%）	0人（0%）	0人（0%）	0人（0%）	0人（0%）	0人（0%）
教育教学	15人（11.90%）	2人（50.00%）	4人（50.00%）	2人（28.57%）	0人（0%）	0人（0%）
决策咨询	7人（5.56%）	0人（0%）	0人（0%）	0人（0%）	0人（0%）	0人（0%）
社会组织	27人（21.43%）	0人（0%）	1人（12.50%）	0人（0%）	0人（0%）	0人（0%）
社区治理	34人（26.98%）	1人（25.00%）	1人（12.50%）	3人（42.86%）	1人（100.00%）	1人（14.29%）
社会公益	79人（62.70%）	3人（75.00%）	7人（87.50%）	6人（85.71%）	1人（100.00%）	4人（57.14%）
其他	18人（14.29%）	1人（25.00%）	0人（0%）	1人（14.29%）	0人（0%）	3人（42.86%）

4. 在原单位从事的岗位与退休后有无写作

从原单位从事岗位与退休后有无写作的交叉分析可以看出，各岗位老年人才退休后写作的比例整体偏低。科研岗位老年人才退休后写作的比例约为50.00%；管理岗老年人才退休后有写作的比例约占11.07%；教学岗位老年人才退休后写作的比例约为10.00%；其他岗位老年人才约为5.88%；技术岗、生产岗老年人才中退休后没有任何写作。

表 3-135 在原单位从事的岗位与退休后有无写作统计表

	有	无	合计人数（人）
管理	27 人（11.07%）	217 人（88.93%）	244
科研	2 人（50.00%）	2 人（50.00%）	4
教学	1 人（10.00%）	9 人（90.00%）	10
技术	0 人（0%）	8 人（100.00%）	8
生产	0 人（0%）	3 人（100.00%）	3
其他	1 人（5.88%）	16 人（94.12%）	17

5. 在原单位从事的岗位与退休后有无承担项目

从原单位从事岗位与退休后有无承担项目的比较分析可以看出，老干部系统老年人才退休后承担科研项目比例较低，主要为管理岗老年人才 7 人，约占 2.87%；教学岗老年人才 1 人，约占 10.00%。其他各岗位老年人才退休后无人承担项目。

表 3-136 在原单位从事的岗位与退休后有无承担项目统计表

	有	无	合计人数（人）
管理	7 人（2.87%）	237 人（97.13%）	244
科研	0 人（0%）	4 人（100.00%）	4
教学	1 人（10.00%）	9 人（90.00%）	10
技术	0 人（0%）	8 人（100.00%）	8
生产	0 人（0%）	3 人（100.00%）	3
其他	0 人（0%）	17 人（100.00%）	17

6. 在原单位从事的岗位与退休后从事何种写作

从原单位从事岗位与退休后从事何种写作的交叉分析发现，管理岗、科研岗和其他工作岗位老年人才退休后有写作，整体人数较少。管理岗老年人才从事写作相对略多，从事撰写回忆录 2 人，论文 3 人，著作 3 人，研究报告 5

人，方志 2 人，咨询建议 5 人，其他 9 人。科研岗和其他岗位老年人才从事其他写作类型各 1 人。

表 3-137　在原单位从事的岗位与退休后从事何种写作统计表

	回忆录	论文	著作	研究报告	方志	咨询建议	其他
管理	2 人	3 人	3 人	5 人	2 人	5 人	9 人
科研	0	0	0	0	0	0	1 人
教学	0	0	0	0	0	0	0
技术	0	0	0	0	0	0	0
生产	0	0	0	0	0	0	0
其他	0	0	0	0	0	0	1 人

7. 在原单位从事的岗位与继续发展的途径

从原单位从事的岗位与继续发展途径的交叉分析可以看出，自学为老干部系统各岗位老年人才继续发展的主要途径。除自学外，其他途径各个岗位老年人才的选择倾向又有所不同，其中管理岗老年人才选择老年大学学习和团队学习的较多，分别约占 39.75%和 36.07%；科研岗老年人才则在团队学习方面明显高于其他发展途径，占 100.00%，另外在老年大学学习、参与学术研讨交流和项目研究各有 1 人；教学岗老年人才在团队学习和老年大学学习上明显高于其他途径，分别约占 70.00%和 50.00%；技术岗老年人才在团队学习和老年大学学习上明显高于其他途径，分别约占 62.50%和 50.00%；生产岗老年人才除自学，还倾向于团队学习和其他发展途径，各约占 33.33%；其他岗位老年人才在老年大学学习和其他发展方式占比较高，各约占 29.41%。

表 3-138　在原单位从事的岗位与继续发展的途径统计表

	管理	科研	教学	技术	生产	其他
自学	185 人（75.82%）	4 人（100.00%）	8 人（80.00%）	6 人（75.00%）	3 人（100.00%）	10 人（58.82%）
老年大学学习	97 人（39.75%）	1 人（25.00%）	5 人（50.00%）	4 人（50.00%）	0 人（0%）	5 人（29.41%）
参与学术研讨交流	12 人（4.92%）	1 人（25.00%）	1 人（10.00%）	0 人（0%）	0 人（0%）	0 人（0%）
团队学习	88 人（36.07%）	4 人（100.00%）	7 人（70.00%）	5 人（62.50%）	1 人（33.33%）	3 人（17.65%）
项目研究	6 人（2.46%）	1 人（25.00%）	0 人（0%）	0 人（0%）	0 人（0%）	0 人（0%）
其他	22 人（9.02%）	0 人（0%）	1 人（10.00%）	0 人（0%）	1 人（33.33%）	5 人（29.41%）

四、小结与建议

（一）研究小结

1. 党政机关老干部身体状况好、文化层次高、思想觉悟强，蕴含继续为社会发挥作用的潜力

调查数据显示，老干部系统老年人才身体好、素质高、思想觉悟高，具有继续发挥作用的潜能和优势。从身体健康水平看，老干部系统身体状况水平处于好、较好的老年人才约占调查总体的 56.29%。从学历层次看，大专/本科学历和硕士研究生学历比例高达 81.12%。从退休后参与社会工作的比例及类型看，老干部系统退休后从事社会工作的老年人才约占调查总体的 53.50%，其中从事社会公益的占比最高，约占退休后从事社会工作人数的 65.36%；其次是参与社区治理的老年人才，约占退休后从事社会工作人数的 26.80%。以上调查数据说明，老干部系统老年人才身体健康状况总体较好，文化层次高，思想觉悟强，为社会奉献潜能的愿望强，愿意为社会发展再做贡献。

2. 老干部系统老年人才，尤其是低龄老年人才尚有较大开发空间

调查数据显示，老干部系统老年人才，尤其是低龄老年人才的开发利用不足，尚有较大的开发潜力和空间。从继续工作的比例来看，60—69 岁的比例约为 34.06%；50—59 岁的比例约为 27.27%。从参与社会工作的比例来看，60—69 岁老年人才参与社会工作的比例约为 47.83%；50—59 岁老年人才参与社会工作的比例约为 45.45%。这些数据说明，老干部系统有相当比例的老

年人才退休后赋闲在家，潜能未得到充分的利用，未能为社会发展做贡献，尤其是低龄老年人才开发的空间较大。因而，在党和国家实施积极应对人口老龄化战略背景下，如何充分考虑老干部的价值优势和发挥重要作用是值得思考和践行的问题。

3. 内驱力是老干部系统老年人才继续发挥作用的主要动力

调查数据显示，老干部系统老年人才退休后参与社会的主要动力，按照前两位排序的数据显示，社会奉献是退休后参与社会的首选因素，约占30.68%。其次为兴趣爱好，约占24.64%。这说明老干部系统老年人才思想觉悟高、社会奉献精神强，其继续工作的动力主要是为了满足奉献社会和自身兴趣爱好的内在需要。在老年人才开发过程中要充分考虑其继续工作的动力因素，激发其发挥作用的潜力。

4. 自学是老干部系统老年人才退休后继续发展的主要途径和措施

调查显示，自学是老干部系统老年人才退休后继续发展的主要途径，比例高达约75.52%，而选择老年大学学习的比例不高，这也说明老干部系统老年人才整体学历层次高，当前老年教育以兴趣、休闲类的内容为主不能满足老干部系统老年人才的需求，应不断扩大和提升老年教育的内容和层次质量。

5. 外聘（非原单位）是老干部系统老年人才继续工作的主要途径

调查显示，老干部系统老年人才退休后被延聘、返聘、外聘和自主创业的人共有130人，约占调查总体的45.45%。仅有55位退休人员被原工作单位延聘或返聘，约占调查总体的19.23%，其中延聘19人，约占6.64%，返聘36人，约占12.59%；68人受聘于非原工作单位，约占23.78%；约有2.45%的退休人员自主创业。数据说明，老干部系统老年人才受机关事业单位退休政策影响，退休后继续工作的比例不高，尤其是延聘、返聘比例较低，主要是通过外聘的方式继续发挥作用。

6. “年龄一刀切”是影响老干部作用发挥最大的障碍因素

调查显示，参与问卷回答的老干部认为，“年龄一刀切”是影响老干部作用发挥最大的障碍因素。特别是随着人均预期寿命延长，很多健康的、有精力、有意愿参与社会的老干部被排除在外，失去了发挥作用的舞台。另外，因换届会导致一部分党政机关领导处于离退休“过渡期”，从重要岗位退居二线，不再承担重要职责，也提前造成了人才的浪费。

（二）研究建议

1. 建议国家进一步完善老干部作用发挥的政策和规定

第一，探索弹性延迟退休政策，让有意愿的老干部有继续发挥作用的舞台。随着人均寿命的增加，国家应加快延迟退休政策的研究和落地，并制定弹性退休政策，退休年龄给予一定的年龄跨度。这样，可以为老干部提供更多选择，更好地发挥作用和价值，也可以为单位留住更多的适岗人才，提高工作效率。

第二，积极搭建平台，为老干部发挥作用创造条件。引导并鼓励他们参与社区建设和管理、社会公益、关心下一代等工作，发挥潜能，既服务社会，又转型发展。

第三，进一步完善老干部参与社会发展的激励保障制度。要拓展老干部工作内涵，将老干部系统老年人才开发和发挥作用作为老干部工作的重要内容；并建立健全表彰、进修等制度；设立“老有所为奖”；老干部培训研修应纳入老干部教育的规划。

2. 社会应调动多方力量肯定和发挥老干部的价值和作用

第一，应加大宣传力度，营造老有所为的社会氛围。老干部在长期的工作实践中，积累了重要的政治优势、经验优势和威望优势。社会要引导和营造老干部继续发挥作用的氛围，应深入挖掘离退休干部发挥作用中的典型经验和突出事迹，营造尊重、关心、爱护老干部的社会氛围，激发老干部发挥作用的积极性，让群众和社会认可、理解和支持老干部在政治、经济和社会领域中作用。

第二，依托老年大学，根据老干部参与社会的需要，探索设立与老干部参与社会发展需求相对应的培训学习，帮助更多老干部实现老有所为。此外，还可以开展一系列社会服务活动，如义务讲解、文化传承等，充分挖掘老干部的潜力和价值。

3. 党政机关单位应承担老干部发挥作用的主体责任

第一，建议党政机关单位探索弹性退休制度，进一步完善老干部的延聘、返聘机制。老干部在过去的几十年里，积累了大量的实践经验，对于国家政策、社会情况有着深入的了解。发挥老干部的作用，不仅充实了党政机关单位的人才库，有利于党政机关单位在复杂的社会环境中做出更加稳健的决策，还为老干部提供了一个展示自我价值的机会。

第二，党政机关单位应设立专门部门，负责退休老干部的开发和使用，搭建老干部人才信息库，为老干部发挥作用提供信息支撑，及时收集和整理老干部个人信息，如专业技能、从业经历、兴趣爱好等，根据市场需求和老年人才自身条件，为有劳动意愿的老干部提供职业介绍、职业技能培训和创新创业指导服务，从而实现老干部资源的优化配置。

第三，创建学习型机关，包括学习型党支部、学习型党组织等各类学习型组织，以提高老干部党性修养和智能水平。

第四，定期举办形式多样的老干部论坛。论坛形式包括研讨会、座谈会、讲座等，邀请老干部围绕国家政策、社会热点、生活常识或者某个专题等展开讨论。分享他们的经验和见解，为社会发展提供智慧支持。同时，论坛可以促进老干部之间的相互了解和合作，同时也可以获取各种有用的信息和资源，为他们提供更多的参与机会。

4. 老干部应该积极为老有所为积蓄力量，再出发

首先，老干部需要不断学习新技术和知识，更新智能储备。随着许多新兴领域的发展和新技术的诞生，老干部可以通过学习团队、参加各类培训课程、读书学习、与年轻人交流等方式，了解新知识、新技能，提高自己的发展能力。此外，老干部还可以利用互联网平台，拓展视野，了解世界各地的新闻与文化，使自己与时代同步。

其次，老干部应顺应形势，借势而为。老干部应该积极调整心态，主动参与社会发展，如积极参与“增添正能量，共筑中国梦”活动、参与基层治理、关心下一代等工作。在参与社会发展中发光发热，继续实现社会价值。

最后，老干部可以加入志愿者组织，利用自己的技能和经验为社区提供志愿服务。老干部在志愿服务中可以和年轻人互相学习和交流，形成优势互补。这不仅能够拓宽视野，还可以提高志愿服务的质量，促进社区的和谐发展。

上海企业老年人才开发调查报告

——以上海宝钢等企业为例

执笔人 毕 滢* 万 蓉**

为贯彻落实中央关于发挥老年人作用的指示精神，全面、客观了解上海企业系统老年人才开发的实际情况，评估总结企业系统老年人才开发工作取得的成绩、经验及存在的问题，了解老年人才开发的意见和建议，全面分析老年人才开发的需求动态，为上海市老年人才开发工作奠定基础，华东师范大学老年人才开发课题组在前期调查的基础上设计电子问卷对上海企业系统老年人才开发状况进行了调查。

一、基本情况

作为老年人才开发研究项目的一部分，本次调查主要是针对上海市企业系统的调查。本次调查选取上海宝钢等企业老年人才为主要调查对象，调查问卷回收 351 份，其中有效问卷为 318 份，问卷有效率为 90.60%。

（一）性别分布

性别比例较不均衡。此次调查在调查对象性别构成方面差异较大，女性多于男性。其中，男性 78 人，约占调查总样本的 24.53%；女性 240 人，约占调查总样本的 75.47%。

* 系华东师范大学教育学部职业教育与成人教育研究所硕士研究生。

** 系上海老年大学副教授。

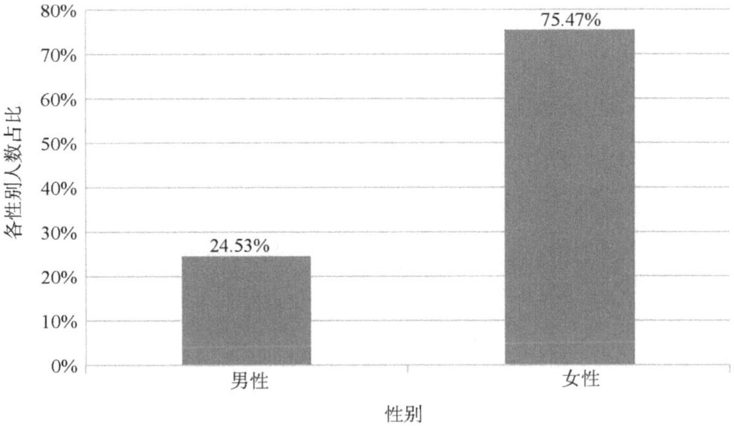

图 3-69 调查对象性别分布图

（二）年龄分布

调查对象年龄结构基本集中在 60—79 岁。本次调查问卷共 318 份有效，平均年龄为 66 岁，最小年龄为 55 岁，最大年龄为 83 岁。参与调查的年龄段主要集中在 60—79 岁，其中 60—69 岁 161 人，约占 50.63%；70—79 岁 94 人，约占 29.56%。50—59 岁和 80 岁及以上年龄段参与本次调查的人数较少，分别约占 18.55%和 1.26%。

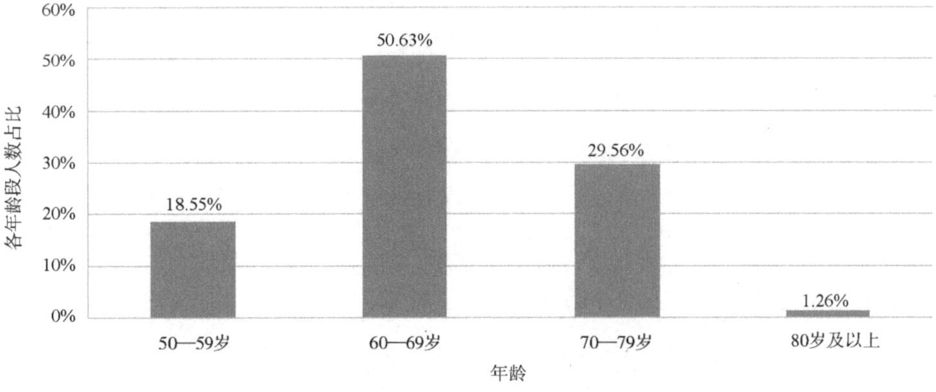

图 3-70 调查对象年龄分布图

（三）学历分布

学历层次较高。小学及以下学历的老年人才仅有 1 人，占比约为 0.31%；初中学历的有 14 人，约占 4.40%；技校/中专/高中学历的老年人才共有 87 人，约占 27.36%；样本中学历为大专/本科的老年人才相对较多，有 202 人，占比约为 63.52%；硕士及以上学历的老年人才有 14 人。大专及以上的老年人才共有 216 人，占比约为 67.90%。整体来看，参与此次调查的老年人才接受教育程度较高。

表 3-139 调查对象的学历分布

学历	频数（人）	占比（%）
小学及以下	1	0.31
初中	14	4.40
技校/中专/高中	87	27.36
大专/本科	202	63.52
硕士及以上	14	4.40
合计	318	100.00

（四）身体状况分布

整体健康状况较好。从调查数据看，身体状况处于好、较好水平的有 203 人，约占调查总体的 63.84%，其中身体状况好的有 71 人，约占 22.33%，身体状况较好的有 132 人，约占 41.51%。身体状况处于一般水平的有 113 人，约占 35.53%，0.63%的人表示身体状况较差。

身体一般及以上的老年人才有 316 人，占比约为 99.37%，说明本次调查对象绝大多数身体还不错。其中身体较好的老年人才占比约为 63.84%，可以看出该地区的老年人才身体状况处于中上水平。

表 3-140 调查对象身体状况水平

身体状况	频数（人）	占比（%）
好	71	22.33
较好	132	41.51
一般	113	35.53
较差	2	0.63
差	0	0
合计	318	100.00

（五）继续工作情况

在退休以后，有 37 位老年人才选择留在原有的单位进行了延聘，占比约 11.64%；57 位老年人才被返聘，占比约 17.92%；退休后外聘的老年人才人数较多，共有 86 位，占比约 27.04%；有 16 位老年人才开始了自主创业，占比约 5.03%。

在选择其他选项的 122 位老年人才中，绝大部分目前退休在家，处于没有继续工作的状态，只有极少数仍在工作（5 人）或做顾问（3 人）。

表 3-141 调查对象继续工作情况

继续工作	频数（人）	占比（%）
延聘	37	11.64
返聘	57	17.92
外聘（非原单位）	86	27.04
自主创业	16	5.03
其他	122	38.36
合计	318	100.00

二、总体分析

(一）退休前原工作情况

本次调查对象均来自企业，共有 318 人，以下是他们退休前原工作的详情。

1. 原单位从事岗位

调查对象原单位从事岗位主要为管理岗和技术岗。本次调查对象涉及管理岗、科研岗、教学岗、技术岗、生产岗等各个岗位，以管理岗和技术岗居多。其中管理岗有 187 人，约占 58.81%；技术岗有 58 人，约占 18.24%。另外，科研岗有 7 人，约占 2.20%；教学岗有 6 人，约占 1.89%；生产岗有 25 人，约占 7.86%；其他岗位有 35 人，约占 11.01%。

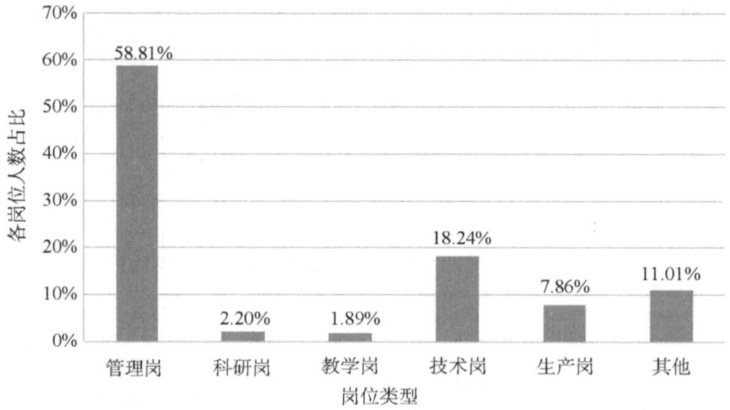

图 3-71　调查对象在原单位从事岗位分布图

2. 原来从事的专业

理工农医类和经管类专业是原单位从事的主要专业。此次参与调查的老年人才中，在原单位从事理工农医类专业的有 106 人，约占调查总体的 33.30%；经管类的有 191 人，约占 60.06%；文史哲法学类专业有 6 人，约占 1.89%；教育类专业有 11 人，约占 3.46%；艺术类专业有 3 人，约占

0.94%；军事类专业有1人，约占0.30%。

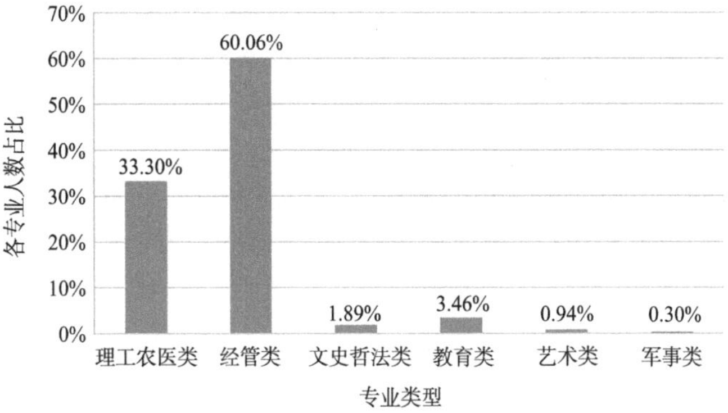

图 3-72 调查对象在原单位从事专业分布图

3. 原单位的行政级别

从在原单位的职务来看，参与本次调查的行政级别主要为处级及以下为主，其中处级约占11.01%；科级约占28.30%；厅局级约占2.83%；省部级约占0.31%；其他级别约占57.55%。

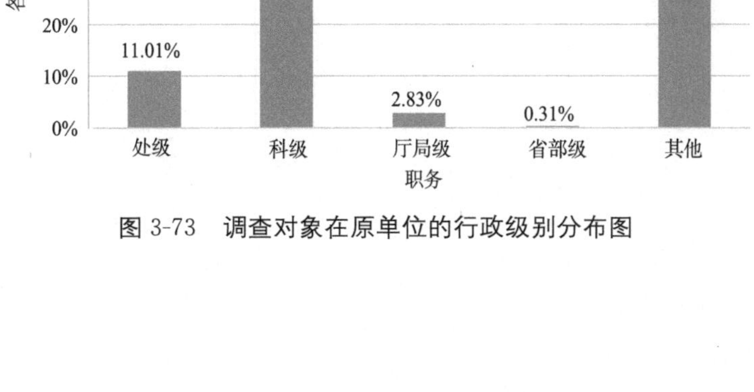

图 3-73 调查对象在原单位的行政级别分布图

4. 原单位职称

从原单位职称来看，参与本次调查的老年人才中以中高级职称居多，其中中级职称比例最高，约占调查总体人数的 41.51%；副高级职称约占调查总体的 18.87%；正高级职称约占 4.09%；初级职称约占 16.35%；其他约占 19.18%。

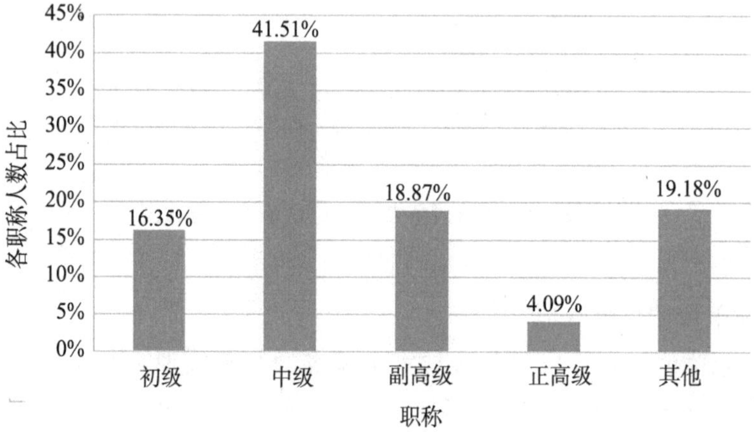

图 3-74 调查对象在原单位的职称分布图

5. 退休后从事的专业

调查显示，退休后所从事的专业和自己原专业的相关度高。总体来看，老年人才退休后以从事经管类专业居多，共有 124 人，约占调查总体的 38.99%；其次是艺术类专业和理工农医类专业，分别约占 21.38%、16.98%；再是教育类专业和文史哲法学类专业，分别约占 7.23%、6.60%；其他类约占 8.49%。

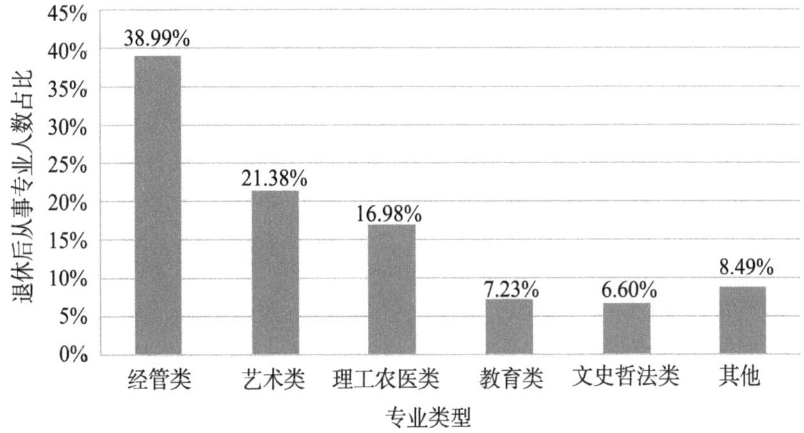

图 3-75 调查对象退休后从事专业分布图

（二）退休后的社会参与情况

调查数据显示，参与此次调查的 318 人中，退休后仍然从事社会工作的有 108 人，约占调查总体的 33.96%。210 人退休后没有参与社会工作，约占 66.04%。

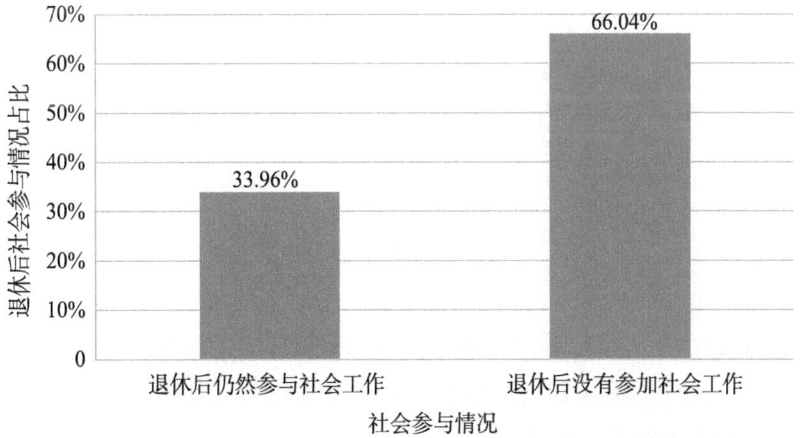

图 3-76 调查对象退休后社会参与的工作类型图

社会公益是深受退休老年人才热爱的社会工作，明显高于其他工作类型。调查数据显示，老年人才退休后广泛参与到社会公益、社区治理、社会组织、行政管理、专业技术、科学研究、教育教学、决策咨询等社会各项工作中，其中从事社会公益类的占比最高，约占退休后从事社会工作人数的46.30%；其次为社区治理类和社会组织类，分别约占25.00%和19.44%；行政管理类、专业技术类和教育教学类各约占退休后从事社会工作人数的11.11%；从事决策咨询类约占6.48%；其他类约占16.67%。

（三）退休后写作情况

调查结果显示，参与本次调查的调查对象退休后，仍有24人保持写作的状态，约占调查总体的7.55%；92.45%的调查对象退休后没有写作经历。退休后写作的最大年龄为76岁。

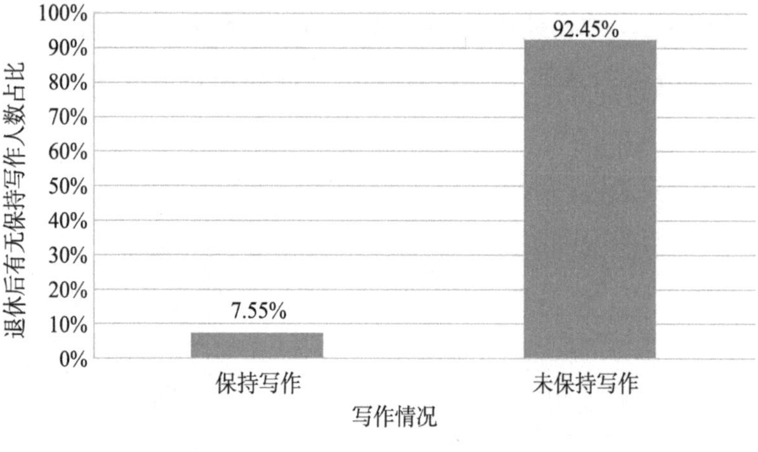

图3-77 调查对象退休后写作情况图

回忆录是退休后的主要写作题材。调查数据显示，退休后写作参与最多的内容是回忆录，约占退休后继续写作人员的45.83%；其次有2人退休后会继续写论文，约占退休后继续写作人员的8.33%；另外，各有1人继续写著作和咨询建议，约占退休后继续写作人员的4.17%；进行其他类别写作的约占37.50%。

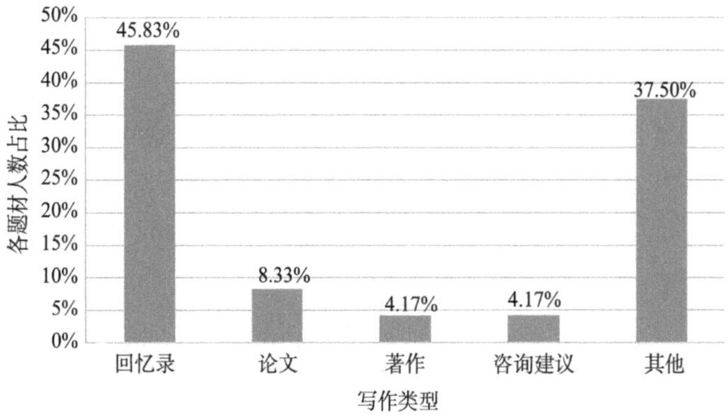

图 3-78 调查对象退休后写作类型占比

退休后有写作经历的 24 人中，共撰写回忆录 11 篇，发表论文 2 篇和咨询建议 1 份。

（四）退休后承担、参与社科科技工程项目情况

本次调查数据显示，有 16 人在退休后仍然承担项目研究，约占总调查人数的 5.03%。退休后承担项目的年龄集中在 60—69 岁。调查对象承担项目最大年龄是 68 岁，最小年龄是 60 岁。

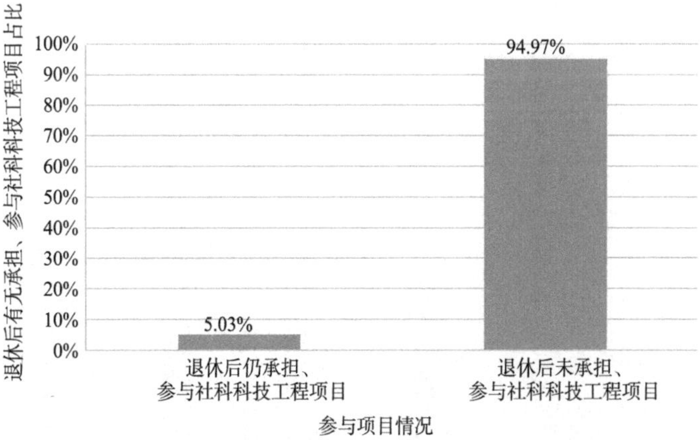

图 3-79 调查对象退休后承担、参与社科科技工程项目情况图

项目总体层级水平较高。调查结果显示，本次调查对象退休后承担各类项目层级整体水平较高，省部级及以上层级科研项目 7 项，其中国家级项目 2 项；省部级项目 5 项。另外，地区级项目 4 项；本单位 9 项；专业研究团体项目为 0。

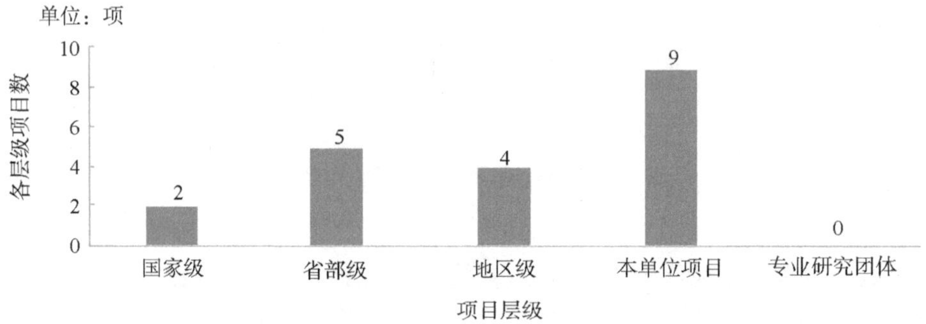

图 3-80　调查对象退休后承担各类项目层级分布图

退休后，担任项目主要成员、主持人、顾问角色的比例相对较高，担任项目主要成员角色的项目比例最为突出。调查结果显示，退休后在各类研究项目中，担任项目主要成员角色的有 7 项，角色特点明显；担任项目主持人角色的有 6 项；担任项目顾问角色的有 5 项；担任一般成员角色的有 4 项，没有人担任项目申请人的角色。

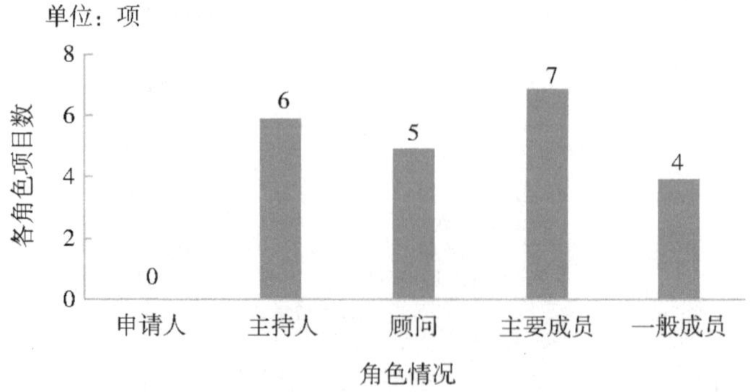

图 3-81　调查对象退休后在承担项目中担任角色的项目分布图

（五）退休后被表彰奖励情况

本次参与调查的318名调查对象中，有55人退休后获得过各类表彰奖励，约占调查总体的17.30%，仍有263人没有获得过奖励，约调查总体的82.70%。

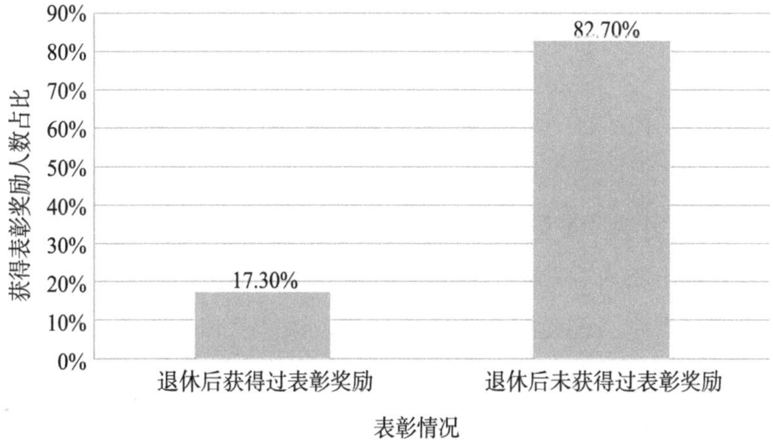

图3-82 调查对象退休后被表彰奖励情况分布图

地区社团表彰奖励占比最高。从调查数据中可以看出，获得表彰奖励的退休人员共获各类表彰奖励65次。国家级表彰奖励2次，约占3.08%；省部级表彰奖励2次，约占3.08%；地（区）级表彰奖励11次，约占16.92%；单位级表彰奖励11次，约占16.92%；全国社团表彰奖励1次，约占1.54%；省市社团表彰奖励4次，约占6.15%；地（区）社团表彰奖励34次，约占52.31%。

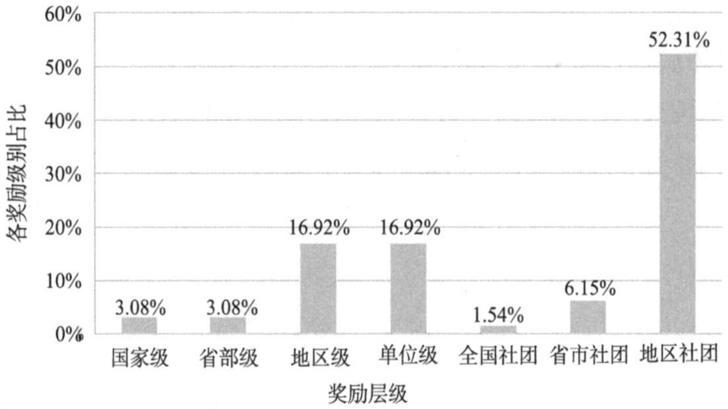

图 3-83 调查对象退休后被表彰奖励层级分布图

（六）退休后社会参与的动力

兴趣爱好和丰富人生是退休后参与社会的主要动力。据调查显示，参加调查的 318 人中，选择兴趣爱好和丰富人生的人数都已超过调查人数的一半，分别为 208 人和 188 人。其次为完善自我和社会奉献，其人数也比较高，分别为 119 人、115 人。扶持后辈、增加收入、发展学科（专业）、为国争光也是退休后参与社会考虑的重要因素，分别有 29 人、33 人、10 人、7 人，其他原因的有 9 人。

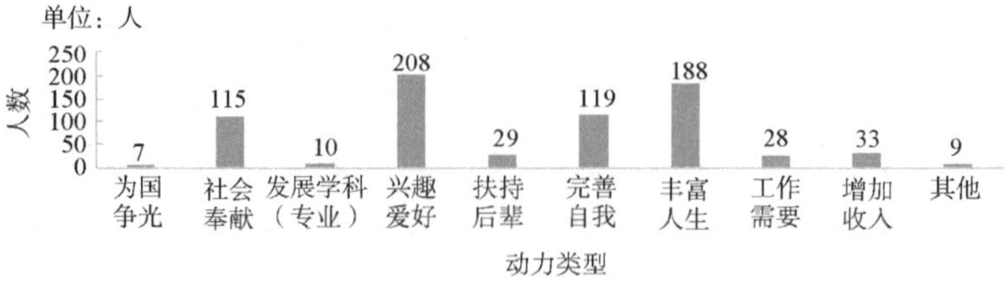

图 3-84 调查对象退休后社会参与动力分布图

（七）退休后继续发展的途径和举措

老年大学学习是企业老年人才退休后继续发展的主要途径和措施。调查显示，退休后老年人才继续发展的主要途径和举措是到老年大学学习，有 294

人，其次为自学，有 155 人。另外，退休后，还有选择通过参与学术研讨交流、团队学习、项目研究等方式促进继续发展。

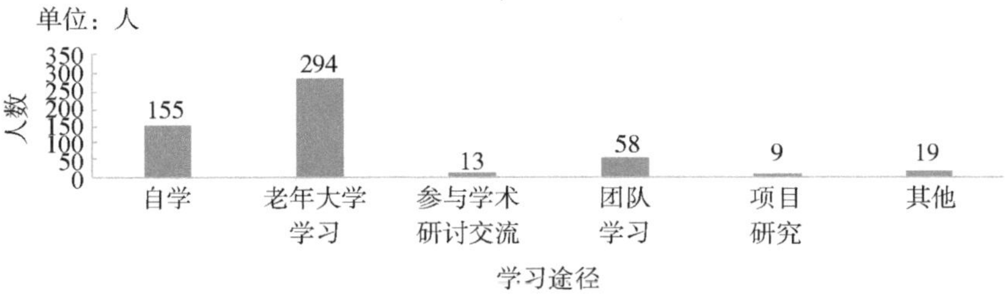

图 3-85　调查对象退休后继续发展途径和举措分布图

三、重点相关分析

（一）学历与退休后继续工作、社会参与的相关分析

1. 学历与退休后继续工作的交叉分析

从学历与退休后继续工作的交叉分析来看：$p=0.606>0.05$，不同的学历对于继续工作均没有呈现出显著性，这意味着不同的学历对于退休后是否选择继续工作不存在显著差异性。

表 3-142　调查对象学历与退休后继续工作交叉分析表

题目	名称	学历					总计	χ2	p
		小学及以下	初中	技校/中专/高中	大专/本科	硕士及以上			
继续工作	延聘	0	0	5	29	3	37	13.896	0.606
	返聘	0	2	19	34	2	57		
	外聘（非原单位）	0	5	21	57	3	86		
	自主创业	0	0	7	8	1	16		
	其他	1	7	35	74	5	122		
总计		1	14	87	202	14	318		

注：$*p<0.05$　$**p<0.01$

根据表 3-143，可以看出，在参与调查的人员中，大专/本科学历层次的老年人才继续工作的数量最高，共有 128 人，约占总人数的 40.25%；其次为技校/中专/高中学历层次老年人才，共有 52 人，约占总人数的 16.35%；硕士及以上学历层次老年人才有 14 人，约占总人数的 4.40%。

表 3-143　调查对象学历与退休后继续工作关系统计表

学历	人数（人）	总人数（人）
小学及以下	0	1
初中	7	14
技校/中专/高中	52	87
大专/本科	128	202
硕士及以上	9	14
合计	196	318

2. 学历与退休后社会参与的交叉分析

从学历与退休后社会参与的交叉分析来看：$p=0.483>0.05$，不同的学历对于社会参与没有呈现出显著性，这意味着不同的学历对于退休后是否选择社会参与不存在显著差异性。

可以看出，在参与调查的人员中，大专/本科学历从事社会工作的比例最高，共有 202 人，约占 63.52%；其次为技校/中专/高中学历层次，共有 87 人，约占 27.36%；初中和硕士及以上学历退休后参与社会工作的人数相同，均有 14 人，分别约占 4.40%。

表 3-144 调查对象学历与退休后社会参与交叉分析统计表

题目	名称	学历					总计	χ2	p
		小学及以下	初中	技校/中专/高中	大专/本科	硕士及以上			
社会参与	有	0	2	32	70	4	108	3.464	0.483
	无	1	12	55	132	10	210		
总计		1	14	87	202	14	318		

注：$*p<0.05$ $**p<0.01$

（二）身体状况与退休后继续工作、社会参与的相关分析

1. 身体状况与退休后继续工作

从身体状况与退休后继续工作的交叉分析来看：$p=0.538>0.05$，身体状况对于继续工作没有呈现出显著性，这意味着不同的身体状况对于退休后是否继续工作不存在显著差异性。

表 3-145 调查对象身体状况与退休后继续工作交叉分析表

题目	名称	身体状况水平					总计	χ2	p
		好	较好	一般	较差	差			
继续工作	延聘	11	16	10	0	0	37	10.892	0.538
	返聘	6	27	24	0	0	57		
	外聘（非原单位）	19	36	31	0	0	86		
	自主创业	5	6	5	0	0	16		
	其他	30	47	43	2	0	122		
总计		71	132	113	2	0	318		

注：$*p<0.05$ $**p<0.01$

根据表 3-146，可以看出，在参与调查的人员中，身体状况对于老年人才继续工作有一定影响，身体状况处于较好的老年人才继续工作的比例最高（除其他

选项外），有 85 人，约占该群体人数的 64.39%；其次为身体状况一般的老年人才，继续工作的人数有 70 人，约占该群体人数的 61.95%；身体状况好的老年人才有 41 人，约占该群体人数的 57.75%。

表 3-146 调查对象的身体状况与退休后继续工作情况统计表

身体状况	人数（人）	占比（%）	总人数（人）
好	41	57.75	71
较好	85	64.39	132
一般	70	61.95	113
较差	0	0	2
差	0	0	0
合计	196		318

2. 身体状况与退休后社会参与的交叉分析

从身体状况与退休后社会参与的交叉分析来看：$p=0.427>0.05$，身体状况对于社会参与没有呈现出显著性，这意味着不同的身体状况对于退休后是否社会参与不存在显著差异性。

表 3-147 调查对象的身体状况与退休后社会参与交叉分析表

题目	名称	身体状况水平					总计	χ2	p
		好	较好	一般	较差	差			
社会参与	有	28	46	34	0	0	108	2.780	0.427
	无	43	86	79	2	0	210		
总计		71	132	113	2	0	318		

注：$*p<0.05$　$**p<0.01$

可以看出，在参与调查对象中，身体状况处于好的老年人才从事社会工作的比例最高，共有 28 人，约占该群体人数的 39.44%；其次为身体状况较好的老年人才，共有46人，约占该群体的34.85%；身体状况一般但参与社会工作的老年人才有34人，约占该群体的30.09%。

表3-148 调查对象的身体状况与退休后社会参与情况统计表

身体状况	社会参与人数（有社会参与）	占比（%）	总人数（人）
好	28	39.44	71
较好	46	34.85	132
一般	34	30.09	113
较差	0	0	2
差	0	0	0
合计	196		318

（三）原单位职称与退休后继续工作、社会参与、做何种工作、写作、写作类型、有无承担项目、社会参与动力、继续发展途径的相关分析

1. 原单位职称与退休后继续工作的交叉分析

从原单位职称与退休后继续工作的交叉分析来看：$p=0.122>0.05$，原单位职称对于继续工作没有呈现出显著性，这意味着不同的职称对于退休后是否继续工作不存在显著差异性。

表3-149 调查对象的原单位职称与退休后继续工作交叉分析表

题目	名称	在原单位的职称					总计	χ2	p
		初级	中级	副高级	正高级	其他			
继续工作	延聘	9	15	8	2	3	37	22.7	0.122
	返聘	8	22	15	4	8	57		
	外聘（非原单位）	16	42	8	4	16	86		
	自主创业	1	10	2	0	3	16		
	其他	18	43	27	3	31	122		
总计		52	132	60	13	61	318		

注：$* p<0.05$　$** p<0.01$

从表 3-150 可以看出，在参与调查的人员中，正高级职称的老年人才退休后继续工作的比例最高，共有 10 人，约占正高级职称人数的 76.92%；其次为中级职称的老年人才，退休后继续工作的人数有 89 人，约占中级职称人数的 67.42%；副高级职称的老年人才，退休后继续工作的人数有 33 人，约占副高级职称人数的 55.00%。

表 3-150　调查对象的原单位职称与退休后继续工作情况统计表

原单位职称	继续工作人数（人）	占比（%）	总人数（人）
初级	34	65.38	52
中级	89	67.42	132
副高级	33	55.00	60
正高级	10	76.92	13
其他	30	49.18	61
合计	196		318

延聘比例方面：初级职称被延聘的比例最高，约有 17.30%（9 人）；其次为正高级职称，约有 15.38%（2 人），副高级职称约有 13.33%（8 人），中级职称约有 11.36%（15 人）。

返聘比例方面：正高级职称、副高级职称两个职称的老年人才被返聘的比例明显高于另外职称，分别约为 30.77%（4 人）、25.00%（15 人），中级被返聘的比例约为 16.67%（22 人），初级被返聘的比例约为 15.38%（8 人）。

外聘（非原单位）比例方面：初级、中级、正高级被外聘的比例均超过 30%，副高级职称被外聘的比例最低，约为 13.33%（8 人）。

自主创业比例方面：中级职称选择自主创业的比例最高，约为 7.57%（10 人），其次为副高级约为 3.33%（2 人），初级约为 1.92%（1 人）。

表 3-151 调查对象的原单位职称与退休后继续工作情况统计表

	初级	中级	副高级	正高级	其他	合计人数（人）
延聘	17.31%	11.36%	13.33%	15.38%	4.92%	52
返聘	15.38%	16.67%	25.00%	30.77%	13.11%	132
外聘（非原单位）	30.77%	31.82%	13.33%	30.77%	26.23%	60
自主创业	1.92%	7.57%	3.33%	0%	4.92%	12
其他	34.62%	32.58%	45.01%	23.08%	50.82%	61
合计	100.00%	100.00%	100.00%	100.00%	100.00%	318

2. 原单位职称与退休后社会参与的交叉分析

从原单位职称与退休后社会参与的交叉分析来看：$p=0.929>0.05$，原单位职称对于社会参与没有呈现出显著性，意味着不同的职称对于退休后是否社会参与不存在显著差异性。

表 3-152 调查对象的原单位职称与退休后社会参与交叉分析表

题目	名称	在原单位的职称					总计	χ2	p
		初级	中级	副高级	正高级	其他			
社会参与	有	16	48	19	5	20	108	2.772	0.929
	无	36	84	41	8	41	210		
总计		52	132	60	13	61	318		

注：$*p<0.05$ $**p<0.01$

从表 3-153 可以看出，在参与调查的人员中，正高级职称的老年人才选择继续社会参与的比例最高，约占该群体人数的 38.46%（5 人）；其次为中级职称，约有 36.36%（48 人）的老年人才选择继续参与社会工作；副高级职称和初级职称的老年人才，分别约占该群体的 31.67%（19 人）和 30.77%（16 人）。

表 3-153　调查对象的原单位职称与退休后社会参与情况统计表

	初级	中级	副高级	正高级	其他
有	30.77%	36.36%	31.67%	38.46%	32.79%
无	69.23%	63.64%	68.33%	61.54%	67.21%

3. 原单位职称与退休后做何种工作的交叉分析

从原单位职称与退休后做何种工作类型来看：$p>0.05$，原单位职称与老年人才退休后从事何种专业没有呈现出显著性，这意味着不同的职称对于老年人才退休后从事何种专业不存在显著差异性。

表 3-154　调查对象的原单位职称与退休后做何种工作交叉分析表

题目	名称	在原单位的职称					总计	χ2	p
		初级	中级	副高级	正高级	其他			
行政管理	0	15	40	17	5	19	96	4.269	0.832
	1	1	8	2	0	1	12		
科学技术	0	14	44	17	4	17	96	2.056	0.979
	1	2	4	2	1	3	12		
教育教学	0	14	43	18	4	17	96	2.287	0.971
	1	2	5	1	1	3	12		
决策咨询	0	16	45	17	4	19	101	4.136	0.845
	1	0	3	2	1	1	7		
社会组织	0	13	38	15	4	17	87	1.213	0.997
	1	3	10	4	1	3	21		
社区治理	0	12	40	12	2	15	81	7.800	0.453
	1	4	8	7	3	5	27		
社会公益	0	7	24	12	3	12	58	2.768	0.948
	1	9	24	7	2	8	50		
其他	0	14	39	17	5	15	90	3.992	0.875
	1	2	9	2	0	5	18		

注：* $p<0.05$　* * $p<0.01$

可以看出，在参与调查的人员中，初级职称和中级职称的老年人才选择参与社会公益的比例最高，分别达到约 17.31%（9 人）和 18.18%（24 人），其次为社区治理，初级和中级分别达到约 7.69%（4 人）、6.06%（8 人）；参与社会组织的初级和中级分别达到约 5.77%（3 人）、7.58%（10 人）；副高级职称的老年人才选择社会公益和社区治理的比例最高，约为 11.67%（7 人），其次为社会组织，约有 6.67%（4 人）；正高级职称的老年人才选择社区治理的比例最高，约占该群体的 23.08%（3 人），其次为社会公益，约占该群体的 15.38%（2 人）。

由此可见，社会公益是各类职称老年人才退休后最常参与的社会工作类型，其次，社区治理和社会组织类的工作也收获了各类老年人才的偏爱。

表 3-155 调查对象的原单位职称与退休后做何种工作类型统计表

	初级	中级	副高级	正高级	其他
行政管理	1.92%	6.06%	3.33%	0%	1.64%
科学技术	3.85%	3.03%	3.33%	7.69%	4.92%
教育教学	3.85%	3.79%	1.67%	7.69%	4.92%
决策咨询	0%	2.27%	3.33%	7.69%	1.64%
社会组织	5.77%	7.58%	6.67%	7.69%	4.92%
社区治理	7.69%	6.06%	11.67%	23.08%	8.20%
社会公益	17.31%	18.18%	11.67%	15.38%	13.11%
其他	3.85%	6.82%	3.33%	0%	8.20%

4. 原单位职称与退休后写作的交叉分析

从原单位职称与退休后写作的交叉分析来看：$p=0.245>0.05$，原单位职称对于退休后老年人才的写作情况没有呈现出显著性，这意味着不同的职称对于退休后是否写作不存在显著差异性。

表 3-156　调查对象的原单位职称与退休后写作交叉分析表

题目	名称	在原单位的职称					总计	χ2	p
		初级	中级	副高级	正高级	其他			
写作	有	6	10	5	2	1	24	5.436	0.245
	无	46	122	55	11	60	294		
总计		52	132	60	13	61	318		

注：$^{*}p<0.05$　$^{**}p<0.01$

可以看出，在参与调查的人员中，正高级职称的老年人才在退休后继续写作的比例最高，约占该群体人数的15.38%（2人），副高级职称和中级职称的老年人才，分别有5人和10人，各自约占该群体的8.33%和7.38%。总体来看，退休后选择继续写作的老年人才数量是很少的。

表 3-157　原单位职称与退休后写作情况统计表

	初级	中级	副高级	正高级	其他
有	11.54%	7.58%	8.33%	15.38%	1.64%
无	88.46%	92.42%	91.67%	84.62%	98.36%

5. 原单位职称与退休后写作类型的交叉分析

从原单位职称与退休后写作类型来看：原单位职称对于回忆录、著作、研究报告、方志均表现出一致性，并没有差异性；对于论文、咨询建议、其他三项表现出显著差异性（$p<0.05$，$p<0.01$），原单位职称越高，退休后写作论文、咨询建议的比例越高。

表 3-158 调查对象的原单位职称与退休的写作类型交叉分析表

题目	名称	在原单位的职称					总计	χ2	p
		初级	中级	副高级	正高级	其他			
回忆录	0	2	7	3	1	0	13	8.414	0.394
	1	4	3	2	1	1	11		
论文	0	6	10	4	1	1	22	17.452	0.026*
	1	0	0	1	1	0	2		
著作	0	5	10	5	2	1	23	9.889	0.273
	1	1	0	0	0	0	1		
研究报告	0	6	10	5	2	1	24	5.436	0.245
	1	0	0	0	0	0	0		
方志	0	6	10	5	2	1	24	5.436	0.245
	1	0	0	0	0	0	0		
咨询建议	0	6	10	5	1	1	23	27.969	0.000**
	1	0	0	0	1	0	1		
其他	0	4	2	1	2	0	9	17.724	0.023*
	1	2	8	4	0	1	15		

注：$*p<0.05$ $**p<0.01$

由表 3-159 可知，尽管部分老年人退休后仍然从事继续写作，但是总体上而言，这个人数非常少，写作类型最主要是回忆录，另外论文、著作也有少数人会涉猎，其他都很少涉猎。

表 3-159 调查对象的原单位职称与退休后写作类型统计表

	初级	中级	副高级	正高级	其他
回忆录	7.69%	2.27%	3.33%	7.69%	1.64%
论文	0%	0%	1.67%	7.69%	0%
著作	1.92%	0%	0%	0%	0%
研究报告	0%	0%	0%	0%	0%
方志	0%	0%	0%	0%	0%
咨询建议	0%	0%	0%	7.69%	0%
其他	3.85%	6.06%	6.67%	0%	1.64%

6. 原单位职称与退休后有无承担项目的交叉分析

从原单位职称与退休后有无承担项目的交叉分析来看：$p=0.000<0.01$，原单位职称对于退休后老年人才的项目情况呈现出显著性，这意味着不同的职称对于退休后是否承担项目存在显著的差异性。具体来看，初级职称的老年人才退休后没有承担项目，有约5.30%（7人）的中级职称的老年人才退休后有承担项目，约有8.33%（5人）的副高级职称的老年人才退休后有承担项目，约有30.77%（4人）的正高级职称的老年人才退休后有承担项目。由此可见，原单位职称越高，在退休后承担项目的比例相对就越高。

表3-160　调查对象的原单位职称与退休后有无承担项目交叉分析表

题目	名称	在原单位的职称					总计	χ2	*p*
		初级	中级	副高级	正高级	其他			
项目	有	0	7	5	4	0	16	25.399	0.000
	无	52	125	55	9	61	302		
总计		52	132	60	13	61	318		

注：$*p<0.05$　$**p<0.01$

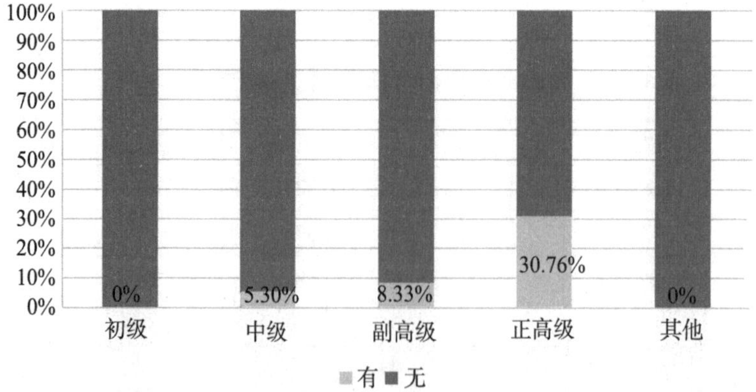

图3-86　调查对象退休后有无承担项目情况图

表 3-161 调查对象的原单位职称与退休后有无承担项目统计表

	初级	中级	副高级	正高级	其他
有	0%	5.30%	8.33%	30.76%	0%
无	100.00%	94.70%	91.67%	69.23%	100.00%

7. 原单位职称与退休后社会参与动力的交叉分析

从原单位职称与退休后社会参与动力的交叉分析来看：原单位职称对于发展学科（专业）表现出显著的差异性（$p=0.000$），一般职称越高，发展学科（专业）动力的比例就越大；原单位职称对于其他项的动力表现出一致性，没有差异性。

表 3-162 调查对象的原单位职称与退休后社会参与动力交叉分析表

题目	名称	在原单位的职称					总计	χ2	p
		初级	中级	副高级	正高级	其他			
为国争光	0	49	129	59	13	61	311	4.823	0.306
	1	3	3	1	0	0	7		
社会奉献	0	35	83	39	5	41	203	4.286	0.369
	1	17	49	21	8	20	115		
发展学科（专业）	0	51	130	56	10	61	308	22.787	0.000**
	1	1	2	4	3	0	10		
兴趣爱好	0	18	45	21	4	22	110	0.162	0.997
	1	34	87	39	9	39	208		
扶持后辈	0	48	126	53	10	52	289	9.332	0.054
	1	4	6	7	3	9	29		
完善自我	0	37	70	40	9	43	199	9.077	0.059
	1	15	62	20	4	18	119		
丰富人生	0	27	49	20	6	28	130	5.595	0.231
	1	25	83	40	7	33	188		

续表

题目	名称	在原单位的职称					总计	χ2	p
		初级	中级	副高级	正高级	其他			
工作需要	0	50	117	54	10	59	290	8.393	0.078
	1	2	15	6	3	2	28		
增加收入	0	42	119	56	11	57	285	6.618	0.158
	1	10	13	4	2	4	33		
其他	0	51	127	60	13	58	309	3.689	0.450
	1	1	5	0	0	3	9		

注：$*p<0.05$　$**p<0.01$

由表 3-163 可以看出，在参与调查的人员中，初级、中级、正高级职称的老年人才参与社会的第一动力均为兴趣爱好，这一比例超过 60%，远远高于其他选项；副高级职称的老年人才参与社会的第一动力是丰富人生，这一比例约为 66.67%（40 人）。另外，初级职称的老年人才参与社会的第二动力是丰富人生，约占该群体的 48.08%（25 人）；中级职称的老年人才参与社会的第二动力是丰富人生，约占该群体的 62.88%（83 人）；副高级职称的老年人才参与社会的第二动力是兴趣爱好，约占该群体的 65.00%（39 人）；正高级职称的老年人才参与社会的第二动力是社会奉献，约占该群体的 61.54%（8 人）。

由此可见，兴趣爱好是各类职称退休老年人才继续参与社会的重要动力，甚至可以称之为第一动力，另外，丰富人生也对老年人才参与社会起到了非常重要的作用，可以称之为第二动力，最后，社会奉献对于促进社会参与的价值也不可忽视。

表 3-163　调查对象的原单位职称与退休后社会参与动力统计表

	初级	中级	副高级	正高级	其他
为国争光	5.77%	2.27%	1.67%	0%	0%
社会奉献	32.69%	37.12%	35.00%	61.54%	32.79%
发展学科（专业）	1.92%	1.52%	6.67%	23.08%	0%
兴趣爱好	65.38%	65.91%	65.00%	69.23%	63.93%
扶持后辈	7.69%	4.55%	11.67%	23.08%	14.75%
完善自我	28.85%	46.97%	33.33%	30.77%	29.51%
丰富人生	48.08%	62.88%	66.67%	53.85%	54.10%
工作需要	3.85%	11.36%	10.00%	23.08%	3.28%
增加收入	19.23%	9.85%	6.67%	15.38%	6.56%
其他	1.92%	3.79%	0%	0%	4.92%

在上述各动力类型中，选择兴趣爱好动力的老年人才数最多，是老年人才社会参与的第一大动力；其次动力是丰富人生和完善自我；处于社会奉献动力而进行社会参与的老年人才也不在少数，这四项是老年人才参与社会的主要动力，且没有因为原单位职称而表现出显著的差异的。

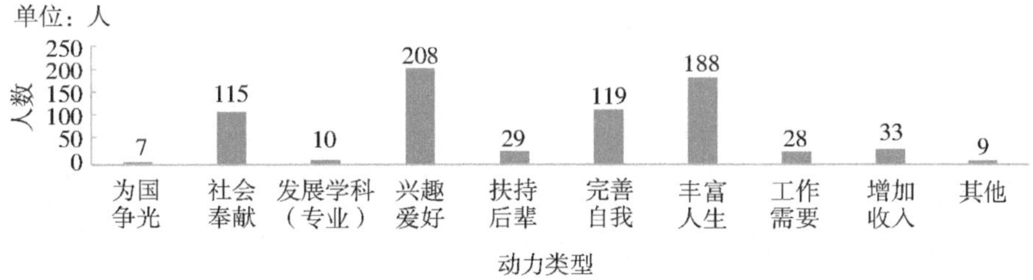

图 3-87　调查对象退休后社会参与动力情况分布图

8. 原单位职称与退休后继续发展途径的交叉分析

从原单位职称与退休后继续发展途径的交叉分析来看：不同职称样本对于自学、参与学术研讨交流表现出显著性（$p<0.05$），对于其他项表现出一致性，没有显著差异性。

表 3-164 调查对象的原单位职称与退休后继续发展途径交叉分析表

题目	名称	在原单位的职称					总计	χ2	p
		初级	中级	副高级	正高级	其他			
自学	0	28	69	21	6	39	163	10.600	0.031*
	1	24	63	39	7	22	155		
老年大学学习	0	2	10	6	2	4	24	2.768	0.597
	1	50	122	54	11	57	294		
参与学术研讨交流	0	52	128	54	11	60	305	13.105	0.011*
	1	0	4	6	2	1	13		
团队学习	0	47	106	45	9	53	260	7.063	0.133
	1	5	26	15	4	8	58		
项目研究	0	52	128	58	11	60	309	9.354	0.053
	1	0	4	2	2	1	9		
其他	0	51	121	59	12	56	299	5.413	0.247
	1	1	11	1	1	5	19		

注：$*p<0.05$　$**p<0.01$

可以看出，在参与调查的人员中，初级和中级职称的老年人才继续发展途径主要是老年大学学习、自学。初级职称老年人才选择两项的人数分别约为96.15%（50人）、46.15%（24人）；中级职称老年人才选择两项的人数分别约占92.42%（122人）、47.73%（63人）。对于副高级和正高级职称的老年人才来说，上述两种方式也是他们最主要的学习途径，其中老年大学学习的人数分别约占90.00%（54人）、84.62%（11人），自学的人数分别约占65.00%（39人）、53.85%（7人）；另外，团队学习也是副高级、正高级职称老年人才的一种较为重要的学习途径，分别约占25.00%（15人）和30.77%（4人）。

表 3-165　调查对象的原单位职称与退休后继续发展途径情况统计表

	初级	中级	副高级	正高级	其他
自学	46.15%	47.73%	65.00%	53.85%	36.07%
老年大学学习	96.15%	92.42%	90.00%	84.62%	93.44%
参与学术研讨交流	0%	3.03%	10.00%	15.38%	1.64%
团队学习	9.62%	19.70%	25.00%	30.77%	13.11%
项目研究	0%	3.03%	3.33%	15.38%	1.64%
其他	1.92%	8.33%	1.67%	7.69%	8.20%

（四）原单位从事岗位与退休后继续工作、社会参与、从事的工作、继续写作、承担项目、社会参与的动力、继续发展的途径的相关分析

1. 原单位从事岗位与退休后继续工作的交叉分析

从原单位从事岗位与退休后继续工作的交叉分析来看：$p=0.165>0.05$，原单位从事岗位对于继续工作没有呈现出显著性，这意味着原单位从事的岗位对于老年人才是否继续工作不存在差异性。

表 3-166　调查对象的原单位从事岗位与退休后后继续工作交叉分析表

题目	名称	在原单位的职称						总计	χ2	p
		管理	科研	教学	技术	生产	其他			
继续工作	延聘	26	0	1	4	1	5	37	26.018	0.165
	返聘	32	2	2	14	1	6	57		
	外聘（非原单位）	58	1	1	17	5	4	86		
	自主创业	9	0	0	4	2	1	16		
	其他	62	4	2	19	16	19	122		
	总计	187	7	6	58	25	35	318		

注：* $p<0.05$　* * $p<0.01$

可以看出，在参与调查的人员中，原来从事管理岗的老年人才退休后大多被外聘，约占该群体的 31.02%（58 人），其次为返聘约占 17.11%（32 人），延聘约占 13.90%（26 人）；原来从事科研岗的老年人才退休后大都被返聘，这一人数约占该群体的 28.57%（2 人），其次为外聘约占 14.29%（1 人）；原来从事教学岗的老年人才退休后大都被返聘，这一人数约占该群体的 33.33%（2 人），其次为延聘约占 16.67%（1 人），外聘约占 16.67%（1 人）；原来从事技术岗的老年人才退休后大都被外聘，这一人数约占该群体的 29.31%（17 人），其次为返聘约占 24.14%（14 人）；原单位从事生产岗的老年人才退休后大都被外聘，这一人数占该群体的 20.00%（5 人），其次为自主创业约占 8.00%（2 人）。

表 3-167 调查对象的原单位从事岗位与退休后继续工作统计表

	管理岗	科研岗	教学岗	技术岗	生产岗
延聘	13.90%	0%	16.67%	6.90%	4.00%
返聘	17.11%	28.57%	33.33%	24.14%	4.00%
外聘（非原单位）	31.02%	14.29%	16.67%	29.31%	20.00%
自主创业	4.81%	0%	0%	6.90%	8.00%
其他	33.26%	57.14%	33.33%	32.76%	64.00%

2. 原单位从事岗位与退休后社会参与的交叉分析

从原单位从事岗位与退休后社会参与的交叉分析来看：$p=0.333>0.05$，原单位从事岗位对于社会参与没有呈现出显著性，这意味着原单位从事的岗位对于老年人才是否社会参与不存在差异性。

表 3-168　调查对象的原单位从事岗位与退休后社会参与交叉分析表

题目	名称	在原单位从事的职称						总计	χ2	p
		管理	科研	教学	技术	生产	其他			
社会参与	有	68	3	3	17	4	13	108	5.730	0.333
	无	119	4	3	41	21	22	210		
总计		187	7	6	58	25	35	318		

注：$*p<0.05$　$**p<0.01$

可以看出，在参与调查的人员中，原来从事教学岗的老年人才退休后继续参与社会的比例最高，约为 50.00%（3 人），其次为原来从事科研岗和管理的老年人才，他们退休后选择继续参与社会的比例较高，分别约为 42.86%（3 人）和 36.36%（68 人），最后为原来从事技术岗和生产岗的老年人才，他们其中也有部分人选择继续参与社会，这一比例分别约为 29.31%（17 人）和 16.00%（4 人）。

表 3-169　调查对象的原单位从事岗位与退休后社会参与情况统计表

	管理岗	科研岗	教学岗	技术岗	生产岗	其他岗
有	36.36%	42.86%	50.00%	29.31%	16.00%	37.14%
无	63.64%	57.14%	50.00%	70.69%	84.00%	62.86%

3. 原单位从事岗位与退休后从事的工作的交叉分析

从原单位从事岗位与退休后从事的工作的交叉分析可以看出：老年人才在原单位从事的岗位对其退休后从事教育教学工作呈现出差异性（$p=0.022<0.05$），对于其他项工作没有呈现出差异性。

表 3-170 调查对象的原单位从事岗位与退休后从事的工作交叉分析表

题目	名称	在原单位的职称						总计	χ2	p
		管理岗	科研岗	教学岗	技术岗	生产岗	其他岗			
行政管理	0	58	3	3	16	4	12	96	8.518	0.578
	1	10	0	0	1	0	1	12		
科学技术	0	63	2	3	13	4	11	96	12.005	0.285
	1	5	1	0	4	0	2	12		
教育教学	0	62	3	1	15	4	11	96	20.896	0.022*
	1	6	0	2	2	0	2	12		
决策咨询	0	62	3	3	17	4	12	101	8.139	0.615
	1	6	0	0	0	0	1	7		
社会组织	0	54	2	2	13	4	12	87	8.666	0.564
	1	14	1	1	4	0	1	21		
社区治理	0	50	3	2	13	1	12	81	12.040	0.282
	1	18	0	1	4	3	1	27		
社会公益	0	39	2	1	9	1	6	58	8.067	0.622
	1	29	1	2	8	3	7	50		
其他	0	57	2	3	15	4	9	90	10.049	0.436
	1	11	1	0	2	0	4	18		

注：* $p<0.05$　** $p<0.01$

可以看出，在参与调查的人员中，原来从事管理岗位的老年人才退休后从事社区公益的比例最高，约占该群体的 15.51%（29 人），其次为社区治理约占 9.63%（18 人）和社会组织约占 7.49%（14 人）。原来从事科研岗位的老年人才退休后大多选择从事科学技术、社会组织和社会公益，占比均约为 14.29%（1 人）。原来从事教学岗位的老年人才退休后大都从事社会公益和教育教学，约占该群体的 33.33%（2 人），其次为社区治理和社会组织，占比均约为 16.67%（1 人）。原来从事技术岗位的老年人才退休后大多从事社会公益，占比约为 13.79%（8 人），其次为社区治理、社会组织和科学技术，占比均约为 6.90%（4 人）。原来从事生产岗位的老年人才退休后主要从事社会公益和社会组织，约占该群体人数的 12.00%（3 人）。

由此可见，不论老年人才退休前所从事的岗位位于何领域，社会公益都是他们退休后最主要从事的工作，另外，社会组织和社区治理也收获了不少老年人才的偏爱。

表 3-171 调查对象的原单位从事岗位与退休后从事的工作类型统计表

	管理岗	科研岗	教学岗	技术岗	生产岗	其他岗
行政管理	5.35%	0%	0%	1.72%	0%	2.86%
科学技术	2.67%	14.29%	0%	6.90%	0%	5.71%
教育教学	3.21%	0%	33.33%	3.45%	0%	5.71%
决策咨询	3.21%	0%	0%	0%	0%	2.86%
社会组织	7.49%	14.29%	16.67%	6.90%	0%	2.86%
社区治理	9.63%	0%	16.67%	6.90%	12.00%	2.86%
社会公益	15.51%	14.29%	33.33%	13.79%	12.00%	20.00%
其他	5.88%	14.29%	0%	3.45%	0%	11.43%

4. 原单位从事岗位与退休后继续写作的交叉分析

从原单位从事岗位与退休后继续写作的交叉分析来看：$p=0.242>0.05$，原单位从事岗位对于继续写作没有呈现出显著性，这意味着原单位从事的岗位对于老年人才是否进行写作不存在显著差异性。

表 3-172 调查对象的原单位从事岗位与退休后继续写作交叉分析表

题目	名称	在原单位从事的岗位						总计	χ2	p
		管理	科研	教学	技术	生产	其他			
写作	有	19	0	1	2	0	2	24	6.723	0.242
	无	168	7	5	56	25	33	294		
总计		187	7	6	58	25	35	187		

注：$*p<0.05$ $**p<0.01$

可以看出，在参与调查的人员中，原来从事教学、管理、技术岗位的老年人才退休后会继续写作，占比由高到低依次为教学岗约为16.67%（2人）、管理岗约为10.16%（19人）、技术岗约3.45%（1人）。由此可见，退休后继续保持写作的老年人才数量总体是很少的。

表3-173 调查对象的原单位从事岗位与退休后继续写作统计表

	管理岗	科研岗	教学岗	技术岗	生产岗	其他岗
有	10.16%	0%	16.67%	3.45%	0%	5.71%
无	89.84%	100.00%	83.33%	96.55%	100.00%	94.29%

5. 原单位从事岗位与退休后承担项目的交叉分析

从原单位从事岗位与退休后承担项目的交叉分析来看：$p=0.775>0.05$，原单位从事岗位对于承担项目没有呈现出显著性，这意味着原单位从事的岗位对于老年人才是否承担项目不存在显著差异性。

表3-174 调查对象的原单位从事岗位与退休后承担项目交叉分析表

题目	名称	在原单位从事的岗位						总计	χ2	p
		管理岗	科研岗	教学岗	技术岗	生产岗	其他岗			
项目	有	10	0	0	4	0	2	16	2.509	0.775
	无	177	7	6	54	25	33	302		
总计		187	7	6	58	25	35	187		

注：$*p<0.05$　$**p<0.01$

可以看出，在参与调查的人员中，原来从事技术、管理岗位的老年人才退休后会继续承担项目，占比由高到低依次为技术岗约为6.90%（4人）、管理岗约为5.35%（10人）。由此可见，退休后继续承担项目的老年人才数量总体是很少的。

表 3-175 调查对象的原单位从事岗位与退休后承担项目统计表

	管理岗	科研岗	教学岗	技术岗	生产岗	其他岗
有	5.35%	0%	0%	6.90%	0%	5.71%
无	94.65%	100.00%	100.00%	93.10%	100.00%	94.29%

6. 原单位从事岗位与退休后社会参与的动力的交叉分析

从原单位从事岗位与退休后社会参与的动力交叉分析来看：老年人才在原单位从事的岗位对于发展学科（专业）呈现出差异性（$p=0.003<0.01$），对于其他项动力表现一致，没有呈现出差异性。

表 3-176 调查对象的原单位从事岗位与退休后社会参与的动力交叉分析表

题目	名称	在原单位从事的职称						总计	χ2	p
		管理岗	科研岗	教学岗	技术岗	生产岗	其他岗			
为国争光	0	182	7	6	58	24	34	311	2.238	0.815
	1	5	0	0	0	1	1	7		
社会奉献	0	110	5	3	40	21	24	203	8.112	0.150
	1	77	2	3	18	4	11	115		
发展学科（专业）	0	183	5	6	55	24	35	308	17.654	0.003**
	1	4	2	0	3	1	0	10		
兴趣爱好	0	63	3	3	26	5	10	110	6.507	0.260
	1	124	4	3	32	20	25	208		
扶持后辈	0	174	6	6	51	22	30	289	3.874	0.568
	1	13	1	0	7	3	5	29		
完善自我	0	111	3	5	40	17	23	199	4.565	0.471
	1	76	4	1	18	8	12	119		
丰富人生	0	64	2	3	29	14	18	130	10.045	0.074
	1	123	5	3	29	11	17	188		
工作需要	0	169	7	5	53	25	31	290	4.011	0.548
	1	18	0	1	5	0	4	28		
增加收入	172	6	5	49	22	31	285	172	3.246	0.662
	15	1	1	9	3	4	33	15		
其他	0	185	7	6	54	24	33	309	7.157	0.209
	1	2	0	0	4	1	2	9		

注：* $p<0.05$　** $p<0.01$

可以看出，在参与调查的人员中，原来从事管理岗位、技术岗位、生产岗位的老年人才退休后参与社会的第一动力是兴趣爱好，分别约占 66.31%（124 人）、55.17%（32 人）、80.00%（20 人），第二动力为丰富人生，分别约占 65.78%（123 人）、50.00%（29 人）、44.00%（11 人）。另外，原来从事科研岗位的老年人才退休后参与社会的第一动力是丰富人生，约占 71.43%（5 人），并列第二的动力为兴趣爱好和完善自我，占比均约为 57.14%（4 人）。原来从事教学岗位的老年人才退休后继续参与社会的第一动力是增加收入，占比高达约 150.00%（9 人），其次，并列第二动力为社会奉献、兴趣爱好和丰富人生，占比均约为 50.00%（3 人）。

表 3-177　调查对象的原单位岗位与退休后社会参与的动力统计表

	管理岗	科研岗	教学岗	技术岗	生产岗	其他岗
为国争光	2.67%	0%	0%	0%	4.00%	2.86%
社会奉献	41.18%	28.57%	50.00%	31.03%	16.00%	31.43%
发展学科（专业）	2.14%	28.57%	0%	5.17%	4.00%	0%
兴趣爱好	66.31%	57.14%	50.00%	55.17%	80.00%	71.43%
扶持后辈	6.95%	14.29%	0%	12.07%	12.00%	14.29%
完善自我	40.64%	57.14%	16.67%	31.03%	32.00%	34.29%
丰富人生	65.78%	71.43%	50.00%	50.00%	44.00%	48.57%
工作需要	9.63%	0%	16.67%	8.62%	0%	11.43%
增加收入	0.53%	14.29%	150.00%	5.17%	16.00%	94.29%
其他	1.07%	0%	0%	6.90%	4.00%	5.71%

由此可见，来自不同岗位背景的老年人才中，选择兴趣爱好和丰富人生的老年人才数量最多，可以说是他们退休后参与社会的第一动力，另外完善自我和增加收入也对老年人才社会参与起到了重要影响，可以称之为第二动力。

7. 原单位从事岗位与退休后继续发展的途径的交叉分析

从原单位从事岗位与退休后继续发展的途径的交叉分析来看：老年人才在

原单位从事的岗位对于老年人才自学呈现出差异性（$p=0.003<0.01$），其他项动力没有呈现出显著差异性。

表 3-178 调查对象的原单位工作性质与退休后继续发展的途径交叉分析表

题目	名称	在原单位从事的职称						总计	χ2	p
		管理岗	科研岗	教学岗	技术岗	生产岗	其他岗			
自学	0	82	3	1	37	19	21	163	18.022	0.003**
	1	105	4	5	21	6	14	155		
老年大学学习	0	14	0	1	7	2	0	24	5.852	0.321
	1	173	7	5	51	23	35	294		
参与学术研讨交流	0	179	6	6	55	25	34	305	3.504	0.623
	1	8	1	0	3	0	1	13		
团队学习	0	150	7	5	46	22	30	260	3.125	0.681
	1	37	0	1	12	3	5	58		
项目研究	0	180	7	6	56	25	35	309	2.774	0.735
	1	7	0	0	2	0	0	9		
其他	0	178	7	6	54	24	30	299	5.840	0.322
	1	9	0	0	4	1	5	19		

注：* $p<0.05$　** $p<0.01$

可以看出，在参与调查的人员中，原来从事管理岗、科研岗、教学岗、技术岗和生产岗的老年人才退休后都主要在老年大学学习或者自学，他们的占比分别约为 92.51%（173 人）、56.14%（105 人）；100.00%（7 人）、57.14%（4 人）；83.33%（5 人）、83.33%（5 人）；87.93%（51 人）、36.21%（21 人）；92.00%（23 人）、24.00%（6 人）。

显而易见，老年大学学习和自学是不同岗位背景老年人才最喜爱的学习途径，其中老年大学学习当属第一位，其次为自学。

表 3-179　调查对象的原单位从事岗位与退休后继续发展的途径统计表

	管理岗	科研岗	教学岗	技术岗	生产岗	其他岗
自学	56.15%	57.14%	83.33%	36.21%	24.00%	40.00%
老年大学学习	92.51%	100.00%	83.33%	87.93%	92.00%	100.00%
参与学术研讨交流	4.28%	14.29%	0%	5.17%	0%	2.86%
团队学习	19.79%	0%	16.67%	20.69%	12.00%	14.29%
项目研究	3.74%	0%	0%	3.45%	0%	0%
其他	4.81%	0%	0%	6.90%	4.00%	14.29%

（五）原单位从事专业与退休后继续工作、从事专业、社会参与、做何种工作的相关分析

1. 原单位从事专业与退休后继续工作的交叉分析

从原单位从事专业与退休后继续工作的交叉分析来看：$p=0.775>0.05$，原单位从事专业对于继续工作没有呈现出显著性，这意味着原单位从事的专业对于老年人才是否继续工作不存在差异性。

表 3-180　调查对象的原单位从事专业与退休后继续工作交叉分析表

题目	名称	在原单位从事的何种专业						总计	χ2	p
		文史哲法学类	理工农医类	经管类	教育类	艺术类	军事类			
继续工作	延聘	1	11	23	1	1	0	37	19.801	0.470
	返聘	0	22	32	2	0	1	57		
	外聘（非原单位）	1	24	57	2	2	0	86		
	自主创业	0	3	13	0	0	0	16		
	其他	4	46	66	6	0	0	122		
总计		6	106	191	11	3	1	318		

注：$*p<0.05$　$**p<0.01$

可以看出，在参与调查的人员中，原来专业是艺术类和军事类的老年人才退休后继续工作的比例最高，100.00%，其中艺术类有3人，军事类有1人；原来专业是经管类和理工农医类的老年人才退休后继续工作的比例也较高，均超过了50.00%，占比分别约为65.45%（125人）、56.60%（60人）；原来专业是教育类和文史哲法学类的老年人才退休后继续工作的比例相对而言比较低，没有超过50.00%，占比分别约为45.45%（5人）、33.33%（2人）。

表3-181 调查对象的原单位从事专业与退休后继续工作情况统计表

	延聘、返聘、外聘、自主创业	其他
文史哲法学类	33.33%	66.67%
理工农医类	56.60%	43.40%
经管类	65.45%	34.55%
教育类	45.45%	54.55%
艺术类	100.00%	0%
军事类	100.00%	0%

2. 原单位从事专业与退休后从事专业的交叉分析

从原单位从事专业与退休后从事的专业的交叉分析来看：$p=0.000<0.01$，说明原单位从事专业对于退休后从事的专业呈现出显著性差异。

表 3-182 调查对象的原单位从事专业与退休后从事专业交叉分析表

题目	名称	在原单位从事的何种专业						总计	χ2	p
		文史哲法学类	理工农医类	经管类	教育类	艺术类	军事类			
退休后从事何种专业	文史哲法学类	5	6	9	1	0	0	21	226.94	0.000**
	理工农医类	0	53	1	0	0	0	54		
	经管类	0	10	111	2	1	0	124		
	教育类	1	8	10	4	0	0	23		
	艺术类	0	21	41	3	2	1	68		
	军事类	0	0	1	0	0	0	1		
	其他	0	8	18	1	0	0	27		
总计		6	106	191	11	3	1	318		

注：* $p<0.05$　** $p<0.01$

可以看出，在参与调查的人员中，原本从事不同专业的老年人才在选择退休后从事的专业时，倾向于选择原专业，尤其是文史哲法学类，该专业背景的老年人才继续选择原专业的比例高达约 83.33%（5 人），另外，经管类、艺术类专业背景的老年人才也倾向于选择原来的专业，占比分别达到约 58.12%（111 人）、66.67%（2 人），理工农医类专业背景的老年人才中也有约 50.00%（53 人）继续选择原专业，相对而言，教育类专业背景的老年人才选择原来专业的比例较少，仅有约 36.36%（4 人）。由此可见，老年人才在退休后多数更倾向于选择和退休前同类的专业，与原来专业保持一定的黏性。

表 3-183 调查对象的原单位从事专业与退休后从事专业统计表

	文史哲法学类	理工农医类	经管类	教育类	艺术类	军事类
文史哲法学类	83.33%	5.66%	4.71%	9.09%	0%	0%
理工农医类	0%	50.00%	0.52%	0%	0%	0%
经管类	0%	9.43%	58.12%	18.18%	33.33%	0%
教育类	16.67%	7.55%	5.24%	36.36%	0%	0%
艺术类	0%	19.81%	21.47%	27.27%	66.67%	100.00%
军事类	0%	0%	0.52%	0%	0%	0%

3. 原单位从事专业与退休后社会参与的交叉分析

从原单位从事专业与社会参与的交叉分析来看：$p=0.275>0.05$，原单位从事专业对于老年人才的社会参与没有呈现出显著性，这意味着原单位从事的专业对于老年人才是否社会参与不存在显著差异性。

表 3-184 调查对象的原单位从事专业与退休后社会参与交叉分析表

题目	名称	在原单位从事的何种专业						总计	χ2	p
		文史哲法学类	理工农医类	经管类	教育类	艺术类	军事类			
社会参与	有	1	29	71	5	2	0	108	6.332	0.275
	无	5	77	120	6	1	1	210		
总计		6	106	191	11	3	1	318		

＊ $p<0.05$ ＊＊ $p<0.01$

可以看出，在参与调查的人员中，原本专业为艺术类的老年人才退休后继续参加社会工作的比例最高，约为 66.67%（2 人），其次为教育类和经管类，退休后继续参加社会工作的比例分别占各自群体的约 45.45%（5 人）、37.17%（71 人），最后是理工农医类和文史哲法学类，退休后继续参加社会工作的比例分别达到 27.36%（29 人）、16.67%（1 人）。

表 3-185 调查对象的原单位从事专业与退休后社会参与统计表

	文史哲法学类	理工农医类	经管类	教育类	艺术类	军事类
有	16.67%	27.36%	37.17%	45.45%	66.67%	0%
无	83.33%	72.64%	62.83%	54.55%	33.33%	100.00%

4. 原单位从事专业与退休后做何种工作的交叉分析

从原单位从事的专业与退休后做何种工作的交叉分析来看：从原单位不同专业样本对于教育教学表现出显著差异性（$p<0.01$），对于其他项表现出一致性，没有显著差异性。

表 3-186 调查对象的原单位从事专业与退休后做何种工作交叉分析表

题目	名称	在原单位从事的何种专业						总计	χ2	p
		文史哲法学类	理工农医类	经管类	教育类	艺术类	军事类			
行政管理	0	1	26	63	4	2	0	96	7.435	0.684
	1	0	3	8	1	0	0	12		
科学技术	0	1	24	65	4	2	0	96	8.865	0.545
	1	0	5	6	1	0	0	12		
教育教学	0	1	27	66	2	0	0	96	55.718	0.000**
	1	0	2	5	3	2	0	12		
决策咨询	0	1	29	65	4	2	0	101	10.772	0.376
	1	0	0	6	1	0	0	7		
社会组织	0	0	24	58	4	1	0	87	10.843	0.370
	1	1	5	13	1	1	0	21		
社区治理	0	1	20	53	5	2	0	81	10.494	0.398
	1	0	9	18	0	0	0	27		
社会公益	0	0	12	42	3	1	0	58	9.385	0.496
	1	1	17	29	2	1	0	50		
其他	0	1	24	59	4	2	0	90	7.277	0.699
	1	0	5	12	1	0	0	18		

注：* $p<0.05$ ** $p<0.01$

可以看出，在参与调查的人员中，文史哲法学类专业背景的老年人才退休后大多从事社会组织、社会公益类的工作，这一比例均约为 16.67%（1 人），理工农医类和经管类专业背景的老年人才退休后大多从事社会公益类的工作，这一比例分别达到约 16.04%（17 人）、15.18%（29 人），教育类专业背景的老年人才退休后大多选择教育教学和社会公益类的工作，这一比例分别达到约 27.27%（3 人）、18.18%（2 人），艺术类专业背景的老年人才退休后大多选择教育教学类的工作，这一比例达到约 66.67%（2 人）。由此可见，社会公益是不同专业背景绝大多数老年人才都非常喜爱的社会工作类型，另外，教育教学类的工作也收获了部分老年人才的青睐。

表 3-187　调查对象的原单位从事专业与退休后社会工作类型统计表

	文史哲法学类	理工农医类	经管类	教育类	艺术类	军事类
行政管理	0%	2.83%	4.19%	9.09%	0%	0%
科学技术	0%	4.72%	3.14%	9.09%	0%	0%
教育教学	0%	1.89%	2.62%	27.27%	66.67%	0%
决策咨询	0%	0%	3.14%	9.09%	0%	0%
社会组织	16.67%	4.72%	6.81%	9.09%	33.33%	0%
社区治理	0%	8.49%	9.42%	0%	0%	0%
社会公益	16.67%	16.04%	15.18%	18.18%	33.33%	0%
其他	0%	4.72%	6.28%	9.09%	0%	0%

四、小结与建议

随着我国人口年龄结构老龄化的问题不断加深，积极发挥各类老年人才作用引起各界关注。目前，老年人才开发已经是我国人才强国战略的重要组成部分。在国家全面推行延迟退休的政策下，加强老年人才开发，应重视运用老年人才的经验优势和智力优势为社会创造更多的物质财富和精神财富，以此提升全社会人才资源利用率。

在这次对上海地区企业老年人才开发情况的调查中，我们使用了 30 道涵盖多个领域的问卷题目。这些领域包括老年人才的基本情况、在退休前的工作状况、退休后的社会参与状况、退休后的写作情况、退休后是否承担或参与科技工程项目、退休后是否被表彰奖励、退休后参与社会的动力、退休后继续发展的途径和举措。在排除了作答时间过长、过短和不在调查范围内的无效数据后，共收到318份有效答卷，其中有效答卷的比例为90.60%。

（一）研究小结

第一，上海企业老年人才得到一定程度开发。调查统计表明，上海企业老年人才通过组织开发（延聘、返聘、外聘）和自主开发（自主创业）等路径，退休后继续工作的比例已达到约61.64%，继续在各个岗位发挥作用。但显然仍有开发的空间，上海企业拥有老年人才富矿。调查统计表明，大专及以上学历的老年人才约占67.92%；身体健康好、较好的老年人才，约占63.84%；中高级职称的老年人才约占64.47%。可见，仍可着力开掘企业老年人才的潜能，充分发挥他们的积极作用，为企业和社会发展服务。

第二，经研究，从退休后从事何种社会工作这一情况显示，社会公益工作的老年人才约占46.30%，是退休后参与社会活动的首选，其次分别是社区治理（25.00%）和参加社会组织（19.44%）。说明企业老年人才在退休后更多地关注社会公益、慈善事业，希望为社会做贡献，同时也有机会与社会保持联系。调查结果也反映了老年人才在退休后保持了多样性的社会参与，涵盖了不同领域的活动。

第三，承担科技工程项目是企业老年人才发挥作用的特色。调查发现，尽管企业老年人才承担科技工程项目比例不高，但承担的项目整体层次相当高，省部级及以上项目约占参与项目总数的35.00%。其中，国家级项目约占10.00%。调查统计表明，原单位职称越高，退休后承担项目比例相对就越高。中级、副高级、正高级职称的老年人才承担项目占该层级老年人才的比例分别约为5.30%、8.33%、30.76%。

第四，从原单位从事岗位与原单位从事专业对退休后做何种工作的影响上可以看出，老年人才退休前工作的专业与其退休后的专业选择保持一定黏性，老年人才倾向于选择和退休前专业一致或类似的专业；理工农医类、经管类、艺术类专业的老年人才在退休后大多还是选择原有的专业，说明老年人才们在原岗位的工作类别在一定程度上影响了老年人才们退休后从事工作的选择。

第五，通过对退休后参与社会的主要动力的研究看出，退休后参与社会的主要因素在于兴趣爱好，约占65.41%，其次是丰富人生，约占59.12%，社会奉献约占36.16%和自我完善约占37.42%。这意味着很多老年人才在退休后选择从事他们热爱的事务，保持活跃的兴趣。他们也希望在老年时可以丰富自己的人生经历。同时也有很多老年人才愿意为社会做贡献。少数老年人才将为国争光和发展学科（专业）作为主要动力，这与个体的特殊背景和价值观有关。

第六，不同层级的老年人才继续发展途径不尽相同。尽管老年大学学习、自学均是企业老年人才主要的发展途径，然而，通过自学，即自我研修的途径发展，高级职称的老年人才比重高于中、初级职称的老年人才。另外，团队学习，也是高级职称老年人才的一个重要发展路径。

（二）存在的主要问题

1. 教育机会与培训不足

虽然调查表明在受访区域老年人的教育程度较为平均，但仍有约32.08%的老年人才仅拥有高中及以下学历。这可能意味着一部分老年人在退休前并未充分受益于教育机会。在现代社会中，随着科技和知识的迅速发展，老年人需要不断学习新知识和技能以适应变化。缺乏针对老年人的继续教育计划可能导致一些老年人在退休后难以跟上社会发展的步伐。

2. 社会参与领域的局限性

虽然社会公益工作成为退休后参与的首选，但其他领域，如科研技术、行政管理、决策咨询等方面的参与度较低。这可能反映了社会对老年人在多个领域中的潜在能力和贡献的认知不足。老年人可能因为某些因素，如缺乏机会、技术障碍、社会偏见等，而在一些新兴领域中的参与受限。因此，提供更多的机会和条件，以及鼓励老年人积极参与各种社会活动，有助于发挥他们的多样化潜能。

3. 激励机制有待多样化

老年人退休后的工作和社会参与动力主要来源于兴趣爱好、丰富人生、社会奉献和自我完善。然而，也存在一小部分人以为国争光和发展学科（专业）为主要动力，这显示出不同老年人的动机和价值观多样。这可能暗示了对于老年人才开发，需要个性化的激励机制，以满足不同动机的老年人的需求。

（三）意见与建议

老年人才开发是一个复杂而重要的议题，需要综合性的策略和举措来推动老年人在社会、经济和文化领域的积极参与和发展。以下是一些老年人才开发的对策和建议，希望可以促进他们在退休后继续做贡献。

1. 社会认知与倡导

加强社会对老年人价值的认知，打破关于老年人的负面刻板印象。老年人作为社会中的重要资源，其经验、知识和智慧对社会的发展具有积极作用。需要通过多种途径传播老年人在各个领域的成功案例，强调他们的贡献和影响。媒体可以报道老年人在科研、创业、文化艺术等方面的故事，展示他们的成就。此外，可以举办老年人成就展览、演讲会等活动，让社会更全面地认识老年人的价值。

开展老年人才发展倡导活动，可以通过社区、学校等场所开展宣讲会、座谈会等形式，向公众传达老年人继续发展的重要性。鼓励各界人士参与，分享老年人才的发展经验和成功案例。政府、社会组织可以合作，推出宣传广告、短片等，强调老年人继续学习、创业、服务社会的正面价值，引导社会对老年人才开发给予更多关注和支持。

2. 终身学习计划

建立并推广老年人终身学习计划，为老年人提供丰富多样的培训机会。这些培训可以包括线上课程、研讨会、工作坊等形式，涵盖科技、文化、健康等多个领域。政府可以制定相关政策，鼓励教育机构开设针对老年人的课程。同时，与企业合作，为老年人提供培训和技能提升机会，使他们能够跟上社会的变化。

为了推动老年人终身学习，可以设立老年人奖学金或培训补贴，鼓励他们参与各类培训。此外，为老年人提供学习平台和资源，如图书馆、在线学习平台等，方便他们随时随地进行学习。教育机构可以制定个性化的学习计划，根据老年人的兴趣和需求，量身定制课程内容，提高学习的针对性和实用性。

3. 社会参与多样化

除了鼓励老年人参与公益领域，还应推动他们参与更多多样化的社会活动。政府可以设立老年人社会参与项目，涵盖社区治理、科研技术、文化艺术等领域。社会组织可以组织老年人参与社会调查、文化展览、技术研讨等活动，丰富他们的社会经验。

另外，创办老年人创业孵化基地，为他们提供创业培训、资源支持，鼓励他们在创新创业领域发挥作用。这不仅有助于老年人实现自我价值，也为社会创造更多就业和创新机会。同时，建立老年人志愿者服务平台，让老年人通过志愿服务参与社会，提升他们的社会责任感和归属感。

4. 充分发挥高端老年人才作用

让高端老年人才在社会参与中发挥优势和作用。其中，让企业高端老年人才在承担科技工程项目中发挥引领、咨询和顾问作用。对此，可发挥企业老工程师协会组织的作用。在发挥作用的同时，要在各方面切实做好对高端老年人才的保护。

5. 个性化激励机制

制定个性化的激励政策，以满足不同老年人的需求。根据老年人的兴趣、技能和志愿，设立不同层次的荣誉奖项，如优秀志愿者奖、老年创新奖等，鼓励他们在各个领域取得卓越成就。同时，可以设置社会贡献奖金，以经济激励方式鼓励老年人参与社会公益和创新活动。为了满足老年人在不同领域的需求，提供专业领域的咨询和指导服务。专业人士可以为老年人提供免费的法律咨询、创业指导等，帮助他们克服困难，实现自身价值。

6. 跨代合作与知识传承

鼓励老年人与年轻人之间的交流与合作，促进知识传承。可以设立跨代合作项目，让老年人与年轻人共同参与解决社会问题、创新项目等。在工作、创业、科研等领域建立合作团队，老年人可以分享自己的经验，年轻人可以带来新鲜的思维和技能，形成互补效应。

建立老年人导师制度，让老年人扮演指导和支持年轻人的角色。老年人可以传授自己的专业知识和生活经验，帮助年轻人成长。年轻人也可以为老年人提供技术支持、创新思路等，促进双方共同发展。

7. 社会保障与福利优化

提升老年人的社会保障和福利待遇，是保障他们继续参与社会活动的基础。政府应逐步完善老年人的医疗保健制度，降低医疗费用，确保老年人的健康。同时，加强老年人的养老金保障，保障他们的基本生活需求。

为老年人提供适应需求的便捷服务，可以建立老年人健康咨询平台，为他们提供医疗健康、心理咨询等方面的服务。此外，提供家政服务、代步设施等，方便老年人的生活，减轻他们的后顾之忧，使他们能够更好地参与社会活动和创新项目。

四、专家咨询摘录

老年人才开发的研究意义和问题分析
——马宪国在课题专家咨询会上发言

马宪国*

一、关于课题的意义

（一）人口红利消失

第七次全国人口普查与2010年第六次全国人口普查相比，0—14岁人口的比重上升1.35个百分点；15—59岁人口的比重下降6.79个百分点；60岁及以上人口的比重上升5.44个百分点；65岁及以上人口的比重上升4.63个百分点。

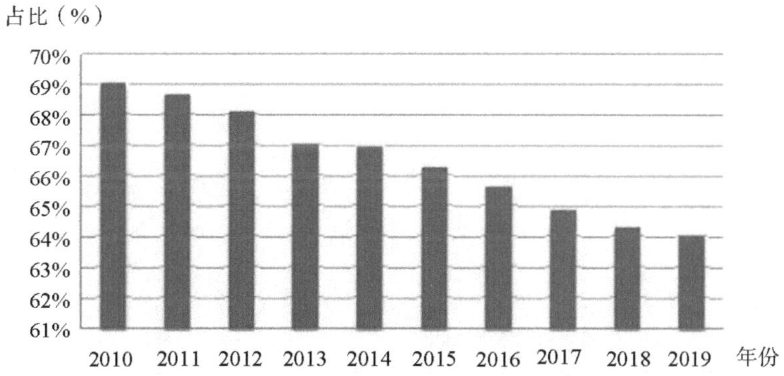

图4-1　中国劳动年龄人口占比趋势图

* 作者系国际第三年龄大学协会副主席。

表 4-1 2020 年第七次全国人口普查各年龄段统计表

年龄	人口数（人）	比重（%）
总计	1411778724	100.00
0—14 岁	253383938	17.95
15—59 岁	894376020	63.35
60 岁及以上	264018766	18.70
其中：65 岁及以上	190635280	13.50

表 4-2 2010 年第六次人口普查各年龄段统计表

年龄	人口数（人）	比重（%）
总计	1370536875	100.00
0—14 岁	222459737	16.60
15—59 岁	939616410	70.14
60 岁及以上	177648705	13.26
其中：65 岁及以上	118831709	8.87

注：第七次全国人口普查与第六次人口普查相比，劳动人口减少 45 240 390，比例下降 6.79%。

（二）预期寿命增加，但退休年龄很早

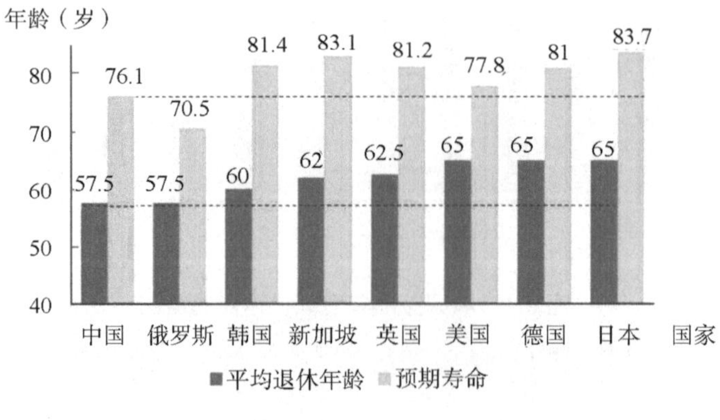

图 4-2 平均退休年龄和预期寿命的国际比较

（三）养老金压力越来越大

2019 年全国城镇企业职工基本养老保险基金累计结余为 42 566 万亿元，到 2027 年达到峰值 69 900 万亿元，然后开始迅速下降至 2035 年基本耗尽。

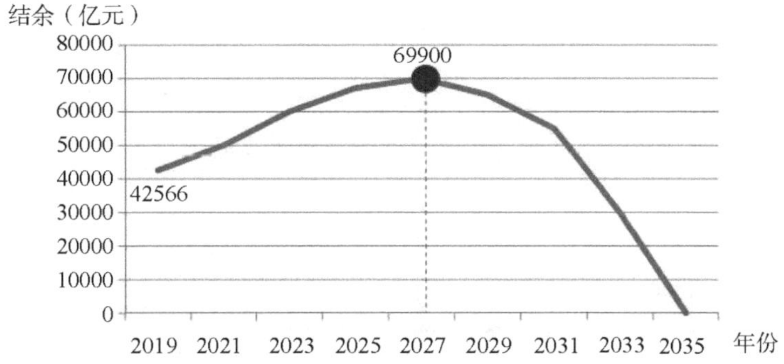

图 4-3　全国企业职工养老金累计结余

各国养老金通常由公共及自愿养老金共同负担，目前中国平均养老金替代率较高，但增速已经进入下行状态。其中企业员工养老金替代率已跌破警戒线 55%。

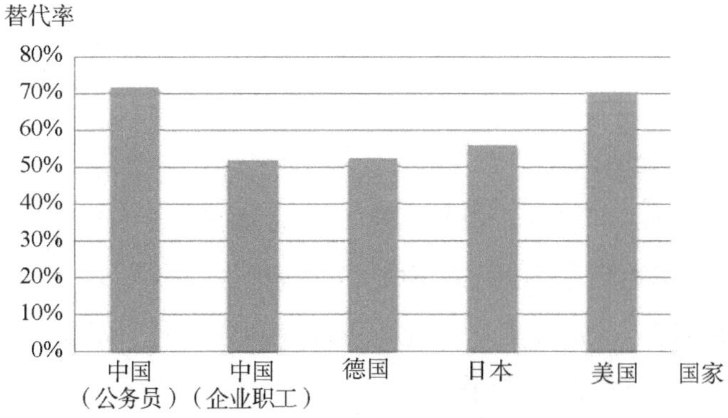

图 4-4　2019 养老金总收入替代率

(四) 退休人群实际就业人口总量不少,但和国外相比就业比例还很低

《中国人口和就业统计年鉴》的相关数据显示,截至 2019 年我国 60 岁及以上年龄的就业人口总量从 2009 年的 6824.5 万人增加到 2019 年的近 8000 万人,全国就业人口比重从 9%上升到 10.3%。65 岁及以上年龄的老年就业人口从 2009 年的 3336.4 万人增加到 2019 年的 4415.8 万人,增长规模巨大,达到了 1079.4 万人。

中国老年人口不仅就业率大大低于海外国家,且城乡差异非常大。城镇退休后人群的再就业、创业领域有很大的潜力挖掘余地。

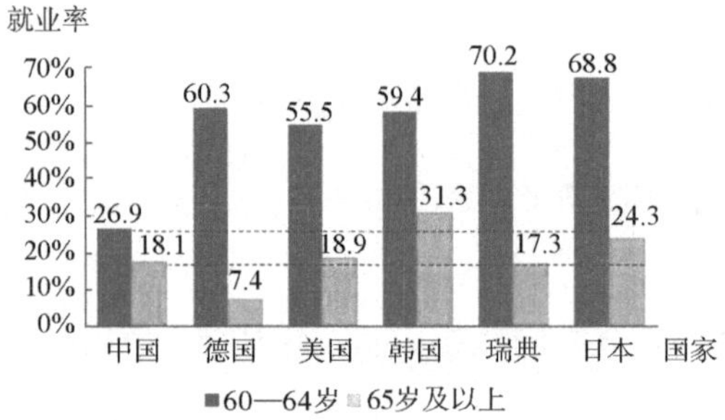

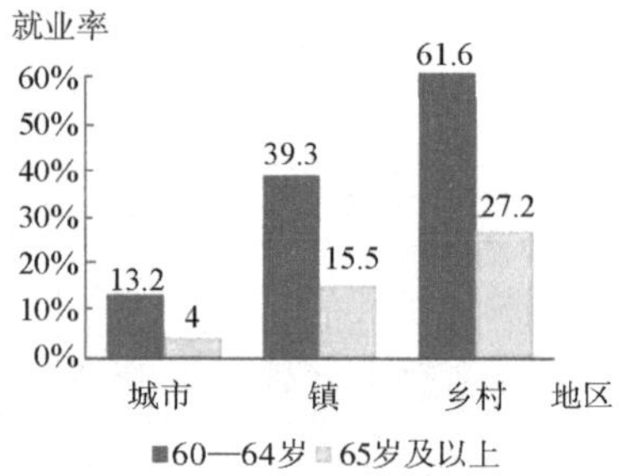

图 4-5 老年人口的就业率国际比较 图 4-6 我国老年人口就业率的城乡比较

资料:《中国城乡老年人生活状况调查报告(2018)》;OECD statistics;Elderly employment: latest developments in Hong Kong and policies in international perspective (2019)。

(五) 产业规模巨大

中老年人群的再就业、创业涉及不同的层面,在未来 15—20 年里,我国在这个领域有望达到百亿美元级别的产业规模。

要增加老龄人口的就业、创业,可以在四个不同层面采取措施:政府、企业、个人自营业、第三方支援。

图 4-7　增加老龄人口就业、创业措施图

（六）国内目前研究不多

以下是中国知网收录的近 10 年关于老年人才资源开发的研究生学位论文，平均每年一篇。

表 4-3　中国知网收录的近 10 年关于老年人才资源开发的学位论文统计表

序号	题名	作者	学校	学位	发表时间
1	高校退休教师自我开发现状与对策研究——基于南昌市高校的调查	曹悦	江西师范大学	硕士	2021 年
2	成都市离退休干部人才资源开发问题及对策研究	文静	西南财经大学	硕士	2020 年
3	乡村振兴中河北省城市低龄老年人才参与农村建设意愿研究	李豆叶	河北经贸大学	硕士	2020 年
4	我国老年人才资源开发研究——山东省泰安市为例	李天舒	山东大学	硕士	2017 年
5	生产性老龄化视角下的中国老年人才开发研究	方志	首都经济贸易大学	博士	2017 年
6	科学发展观视域下老年人才资源开发研究	赵莹	大连海事大学	博士	2015 年
7	上海市柔性退休政策背景下老年人才资源开发路径研究	蔡玫珠	上海工程技术大学	硕士	2014 年

续表

序号	题名	作者	学校	学位	发表时间
8	高校老年人才资源开发研究——以南京W大学为例	李依诺	南京理工大学	硕士	2013年
9	当代中国老年人才资源开发问题研究	于彩虹	大连海事大学	硕士	2011年
10	论我国老年人力资源开发	杨静	中国海洋大学	硕士	2008年
11	吉林大学退休高级知识分子人才资源开发研究	苏佰辉	吉林大学	硕士	2008年
12	我国老年人才资源开发研究	任罗生	国防科学技术大学	硕士	2008年

二、老年人才开发的问题分析

（一）使用性开发严重不足

使用性开发严重不足是老年人才开发现阶段最突出的问题。

第一，现行退休政策与日益严重的人口老龄化形势不协调。现行的退休政策总体退休年龄过低，不利于老年人才进入老年阶段以后人才作用的发挥。强制性退休政策与老年人才自身多元化需求相冲突。延迟退休政策一直没有真正公布与落实。现行研究政策的讨论将重心放在退休年龄的延迟，而非增加柔性化上，这不利于老年人才基于自身人才属性进行人才开发。

第二，老年人才返聘与再就业缺乏法律保护。

第三，中观层面开发的自由度偏低，参与性不强。

（二）组织性开发能力缺乏

第一，老年人才组织需要进一步加强建设。老年人才组织总体水平不高，其组织能力还有进一步提高的必要。直接满足老年人才开发需求的平台相对缺乏。老年人才组织在人才开发中的作用有限。

第二，老年人才岗位政策需要重新加以审视。直接以年龄界限为依据的强制性退休政策，严格说也是一种年龄歧视行为，与对老年人口赋权、构建友好型老龄化社会的大趋势相违背，社会发展需要老年人自然撤离。现行的老年人才岗位政策往往是自上而下的，而中间层面，即用人单位的自我决策权难以得到尊重。

第三，老年人才保护理念暂未形成，保护程度不足。对于老年人才保护的理念不足。对于老年人才的保护制度弹性不足，与老年人才需求的多元化冲突加剧。老年人才开发中缺少应有的法理上的规范的保护性。现行法律并不承认其劳动者的身份角色，其对应的保护法律并不是《中华人民共和国劳动法》，而仅实行民法的保护。

第四，老年人才开发欠缺必要的激励因素。目前我国的社会养老保障制度还不够完善，造成对于老年人才继续参与社会的整体激励不足。用工形式造成激励的整体水平不高。传统的精英化倾向使得老年人才激励往往同身份挂钩，从而造成激励与人群的分化和整个社会的再分配高度关联。用工制度上缺乏必要的法律保障相应地影响到老年人才的激励。

（三）培养性开发受到制约

第一，中国老年人才培训整体不足。传统的用工制度过于追求短期化行为，使得组织和企业对于老年人才的培训动机不足。现行法律体系对于老年人才开发支持不足。老年人才继续参与劳动的机会不足，进一步影响到老年人才接受培训的机会。

第二，我国老年教育起步较晚。老年教育的整体水平不高。发展阶段影响老年教育的定位和功能的发挥。严重的供需矛盾造成老年教育管理问题。

（四）自我开发程度不高

第一，老年人口整体自我学习的比例不高。老年人口总体文化程度不高。科技进步的快速发展，使得老年人学习难度加大。老年人社会学习设施不足也加大了老年人学习难度。政府和各级涉老组织的重心在于物质养老，对于精神文化层面的需求尚没有提高到应有的重视程度。

第二，老年人才自我开发的主体性地位不能得到体现。长期以来较多的“一刀切”形式，使制度效力的刚性过强，而制度操作中弹性不足，因而中国老年人才在进行人才开发时自我选择的程度不高，其主体地位缺少应有尊重，主体的权利往往受到更多制约。

参考文献：

［1］中国中老年就业创业 2020 年调查报告［R］. 北京大学汇丰商学院，2021，https://thinktank.phbs.pku.edu.cn/2021/zhuantibaogao_1231/57.html.

［2］边恕. 老龄群体：不可忽视的社会生产力［J］. 理论与改革，2021，(5)：140-151.

重视老年人才资源　探索建立新从业制度

——沈鸿在课题专家咨询会上发言

沈　鸿*

二十世纪八十年代开始的改革开放政策使国家获得了前所未有的发展机遇，也使我们这个大国成功地将人口负担转化为人口红利，促进了经济的高速发展。

随着老龄化压力的不断加大，社会上出现了对劳动人口锐减的担忧，“两个年轻人负担一个老人”的舆论开始产生影响，甚至出现了“两个年轻人要养四个老人、一个孩子”的“四二一综合征”恐慌。从人口年龄结构上分析，当老年人口占比超过20％时，确实会在某些地区出现劳动力人口和领养老金人口2∶1的现象；从一个家庭看，也存在“四二一”家庭成员结构比例的可能。在各年龄阶段比例相对稳定的前提下，解决老龄社会养老负担问题的关键就在于改变老年人口的被“养”属性，倡导老年人特别是低龄老年人从事相应的“生产性”活动，从社会舆论导向和政策设计层面促进已退休的老年人才转化为社会人力资源。

一、年龄“一刀切”的退休制度产生的背景

现行依据年龄实行“一刀切”的退休制度是二十世纪五十年代开始逐步形成，至1978年通过法规予以颁布的，限于当时国家、社会和个人健康条件，划出了60—55—50岁的退休年龄标准。这种制度产生的背景主要有以下方面。

* 作者系中国老年大学协会老年教育学术委员会副主任。

第一，二十世纪五六十年代出现了新中国第一次人口生育高峰，此期间人口年龄结构偏于低龄化，没有劳动力紧缺压力。

第二，改革开放前生产力水平低下，能够提供的就业岗位少，一度还出现父母不到退休年龄提前内退，让子女“顶职顶岗”，甚至知识青年上山下乡解决就业困境的现象。工作岗位稀缺是当时社会劳动关系的主要矛盾。

第三，改革开放前产业结构老化，技术装备水平低，企业多为劳动密集型，主要依靠从业人员体力劳动维系生产。一些重体力劳动强度的行业与岗位还面临提前退休的压力。老年从业人员难以继续高强度体力劳动工作。

第四，新中国成立之初，我国人口平均预期寿命仅为 35 岁，到 1957 年，人均预期寿命升至 57 岁。这一阶段制定的退休年龄实际上是对人口寿命现象的自然反映。

近年来推出的逐步推延退休年龄政策是上述制度的延续与改进，其本质还是基于劳动者年龄“一刀切”制定退休方案。

二、现行退休制度的瑕疵

第一，现行制度考虑到职业特征与退休年龄的差异（女性干部与女性工人相差 5—10 岁），但这种职业特征的区分并未准确反映现阶段从业实际，也并未充分发挥某些依靠个人经验、能力的专业人才的社会价值。依赖个人脑力劳动从业的专技人员，如老科技工作者、老中医、老教师等，其职业生命力往往覆盖其终身，而且其专技能力的积累受生理衰老因素的干扰很小。

第二，不同性别退休年龄差异过大，最突出的是男女工人退休年龄相差为 10 年。这一制度与人口普查反映出我国平均寿命女性为 77 岁，男性为 74 岁的实际产生倒挂。实际上，女性退休人员在社会返聘和参与老年教育方面的活跃度普遍超过男性。

第三，50 至 60 岁退休年龄段的人群中不少人仍具有再就业的体力、精力。相关统计表明，我国就业人口中，50—59 岁占比为 20.80%（其中含部分退休再就业者），60 岁及以上占比为 8.80%。要按照现行退休制度因病申请退休的女性最低年龄 45 岁计算，到平均寿命 77 岁还有 32 年。无论是退休再就业的“面”还是退休后的人生时段，这都是一个相当惊人的、不应该忽视的社会资源。实际上，不少人口老龄化的其他国家都在积极利用老年人口资源。如日本总务省 2021 年统计显示，65 岁及以上老年人为 3627 万人，其中就业人口为 909 万人，就业率为 25.10%，占总就业人口约 14.00%。

三、建立新从业制度的相应对策

（一）更新观念

高度重视老龄化带来的社会问题，落实国家积极应对人口老龄化战略，充分认识“老年人力资源”观点的全局性、战略性意义。将老年人力资源视为国家经济社会维系的必要组成部分。

（二）进行新从业制度的顶层设计

探索建立综合性、全方位的新兴（老年）人力资源支撑体系；完善老年专家持续服务制度，一般老年从业人员新从业制度，补充养老金、医疗保障、税收制度等。

（三）规避风险与支持举措

研究规避老年人力资源对行政管理与青年就业、农村劳动力转移等社会公平发展方面的负冲击，研究对老年人力资源的政策扶持、市场导航、职业能力建设的专门内容。

参考文献：

［1］ 国家统计局人口司. 人口总量平稳增长人口素质显著提升[EB/OL].(2019-08-22)[2023-09-12]. https://baijiahao. baidu. com/s? id=1642564578815306939&wfr=spider&for=pc.

［2］国务院第七次全国人口普查领导小组办公室. 中国人口普查年鉴 2020［M］. 北京：中国统计出版社，2022.

［3］财言新语. 日本 65 岁以上就业人数达 909 万 2022 年老年人人口总数是多少？［EB/OL］.（2022-09-19）［2023-09-12］. http://m. gqsoso. com/wuhan/wuhan/20220919/248724. html.

当前老年人才继续发挥作用的问题及解决的思考

——马庆发在课题专家咨询会上发言

马庆发*

一、主要问题

可从四个方面审视，即社会、政策、个体、学术机构或行业领域。

（一）社会层面：存在“认知赤字”

部分人有视老龄化社会为照顾对象和社会负担、窄化为老年问题和养老问题，把健康等同于医疗或把正常衰老、衰弱等同于疾病，把应对老年化看成是部门工作或业务工作等误区。

缺乏对老年人才作为社会财富的认知，老龄化社会关注顺序为“老有所养、老有所乐、老有所为”，将“老有所为”顺序“垫底”，将老龄社会作为“社会负担”，忽略老年人才是“宝贵财富”“忽略不计”。

视低龄老年人才再就业为强占青年人岗位或占用职场人才机会及有限的资源；使用老年人才还要担当风险。

还有人认为老年人才退休了或离开职场，其价值或作用微乎其微，不值得花大力气予以开发。

（二）政策层面：缺乏制度性保障与障碍性规定并存

政策关照与规划，并未将老年人才纳入人才规划体系和人力资本资源再生

---

* 作者系华东师范大学教育学部教授、博士生导师。

的视阈。缺乏可供展现和发挥的平台；对于“长寿人力资本”缺乏正确认识。老年人才不能享有同等待遇，而且还多有限制性的规定，如课题申报等。

（三）个体层面：三种现象并存

坐以待毙，退休意味着使命终点，刀枪入库。

不顾健康因素，“不服老，不断自我加压”，一定程度上缩短“人才能量寿命”。

兴趣与使命驱动，休闲与选择并重，不断释放“银龄红利”，延长生命周期循环阶段。

（四）学术机构或行业领域层面

由于身份与年龄限制，一定程度上忽略和浪费老年人才资源。

不同领域的老年人才功能定位及其定位不清晰，如将“发挥潜能”视为个体行为，而未将“老年人才”纳入“规划体系”或“打入另册”。

老年人才供给渠道不畅通，老年人才“再就业”缺乏法律层面的保障，如风险保障、待遇保障、评价标准等。

二、思考与建议

（一）从国家和社会层面形成“银龄红利”观念

破解老龄化社会的“负担”或“养老包袱”等狭隘观点，将“银龄红利释放”视为第三次人口红利（人口数量红利、人力资本提升红利和长寿经济生产者人口红利）。从传统的老年人消费者、负担变为“红利”和“不可或缺的宝贵财富”。事实上，第三次人口红利即银龄人才红利，老年人才过去长期从事人力资本回报率较高的工作，其经济与社会价值依然处于“较高的方位”。

（二）打破身份与年龄限制

构建多元途径或多样化的“老年人才供给”平台，重新构建老年人才观念，建构共享型人才市场。

（三）将提升人力资本能力和人力资本资源互为融合

将老年人才所积累的人力资本、知识和经验得以充分释放。

（四）借鉴其他国家和地区应对“老龄化社会”的经验

从制度与政策层面为老年人才提供保障。诸如韩国在老年就业政策方面，出台一系列鼓励老年人就业政策，设立“老年人就业中心”、出台《高龄者雇佣促进法》等。《高龄者雇佣促进法》规定，企业有义务雇用一定比例的老人等。同时，韩国制定了“促进老年人就业奖励制度”，向雇佣高龄、学历低老人企业提供适当的补助金，以减轻企业或雇主负担。

参考文献：

［1］祁有才. 关于老年人才开发问题的思考［C］//新疆老教授协会. 中国西部人才强国战略专家论坛论文集［出版者不详］. 2011：4.

［2］李昶达，韩跃红. 健康中国建设与经济社会发展耦合协调评价［J］. 统计与决策，2020，36（05）：100-103.

［3］王建军. 把积极老龄观健康老龄化理念融入经济社会发展全过程［J］. 中国党政干部论坛，2022（05）：6-12.

［4］《“十四五”健康老龄化规划》印发：推动老年健康服务高质量发展［EB/OL］. 人民日报，（2022-3-2）［2023-7-17］. https://www. gov. cn/xinwen/2022-03/02/content_5676372. htm.

［5］国发办. 国务院办公厅印发关于切实解决老年人运用智能技术困难实施方案的通知［EB/OL］.（2020-11-24）［2023-7-18］. https://www. gov. cn/zhengce/content/2020-11/24/content_5563804. htm.

［6］国家卫生健康委. 全国老龄办关于深入开展 2022 年“智慧助老”行动的通知［EB/OL］.（2022-6-16）［2023-7-24］. http://www. nhc. gov. cn/lljks/zcwj2/202206/24a5b60b8789409c9053b38e4aab19e7. shtml.

［7］周之良. 依靠学习走向未来［EB/OL］. 人民网，（2021-2-9）［2023-7-25］. http://opinion. people. com. cn/n1/2021/0209/c1003-32026687. html.

［8］邵晨，彭晓娜. 老龄化背景下老年人才开发路径研究［J］. 才智，2022（11）：168-170.

［9］李察. 老年歧视：我们如何理解衰老［EB/OL］. 中青在线，（2018-12-19）［2023-6-16］http://gongyi.people.com.cn/n1/2018/1219/c151132-30475603.html.

［10］赵丽，李杼红. 移动支付、线上挂号……老年人遇“数字鸿沟”窘境.［EB/OL］. 法治日报，（2020-8-25）［2023-8-8］. https://www.chinanews.com.cn/sh/2020/08-25/9273291.shtml.

［11］仝婷婷，吴莎莎. 福利需要视角下加拿大老年教育运行机制探析及启示［J］. 成人教育，2023，43（2）：82-87.

［12］生物谷. “老而不衰”的大脑，你的认知功能到七十岁仍未达到巅峰.［EB/OL］. 学术头条，（2021-9-7）［2023-8-8］. https://news.bioon.com/article/6790706.html.

［13］陈瑶. 当老年人遇到数字鸿沟［EB/OL］. 中央纪委国家监委网站，（2020-11-27）［2023-8-8］. https://www.ccdi.gov.cn/toutiao/202011/t20201127_230777.html.

［14］刘入豪，邱乾. 老年人数字鸿沟中被忽视的朋辈影响［J］. 青年记者，2020（36）：31-32.

［15］张宏伟. 老年人才就业问题调查与思考［J］. 中国人才，2023（03）：23-25.